Sydney Biddle Barrows, vielen Lesern besser bekannt als »Mayflower Madam«, war Managerin im Einkauf, bis sie kündigte. Wenig später fand sie zum ältesten Gewerbe der Welt und gründete 1979 ihren eigenen kleinen, aber eleganten Escort-Service für eine erlesene Kundschaft. Sydney Biddle Barrows ist häufig in den Medien aufgetreten und schreibt regelmäßig Kolumnen für das »Arena Magazine«, für »Cosmopolitan« und Buchrezensionen für die »New York Times«. 1986 veröffentlichte sie ihre Autobiographie, 1990 ein weiteres Buch. »Manche mögen's gleich« ist ihr drittes Buch. Sie lebt seit einundzwanzig Jahren an der Upper West Side von Manhattan.

Sydney Biddle Barrows / Judith Newman

Manche mögen's gleich

Sex-Tips von einer, die weiß,
was Männer wollen

Aus dem Amerikanischen
von Annemarie Pumpernig

Inhalt

Danksagungen

Das Schönste in meinem Leben sind für mich die wundervollen Menschen, von denen ich umgeben bin. Es vergeht kein Tag, an dem ich mich nicht glücklich und stolz fühle, mit euch allen freundschaftlich oder beruflich (oft auch beides) verbunden zu sein.

Judith Newman, meiner Koautorin, möchte ich für die harte Arbeit und die Geduld danken, die sie während des vergangenen Jahres in dieses Buch investiert hat. Mögen wir eine Million Bände verkaufen!

Russ Galen und Shawna McCarthy, unseren Literaturagenten, danke ich dafür, daß sie Judith und mich zusammengebracht und einen so guten Deal für uns ausgehandelt haben.

Jennifer Enderlin, unserer Lektorin bei St. Martin's Press, gebührt mein Dank für ihre hervorragenden intelligenten und hilfreichen Vorschläge, die dieses Buch noch besser gemacht haben.

John Murphy, PR-Leiter, und Jamie Brickhouse, dem herausragenden Publizisten, danke ich dafür, daß sie wirklich hinter diesem Buch gestanden haben, und Sally Richardson und Roger Cooper dafür, daß sie eine tolle Buchidee erkennen, wenn sie ihnen präsentiert wird!

Carol de Fritsch danke ich für ihre juristischen Beiträge und ihre professionellen Ratschläge, aber auch für ihre Freundschaft und ihre persönliche Unterstützung.

Ed Callaghan und Tony Vargas möchte ich für ihre professionelle Arbeit und ihre Unterstützung danken – und auch für die Freundschaft, die sie mir über so viele Jahre hinweg entgegengebracht haben.

Donna Sessa und Bob McBride danke ich besonders dafür, daß sie die ganze Zeit an mich geglaubt haben, und für all die Arbeit, die sie in mein Projekt investiert haben.

Adam Monaco, Steve Garrin, Jill Belasco und Michael Abandond gebührt mein Dank für ihre Großzügigkeit, ihre Hilfe, ihre Ratschläge und ihre Freundschaft.

Armand Braiger, Eigentümer von One If By Land, Two If By Sea, ist mit Sicherheit der einfühlsamste, weitherzigste und großzügigste Mann auf der Welt. Ich kann dir nie genug danken für all das, was du für mich getan hast.

Jim Hjelm, der mir zur Hilfe kam, als er mich nicht einmal kannte, und der den wichtigsten Tag meines Lebens zu einem so besonderen Ereignis machte, gebührt ebenfalls ein herzliches Dankeschön. Ich danke dir für deine überwältigende Großzügigkeit.

Andy Egendorf, der in dem Augenblick an mich glaubte, als ich es am dringendsten nötig hatte, dessen professionellen Rat ich schätze und dessen Freundschaft mir teuer ist – danke schön!

David Silver möchte ich dafür danken, daß er mir die Chance gegeben hat, etwas wirklich Großes auf die Beine zu stellen, und Stan Kugell für die Zeit, die er investiert hat, und für seine wertvollen Beiträge.

Paul Kotik danke ich für die vielen investierten Stunden und die harte Arbeit und dafür, daß er die ganze Zeit an mich und mein Projekt geglaubt hat.

Audrey Smaltz möchte ich für die persönliche und professionelle Unterstützung danken, die sie mir über all die Jahre zuteil werden ließ.

Marcia Cohen gebührt mein herzlicher Dank dafür, daß sie das Risiko einging, mich die Beratungskolumne bei *Her NY* schreiben zu lassen.

Allen anderen – zu zahlreich, als daß ich sie alle hier namentlich anführen könnte –, die mir während all der Jahre beruflich zur Seite standen, gilt meine Verbundenheit und mein aufrichtiger Dank.

An meine vielen Freunde: Der Platz an dieser Stelle reicht einfach nicht aus, um euch alle namentlich zu erwähnen, aber ihr wißt, wen ich meine. Ich hoffe, euch ist bewußt, wie sehr ich euch liebe und schätze und wie wichtig ihr mir seid. Ihr seid die besten Freunde der Welt, und ich bin glücklich und stolz, daß ihr Teil meines Lebens seid.

Meine Familie: Ich weiß, daß es nicht immer leicht war, und ich möchte euch nochmals dafür danken, daß ihr immer für mich da wart.

Und last, not least mein geliebter Mann, Darnay Hoffman, für dessen Liebe und Einzigartigkeit ich immer dankbar sein werde.

S. B. B.

Eine Autorin ist nur so gut wie ihre Freunde und ihre Familie – oder was glauben Sie, woher wir unsere Geschichten beziehen? In dieser Hinsicht bin ich wirklich gesegnet. Ich möchte meinem Agenten und »Provokateur«, Russell Galen, danken; weiter meinen Eltern, Ed Newman und Dr. Frances Fiorillo; meiner Cousine Amy Scott und meinen geliebten und unglaublich talentierten Freunden: Nancy Kalish, Melinda Marshall, Noreen

O'Leary, Jaclyn Lee, Robert Pini, David Galef, Peter Bouteneff, Eric Meyer und Martha Barnette. Ihr alle habt mich mit frischen Ideen versorgt, und ihr alle habt mich zum Lachen gebracht.

Als das Thema dieses Buches bekannt wurde, sagten mehrere Leute zu mir: »Oh, Ihr Mann ist aber ein Glückspilz.« In Wirklichkeit weiß der arme Kerl besser als jeder andere, was ein drohender Termin für die Manuskriptabgabe, kombiniert mit nackter, bloßer Panik, aus den zarten Gefühlen einer Frau machen kann. Also möchte ich vor allem Dir, mein Liebster, für Deine Geduld danken; ich verspreche, daß ich bei der Geburt viel weniger übellaunig sein werde.

J. N.

Wenn die Männer wüßten, was die Frauen wirklich denken, wären sie zwanzigmal so draufgängerisch.

Alphonse Karr

1

»Wie konnte so ein nettes Mädchen wie du bloß ...«

Der Applaus war überwältigend. Die Leute aus dem Publikum drängten sich um mich, bestürmten mich mit Fragen, baten um Autogramme und wollten mir die Hand schütteln. Ich hatte gerade meinen ersten offiziellen Vortrag vor einer Gruppe hochkarätiger Topmanagerinnen beendet. Als Autorin meines Buches »Mayflower Madam« war ich bekannt durch sensationslüsterne Illustriertengeschichten, in jener explosiven, für die achtziger Jahre typischen Kombination aus Sex, Glamour und Geld. Aber es war beruhigend festzustellen, daß mich meine Zuhörerinnen nicht nur als Chefin eines Callgirl-Rings sahen, sondern auch als Geschäftsfrau, der es gelungen war, ihr Unternehmen erfolgreich zu vermarkten. Natürlich wußten sie viel mehr über Marketing als ich, aber sie waren trotzdem begeistert. Schließlich gelang es mir, auf die Toilette zu entfliehen, ziemlich zufrieden mit mir selbst. Aber gleich war ich wieder von Frauen umringt, die mich bestürmten, ein paar Worte mit mir wechseln zu dürfen – privat. Ich nahm an, sie wollten mich Dinge fragen wie: »Hatten

Sie als Frau, die ihr eigenes Unternehmen aufzieht, mit besonderer Diskriminierung zu kämpfen?« Na ja, ich hätte es eigentlich besser wissen müssen.

Sie interessierten sich alle nur für eines: Was wußten meine Mädchen und ich über Männer, was sie nicht wußten?

Überall, wo ich hinkam, war es dasselbe. Die Frauen nahmen mich beiseite und bestürmten mich mit diesen Fragen in irgendeiner Variation. Oft flüsterten sie auch: »Was kann ich tun, damit mein Mann nicht zu Callgirls geht?«

Da Männer aus so vielfältigen Gründen fremdgehen – die meisten von ihnen nicht einmal zu Prostituierten –, ist es mir unmöglich, auf diese Frage eine einfache, ein- oder zweizeilige Antwort zu geben, obwohl ich es in den letzten Jahren weiß Gott viele Male versucht habe. Damals erkannte ich, daß meine Vorträge über Marketing und meinen Eintritt ins Geschäftsleben zwar beliebt waren, daß die Frauen im Publikum aber *weit stärker* daran interessiert waren, die Geheimnisse der Callgirls zu ergründen.

Also stellte ich ein vierstündiges Seminar zusammen und schrieb in der Folge dieses Buch, um alles zu erzählen, was ich weiß.

In meiner Kindheit gab es mit Sicherheit nichts, auf das man mit dem Finger zeigen und sagen könnte: »Also *deshalb* wurde sie zur Callgirl-Chefin!« Bis zum Alter von sieben wuchs ich in dem winzigen Städtchen Hopewell, New Jersey, auf. Dann zogen wir nach Rumson an der Küste. Meine Eltern ließen sich scheiden, als ich vier war. Das war für mich eine furchtbar traumatische Zeit. Wie die meisten kleinen Mädchen betete ich meinen Daddy an, und die Tatsache, daß er keine besonderen Anstrengungen unternahm, um den Kontakt zu mir aufrechtzuerhalten, war sicher alles andere als ermutigend. Meine Mutter tat ihr Bestes, aber wenn ich zurückblicke und mich daran erinnere, wie sie mir zu erklären versuchte, warum mich an meinem Geburtstag oder zu Weihnachten niemand anrief und warum nicht genug Geld für die neueste Rock'n'Roll-Schallplatte da war, wird mir bewußt, daß es auch für sie nicht leicht gewesen sein kann.

Ich war eine relativ gute Schülerin, eines jener introvertierten Kinder, die den meisten Leuten nicht auffallen. Als ich in die High-School gehen sollte, hatte meine Großmutter Sydney die Idee, mich in ein Internat zu schicken. Ich war begeistert von der Idee, von zu Hause wegzukommen. Meine Mutter war ziemlich streng, und mein Verhalten war wie bei den meisten Teenagern ein Ausdruck meiner Frustration. Also ging ich nach Stoneleigh Burnham, ein Mädcheninternat in Greenham, Massachusetts. Ich liebte Stoneleigh. Ich weiß noch, wie mir einmal während meiner ersten Jahre klar wurde, daß ich noch nie in meinem Leben so glücklich gewesen war. Endlich hatte ich eine Gruppe von Freundinnen gefunden; mit meiner Zimmerkollegin verstand ich mich prächtig, ich hatte gute Noten, ich durfte mehrmals in der Woche reiten, und ich hatte einen Freund, den ich anbetete. Ich verehrte ihn so sehr, daß ich mich an einem Wochenende während meines letzten Jahres aus dem Haus stahl, um ihn in seinem College in Pennsylvania zu besuchen. Ich wurde erwischt und aus Stoneleigh hinausgeworfen. Daraufhin zog ich nach vierzehn Jahren zum ersten Mal zu meinem Vater und seiner Familie nach Old Lyme in Connecticut, wo ich die High-School abschloß.

Als ich achtzehn war, gaben meine Cousine und ich auf Betreiben der Eltern meiner Mutter unser Debüt beim jährlichen Ball der Gesellschaft der Mayflower-Nachfahren. Dieser Ball ist ein großes gesellschaftliches Ereignis für Mädchen, die nachweisen können, daß zumindest einer ihrer Vorfahren zu den Pilgrimfathers zählte, die im Jahr 1620 mit der *Mayflower* nach Amerika gekommen waren (deshalb hat mir die *New York Post* den Spitznamen »Mayflower Madam« verliehen). Ich trug ein traditionelles, langes weißes Debütantinnenkleid; meine Großeltern, mein Stiefvater und alle Männer trugen Fräcke und weiße Schleifen. Es war wie eine lange, traumhafte Filmszene. Zweiundzwanzig Jahre später, an meinem vierzigsten Geburtstag und immer noch Single, scherzte ich gegenüber meinen Freundinnen, daß es so aussähe, als wäre dieses Debüt für mich die einzige Gelegenheit im Leben gewesen, ein langes weißes Kleid zu tragen!

Bevor ich Stoneleigh verließ, hatte ich eine Zusage des Elmira College, eines Mädchencolleges in Upstate New York, in der Tasche. Der gewichtigste Pluspunkt von Elmira war in meinen Augen, daß man dort kein spezifisches Hauptfach zu belegen brauchte, sondern daß man sich einfach eine Kombination aus Fächern der philosophischen Fakultät aussuchen konnte.

Damals hatte ich absolut keine Vorstellung, was ich in

meinem Leben tun wollte. Ich war nicht in einer Atmosphäre aufgewachsen, in der ich zu eigenen Entscheidungen ermutigt worden wäre, und ich wußte nicht, wie man plant und sich Ziele setzt. Ich tat, was man mir sagte (jedenfalls meistens), und ich folgte demjenigen, der gerade für mich »zuständig« war.

Nachdem ich die High-School abgeschlossen hatte, organisierte mir mein Vater einen Sommerjob als Rezeptionistin in seinem Büro. Als ich eines Tages im August nach Hause kam, fand ich einen Brief von Elmira vor, in dem 3000 Dollar Studiengebühren verlangt wurden. (Können Sie sich das vorstellen? Das war im Jahr 1970 die *volle* Studiengebühr für ein ganzes Jahr!) Ich überreichte den Brief meinem Vater, der ihn las, ihn wieder zusammenfaltete und ganz beiläufig zu mir sagte: »Du bist doch ein hübsches Mädchen. Irgendein reicher Mann wird dich heiraten. Warum soll ich also das Geld ausgeben und dich aufs College schicken?«

Ich war wie vom Donner gerührt, und in meinem Kopf machte sich vollkommene Leere breit. Ich wußte nicht, was ich sagen sollte. Ich habe mich später oft gefragt, was wohl passiert wäre, wenn ich versucht hätte, meine Interessen zu verteidigen oder ihn zu überzeugen, wie wichtig eine Collegeausbildung war. Aber ich tat nichts dergleichen. Es war sonnenklar, daß mein Vater keinen Augenblick über die Sache nachgedacht hatte, bis er den geforderten Betrag sah, und er schien ganz zufrieden mit sich zu sein, daß er eine so kluge und umsichtige Entscheidung getroffen hatte. »Wenn du wirklich aufs College möchtest«, fügte er hinzu, »kannst du dir die Ausbildung ja selbst bezahlen.«

Nun, da eine Möglichkeit, die ich als Selbstverständlichkeit betrachtet hatte, mit einem Mal so schnöde und gedankenlos vom Tisch gewischt worden war, war ich zum ersten Mal in meinem Leben gezwungen, selbst zu entscheiden, was ich mit meinem Leben anfangen wollte. Ich hatte keine Ahnung, wo beginnen. Dort, wo ich herkam, hatten Frauen keine Berufe, und schon überhaupt keine »Karriere«. Meine Mutter arbeitete nicht außer Haus, meine Stiefmutter ebenfalls nicht, und die Mütter meiner Freundinnen auch nicht. Niemand in meinem Leben hatte mich in irgendeiner Weise darauf vorbereitet, daß ich selbst für mich verantwortlich sein könnte. Wahrscheinlich nahmen alle an, daß ich heiraten und damit wieder jemand anderer für mich verantwortlich sein würde.

Ich arbeitete weiterhin im Büro meines Vaters. (Er weigerte sich, mir eine Gehaltserhöhung zu geben; er sagte, er könne sich das nicht leisten. Als er später meine Nachfolgerin einstellte, zahlte er ihr erheblich mehr.) Ich sparte soviel Geld, wie ich nur konnte, während ich mir darüber klarzuwerden versuchte, was ich nun tun wollte. Die Karrierechancen für Frauen waren damals ziemlich begrenzt. Die Berufe der Krankenschwester oder Lehrerin interessierten mich nicht, und da ich den Schreibmaschinenkurs nur mit Ach und Weh absolviert hatte, kam ein Job als Sekretärin ebenfalls nicht in Frage. Als ich dann eines Samstags durch das kleine Einkaufszentrum spazierte, hatte ich einen Geistesblitz. Kleider! Ich liebte doch hübsche Kleider! Ich würde etwas machen, das mit Mode zu tun hatte!

Schließlich endete ich als Trainee im Einkaufs- und

Marketingprogramm des Fashion Institute of Technology in New York City. Ich schloß das Programm ab und konnte mir dann einen Platz im Ausbildungszentrum für Führungskräfte von Abraham und Straus sichern. Mein erster Job war der einer Einkaufsassistentin im Bath Shop, und meine Chefin war eine Frau, deren professioneller Stil – sowohl als Vorgesetzte als auch als Geschäftsfrau – so vorbildlich war, daß ich mein ganzes Leben lang versucht habe, sie nachzuahmen.

Bald danach wurde ich befördert, und kurze Zeit später bekam ich einen noch besseren Job bei May Company Corporate als Einkaufsassistentin für Accessoires; ein Jahr später war ich Einkäuferin für alle Damenmodenaccessoires in einer kleinen Einkaufsagentur. Es war ein wunderbarer Job mit einem beklagenswerten Gehalt, aber ich liebte ihn. Langer Rede kurzer Sinn – nach neun Monaten wurde ich gefeuert. Das Unternehmen stellte eine Frau als meine Vorgesetzte ein, die von mir erwartete, daß ich bei einem Schmiergeldsystem mitmachte. Ich spielte nicht mit und fand mich im Bruchteil einer Sekunde vor der Tür wieder. Sie warnte mich, daß sie, falls ich irgend jemandem erzählen sollte, was passiert war, dafür sorgen würde, daß ich nie wieder in dieser Branche arbeiten könnte. Da ich mit meinen sechsundzwanzig Jahren noch ziemlich naiv war, glaubte ich ihr. Schließlich war sie gewissenlos genug, um Schmiergelder zu akzeptieren, und ich nahm an, daß sie auch boshaft genug sein würde, mich auf die schwarze Liste zu setzen und dafür zu sorgen, daß ich in dieser Stadt nie wieder Arbeit bekäme.

Da stand ich nun, zwei Wochen vor dem Erntedankfest

(ein Zeitpunkt, an dem es fast unmöglich ist, im Einzelhandel eine gute Stelle zu finden), ohne Job und auf Arbeitslosengeld angewiesen. Die erste Woche der Arbeitslosigkeit ist wundervoll: Man schläft lang, bringt sich auf den neuesten Stand der Seifenopern, räumt seine Schränke auf und liest endlich die liegengebliebenen Zeitschriften. Aber in der dritten Woche ist man so einsam und gelangweilt, daß man sich am Morgen kaum noch aus dem Bett quälen mag.

Ich freundete mich mit einem Mädchen namens Gina an, das ich beim wöchentlichen Anstehen um mein Arbeitslosengeld kennengelernt hatte. Wir trafen uns mehrmals die Woche, nur um die Langeweile zu vertreiben. Eines Tages war ich in ihrer Wohnung in Greenwich Village zum Mittagessen eingeladen. Ich kletterte die Treppe hoch in den vierten Stock, stieg über mehrere große Kartons, die im Flur herumstanden, und betrat ihre Wohnung, wo sie gerade versuchte, eine neue Stereoanlage zusammenzubauen.

Da ich wußte, daß sie nicht mehr Geld hatte als ich, war ich neugierig, woher sie die Anlage hatte. Ginas Antworten waren eigenartig ausweichend. Ich bedrängte sie so lange, bis sie mich schließlich feierlich ansah und sagte: »Sydney, schwörst du, daß du es auch *niemandem* sagen wirst?«

Meine Neugier war geweckt, und ich antwortete: »Ich schwöre.« Und dann sagte sie es mir: »Ich mache Telefondienst bei einem Escort Service.«

»Ohhh ...« (Mein Gehirn hatte eine fieberhafte, aber erfolglose Suche nach dem, was das bedeuten mochte, gestartet.) Dann: »Was ist ein Escort Service?«

Sie begann es mir zu erklären, und dann dämmerte es mir: Um Gottes willen! Sie spricht von Callgirls! Von Prostituierten!

Ich fühlte mich zugleich fasziniert und abgestoßen. Natürlich wußte ich, daß es solche Damen gab, und ich hatte im Rotlichtdistrikt von Amsterdam auch schon welche gesehen – aber ich hatte noch nie jemanden getroffen, der eine von ihnen leibhaftig *kannte*. Nun wollte ich alles wissen. Ich löcherte sie mit all den Fragen (manche davon ganz schön dumm), mit denen mich die Leute heute löchern. Schließlich schaffte ich es, sie zu fragen, wieviel sie mit diesem Job verdiene, und sie antwortete: »50 Dollar pro Nacht, schwarz.« Damals, im Jahr 1978, war das viel Geld. (Übrigens ist es auch heute nicht unbedingt wenig, wenn man bedenkt, daß man dafür nur ein paar Stunden Telefondienst zu machen braucht.) Also sagte ich genau das, was wahrscheinlich die meisten Mädchen mit dringendem Geldbedarf in dieser Situation gesagt hätten: »Du, wenn die noch jemanden brauchen, dann sag es mir.«

Die Wochen vergingen, und Gina unterhielt mich mit dem Tratsch über die Mädchen und mit Beschreibungen der Männer, die den Service in Anspruch nahmen. Und offen gesagt – ihre Geschichten waren viel interessanter als alles, was sich in meinem Leben zu dieser Zeit abspielte.

Ende Januar, als ich gerade eifrig damit beschäftigt war, Lebensläufe abzuschicken, um den tollsten Job in der Geschichte des Einzelhandels zu ergattern, klingelte mein Telefon. Es war Gina, die mir erzählte, daß eines der Mädchen, die im Büro arbeiteten, gekündigt hatte, und sie fragte mich, ob ich immer noch an dem Job interessiert sei.

Ich bekam sofort kalte Füße. Ich fürchtete mich vor der Polizei, ich wollte nicht mit der Mafia in Berührung kommen ... Also sagte ich nein und murmelte etwas von einem »echten« Job, den ich jeden Augenblick bekommen würde. Gina sagte: »Schau mal, warum redest du nicht einfach einmal mit dem Besitzer? Du könntest ja auch nur einfach ein paar Wochen arbeiten, bis du etwas Passendes gefunden hast.«

Also traf ich mich mit Eddie. Damit er keinen falschen Eindruck bekommen sollte, welchen Job ich suchte, kam ich fast ohne Make-up, mit Brille, Hosen und einem unförmigen Pullover zu dem Treffen. Ich sah aus wie die Bibliothekarin einer High-School. Aber ich bekam den Job.

Schon sehr bald gewann ich den Eindruck, daß dieser Mann keine Ahnung hatte, wie man ein Unternehmen führte. Ich will damit nicht sagen, daß ich mich selbst nach vier Jahren im Einzelhandel mit Lee Iacocca hätte vergleichen können. Aber dieser Mann hatte keine Vorstellung von Dingen wie Werbung, prompte Lieferung, Wiederholungsgeschäfte oder Lagerbestandskontrolle. Wenn zum Beispiel ein Kunde anrief und sagte, er wolle eine große, kurvige Blondine, schwor Eddie, er habe genau das, was der Mann suche – und dann schickte er eine kleine, flachbrüstige Rothaarige zu dem Rendezvous. Das ist etwa so, als bestellte man einen Rolls-Royce und bekäme einen Hyundai vor die Haustür gestellt.

Die Mädchen behandelte er auch nicht viel besser. So

bestand er unter anderem darauf, daß wir sieben Abende in der Woche – und zwar *jede* Woche – arbeiteten. Angesichts seiner überzogenen Erwartungen kam es oft vor, daß sich die Mädchen in der letzten Minute mit den unmöglichsten Ausflüchten entschuldigten und wir dann völlig ohne Personal dastanden. Also mußten wir dem Kunden in unserer Not *irgend jemanden* – Hauptsache lebendig und weiblich – schicken. Der Kunde geriet dann oft in Wut, die er natürlich an dem armen Mädchen ausließ. Eddie weigerte sich auch, die Mädchen zu bezahlen, solange er die Schecks nicht abgerechnet hatte, und komischerweise konnte es *Monate* dauern, bis er damit fertig war. Gina und ich schmiedeten ständig Pläne für den Tag X. Wir waren überzeugt, daß wir besser wüßten, wie man ein solches Unternehmen führen muß.

Irgendwann kam dann der Tag, an dem ich das Ganze einfach nicht mehr ertrug. Ein Mädchen hatte von einem Kunden einen Scheck für einen Besuch erhalten, der noch vor meiner Zeit bei Eddie stattgefunden hatte. Sie kam ins Büro und fragte nach ihrem Geld. Ich schaute in die Schublade und sah, daß der Umschlag mit dem Geld nicht dalag. Also rief ich Eddie an und fragte ihn, wo ihr Geld sei. In diesem Augenblick erinnerte ich mich an meinen Vater an dem Tag, an dem er mir eröffnete, er würde meine Collegeausbildung nicht bezahlen. »Ahhh … sag ihr, der Scheck war faul.«

»Was?« Ich senkte meine Stimme zu einem Flüstern. Ich wußte, er log.

»Du hast gehört, was ich gesagt habe. Sag ihr, der Scheck war faul.«

»Aber Eddie! Das ist *Jan*.« Jan war eines seiner besten Mädchen. Ich begann ihr Loblied zu singen, aber er hängte einfach auf.

Was konnte ich tun? Das Geld aus meiner eigenen Tasche bezahlen? Ich hatte es nicht. Also sagte ich ihr, daß der Scheck nicht gedeckt gewesen sei. Und da brach sie in Tränen aus, vor meinen Augen. Obwohl nicht ich es gewesen war, die ihr Geld gestohlen hatte, war ich die Vertreterin desjenigen, der es getan hatte. Und ich fühlte mich schrecklich.

In diesem Augenblick traf ich eine Entscheidung. Schlimm genug, daß ich die Kunden über das Aussehen der Mädchen und über den Zeitpunkt ihres Eintreffens belügen mußte. Schlimm genug, daß ich die Mädchen anflehen mußte, jeden Abend parat zu stehen. Aber sie zu bestehlen, das war zuviel. Ich kündigte.

Am nächsten Tag rief ich Gina an, und wir stimmten unser übliches montagmorgendliches Heulen und Zähneknirschen an. Plötzlich hörte ich mich sagen: »So schlau wie Eddie sind wir noch lange. Und netter sind wir auf alle Fälle. Warum gründen wir nicht unseren eigenen Escort Service?« Gina war Feuer und Flamme. Genau das taten wir. Als Namen für unseren Escort Service wählten wir »Cachet«.

Wie das Geschäft ins Rollen kam: Ein typischer »Besuch«

Einer der exklusivsten privaten Escort Services von New York sucht derzeit außergewöhnlich attraktive, gebildete und selbstbewußte junge Damen zwischen 19 und 30 für eine Teilzeitbeschäftigung. Kenntnisse in einer oder mehreren Fremdsprachen sind erwünscht, aber keine Bedingung.

Das war die Anzeige, die ich in *The Village Voice, Show Business* und *Soho Weekly News* schaltete, um Mädchen anzuwerben. Die Anzeige stand in gewaltigem Kontrast zu den anderen einschlägigen Annoncen, die etwa so aussahen:

GIRLS! GIRLS! GIRLS!
Wollt Ihr
$$$$$$$$$$$$$$$$$
verdienen?

Auf welche Anzeige würden Sie reagieren? Genau.
Es gab ein Prinzip, das ich den Mädchen, die für mich arbeiteten, immer wieder einhämmerte: Die Kunden bezahlten für eine *Phantasie* – eine schöne, elegante, gebildete Frau, die nichts anderes im Sinn hatte als ihnen zu gefallen.
Die Bekleidungsvorschriften waren streng. Meine Mädchen sollten wie die Ehefrauen oder die Töchter des reichsten Mannes mit der größten Suite im Pierre Hotel aussehen. Das bedeutete konservative, aber elegante

und moderne Kleider oder Kostüme und zierliche Schuhe mit hohen Absätzen. Tiefe V-Ausschnitte, superkurze Miniröcke, durchsichtige Stoffe und alle aufdringlichen Kinkerlitzchen waren verboten. Wir wollten uns so weit wie möglich vom Stereotyp des Flittchenlooks distanzieren, denn das waren nicht die Mädchen, in deren Gegenwart sich unsere Kunden wohl gefühlt hätten. Unsere Kunden waren erfolgreiche Wall-Street-Bosse, Chefs großer Unternehmen, Unternehmer aller Arten aus den Vereinigten Staaten und aus dem Ausland, Diplomaten und Beamte ausländischer Regierungen sowie die allgegenwärtigen Scheichs und Prinzen der reichen Ölstaaten des Mittleren Ostens. Diese Männer wünschten sich hübsche, kluge, vorzeigbare Gefährtinnen für einen Abend, keine kaugummikauenden »Asphalthasen« für einen 30-Minuten-Quickie.

Nach meiner Erfahrung halten sich die meisten Männer an das alte Motto »Eine Dame im Wohnzimmer, eine Hure im Schlafzimmer«. Also bestand ich darauf, daß die Mädchen unter ihrer konservativen, eleganten Kleidung ein zusammenpassendes Set aus Büstenhalter, Höschen, Strumpfgürtel und Strümpfen trugen. Wenn sie ein übrigens tun und sich ein fettes Trinkgeld sichern wollten, konnten sie anstelle des Büstenhalters auch ein Bustier tragen. Wir ermutigten die Mädchen auch, so hohe Absätze zu tragen, wie sie nur irgend konnten, ohne ins Taumeln zu geraten.

Jedes Mädchen hatte eine Aktentasche bei sich (nicht zuletzt, um das Hotelpersonal hinters Licht zu führen), die Reservestrümpfe (für den Fall von Laufmaschen), Slipeinlagen (aus einleuchtenden Gründen – warum die teure Unterwäsche ruinieren?), ein Mini-Make-up-Set für schnelle Auffrischungen, eine Duschhaube, Schaumbad, Mintpastillen (Vorschrift für Raucherinnen), etwas Geld für Taxis und ein Abbuchungsgerät für Kreditkarten enthielt. Wir empfahlen den Mädchen auch, Kondome zu verwenden, obwohl es Anfang der achtziger Jahre üblich war, sie nur auf Wunsch des Kunden zu benutzen.

Wir waren stolz darauf, junge Damen jeder Körpergestalt, jeder Hautfarbe und jedes Typs vermitteln zu können. Wenn sich ein Mann eine 1,60 Meter große Rothaarige wünschte, bekam er sie. Im Gegensatz zu Eddie war ich überzeugt, daß Werbeaussagen wahr sein müssen, weil man nur auf diese Weise Wiederholungskunden bekommt. (Der ganz normale amerikanische Look war übrigens der beliebteste. Große, kurvige Blondinen, wie sie für den Mittleren Westen typisch sind, hatten oft mehr zu tun, als ihnen lieb war, vor allem, wenn sie unter sechsundzwanzig waren.)

Viele Leute fragen mich, ob die Mädchen jemals privat mit den Kunden ausgehen oder sie sogar heiraten. Die Vermutung ist durchaus naheliegend: junge, aufstrebende Schauspielerinnen oder Karrierefrauen, umgeben von reichen, einflußreichen älteren Männern. Überraschenderweise lautet die Antwort nein. Das liegt allerdings nicht daran, daß es die Kunden nicht versuchen. Die Mädchen wissen, daß die Person, in die der Kunde sich »verliebt« zu haben glaubt, nichts mit ihnen selbst zu tun hat – die immer freundliche, unendlich anpassungsfähige Frau mit der Ausstrahlung eines Filmstars, die niemals Kopfschmerzen, einen schlechten Tag im

Büro oder irgendwelche Probleme in ihrem Leben hat. Die Frauen wissen, daß alles vorbei ist, sobald sie die Maske fallen lassen.

Gelegentlich glaubte ein Mädchen, ein dickeres Trinkgeld zu bekommen, wenn sie einem Kunden ihre Probleme erzählte und für die schlimmen Zeiten, die sie durchmachte, um sein Mitleid buhlte. Das erwies sich aber in fast allen Fällen als Irrtum. Ein Kunde besucht ein Callgirl, um seinen *eigenen* Problemen zu entfliehen. Das bedeutet, daß alle Probleme, die ein Mädchen an diesem Tag haben mag – von einem Streit mit dem Chef bis hin zu Bauchkrämpfen vor den Tagen –, vor der Hotelzimmertür bleiben müssen.

Ich versuchte keine Mädchen einzustellen, die davor schon »gearbeitet« hatten. Sie waren von anderen Agenturen meistens so schlecht behandelt worden, daß sie die Männer im allgemeinen nur als Maschinen betrachteten, aus denen man möglichst viel Geld herauszupressen versucht. Bei meinen Gesprächen mit potentiellen Mitarbeiterinnen achtete ich also vor allem darauf, daß sie neu in diesem Geschäft waren, daß sie tagsüber einer Beschäftigung nachgingen und sich nur ein bißchen Taschengeld verdienen wollten und daß sie eine Lebensplanung außerhalb des Escort Service hatten. Viele meiner Mädchen waren Studentinnen, aufstrebende Schauspielerinnen, Models, Tänzerinnen, Sängerinnen, Autorinnen, Künstlerinnen und Frauen in schlecht bezahlten Einstiegspositionen in den Bereichen PR, Verlagswesen und Zeitschriften. Sie mußten fähig sein, eine intelligente Unterhaltung zu führen, und, was noch wichtiger war, sie mußten zuhören können. Und wie in allen Berufen waren diejenigen am besten, die ihre Arbeit wirklich mochten.

Wir erkannten rasch, daß ein Mann, der 200 Dollar für eine Stunde bezahlte, mehr erwartete als nur körperliche Entspannung. Wenn er nur das wollte, konnte er es für nur 20 Dollar an jeder Straßenecke bekommen. Ein durchschnittlicher Besuch unserer Mädchen dauerte zwischen zwei und vier Stunden und kostete zwischen 400 und 800 Dollar. Davon entfielen nur fünf bis zehn Minuten auf den eigentlichen Sex. Bedenken Sie, daß es viel länger dauert, mit jemandem zu schlafen, der einem wichtig ist, als mit jemandem, den man dafür bezahlt. Erstens ist sich der Typ bewußt, daß *sie* kein Feuerwerk zu erleben braucht, weil ihr Lohn in diesem Geschäft das Geld ist. Und zweitens ist es sehr viel aufregender, mit jemand Neuem Sex zu haben als mit jemandem, den man schon lange kennt, und es dauert daher auch wesentlich kürzer. Und auch die Wirkung von Reizwäsche sollte man nicht unterschätzen: Die meisten Männer hatten in der damaligen Zeit noch nie eine Frau aus Fleisch und Blut gesehen, die die sexy Unterwäsche, die man in allen Magazinen bewundern konnte, auch wirklich auf der Haut trug. Höchstens die nackten Frauen, die die Männer aus *Playboy* oder *Penthouse* kannten, trugen diese Wäsche. Heute ist es für die Frauen selbstverständlich, solche aufregenden, sündigen Dessous zu tragen; wir können sie aus Versandhauskatalogen bestellen, die uns alle paar Tage mit der Post ins Haus flattern. Aber damals, bis Anfang der achtziger Jahre, wurden diese Sachen nur von *Playboy*-Bunnies und Prostituierten getragen. Wir anderen versuchten allesamt, uns wie

Männer zu kleiden. Wenn also die Cachet-Mädchen ihre Kleider ablegten – und natürlich hatten sie auch überdurchschnittlich schöne Körper –, dann trugen sie unweigerlich atemberaubende Dessous, die diese Typen noch nie an einer Frau gesehen hatten. Da können Sie sich vorstellen, daß der Sex nicht lange dauerte. Oft war alles praktisch vorüber, noch bevor es richtig begonnen hatte.

Was tun also diese Männer mit dem Rest der Zeit, wenn ein Besuch drei oder vier Stunden lang dauert? Sie reden. Sie versuchen die Frauen mit ihren großartigen Lebensläufen zu beeindrucken. Sie schenken mit schwungvoller Gebärde Wein oder Champagner ein. Und oft schütten sie nicht nur Flüssigkeiten in Gläser, sondern auch ihr Herz aus.

Das alte Klischee von der Hure mit dem goldenen Herzen wurde von uns bei Cachet hochgehalten. Viele Leute haben schon zu mir gesagt: »Nun komm schon. Eine Hure ist eine Hure. Das gibt es doch gar nicht, daß das Geschäft das Herz dieser Mädchen *nicht* verhärtet?« Aber Sie müssen eines bedenken: Wir sprechen vom Ende der siebziger und vom Beginn des achtziger Jahre, einer Zeit, in der viele Frauen schon beim ersten Rendezvous mit einem Typen ins Bett gingen – gratis. Für sie war dieses Geschäft ein lukrativer, temporärer Job. Zum Glück waren unsere Kunden sehr interessante Männer – Unternehmenschefs, Diplomaten, internationale Geschäftsleute –, Typen, die wirklich *viel* Geld verdienten. Die meisten Mädchen waren Studentinnen Anfang Zwanzig; sie hatten zuvor weder jemals Dom Perignon in einer 2000-Dollar-Suite im Waldorf Hotel getrunken, noch hatten sie in einem Viersternerestaurant gegessen oder New York von der Rückbank einer von einem Chauffeur gelenkten Limousine betrachtet. Für sie war der Job nicht nur ein richtiges Abenteuer, sondern auch eine großartige Möglichkeit, Geld zu verdienen.

Bei unserer vierstündigen Grundausbildung »Alles, was Sie je über den Beruf eines Callgirls wissen wollten«, an der jedes neue Mädchen teilnehmen mußte, betonte ich immer wieder, wie wichtig es war, gut zuzuhören. Ich erklärte, wie man einen Mann zum Geldausgeben bringt, ohne gierig zu erscheinen, und ich riet den Mädchen, Einfühlungsvermögen und Verständnis an den Tag zu legen, keine unerbetenen Ratschläge zu erteilen, auf Sorgen einzugehen und die Kunden spüren zu lassen, daß sie ihnen nicht gleichgültig waren.

Nicht jeder Kunde wünschte sich eine Schulter zum Ausweinen. Viele suchten geistige Anregung: Sie wollten mit jemandem lachen, reden, Ideen austauschen, das internationale Tagesgeschehen diskutieren und vielleicht etwas lernen, was sie zuvor nicht gewußt hatten. Wir taten unser möglichstes, um intelligente, lebhafte junge Frauen zu finden, die ihren Teil der Konversation mit hochintelligenten, oft überarbeiteten und gestreßten Männern zu bestreiten wußten. Ebenso wichtig, wie einen perfekten Striptease hinzulegen, war es zu wissen, wie man einem Mann, der zu Hause möglicherweise vernachlässigt wird, seine ungeteilte Aufmerksamkeit schenkt und ihm nötigenfalls ein einfühlsames Ohr leiht. Wir verlangten von den Mädchen, daß sie beides konnten.

Natürlich verbrachten sie nicht den *ganzen* Abend mit Reden. Irgendwann taten sie das, was wir euphemistisch »zur Sache kommen« nannten. Wir waren in sexueller Hinsicht jedoch sehr konservativ. Mit *sehr* seltenen Ausnahmen hatten unsere Mädchen nur die Erlaubnis zu Geschlechtsverkehr und Oralsex. Kunden, die etwas Exotischeres suchten, verwiesen wir gern an andere Agenturen.

Der typische Kunde

Wer war unser »typischer« Kunde? Er war durchaus kein hoffnungsloser gesellschaftlicher Außenseiter, wie Sie vielleicht vermuten. Eigentlich ganz im Gegenteil. Da unser Service so teuer war, hatten die meisten Kunden viel Geld, und viele verdienten dieses Geld im Zuge des Wirtschaftsbooms der achtziger Jahre. Wenn man einmal so erfolgreich ist wie unsere Klienten, dann hat man sich auf dem Weg zu diesem Erfolg viel Charme und gesellschaftlichen Schliff erworben. Und ich akzeptierte nur geradlinige, solide Geschäftsmänner. Männer, die sich die Nacht im Alkohol- und Kokainrausch um die Ohren schlagen wollten, zählten nicht zu meiner Zielgruppe (obwohl ich natürlich nicht sagen will, daß solche nie dabei waren).

Etwa die Hälfte der Kunden waren junge, alleinstehende Wall-Street-Cowboys zwischen zwanzig und dreißig, Männer mit irrsinnigen Arbeitszeiten, die ständig reisten und keine Zeit für eine lockere, geschweige denn für eine feste Beziehung hatten. In ihrer kargen Freizeit wollten sie auf *Nummer Sicher* gehen. Sie wollten nicht Stunden investieren, um eine Frau auszuführen und zu umwerben, nur um dann zu hören: »Ich weiß nicht, ob ich schon bereit bin.«

Die andere Hälfte waren Ehemänner in den Dreißigern oder darüber. (Manchmal *weit* darüber: Wir hatten Kunden, die über siebzig, manchmal sogar über achtzig waren. Einige unserer älteren Kunden kamen zu uns, weil ihre Ehefrauen krank waren und keinen Sex mehr haben konnten.) Viele waren fast ständig unterwegs und haßten die Vorstellung, in ein leeres Hotelzimmer zurückzukommen. Sie waren einsam und suchten Gesellschaft. Das *letzte*, was sie wollten, war jemand, der nach ihrer Rückkehr nach Hause in Kontakt mit ihnen zu bleiben versuchte.

Die meisten dieser Männer hatte nichts Proletenhaftes an sich. Sie bezahlten die Mädchen nicht nur anstandslos, sondern viele überschütteten sie auch mit Geschenken. Ein Kunde, der im Fernen Osten Skianoraks produzierte, überreichte jedem Mädchen, das ihn besuchte, zum Abschied eine neue Jacke; ein italienischer Gentleman teilte exquisite Seidenschals aus, als wären sie Kleenex-Tücher. Ein anderer unserer Lieblingskunden, ein Weinhändler, veranstaltete für seine jeweilige Abendbegleiterin spontane Verkostungen der feinsten Weine und Champagner. Ich erinnere mich sogar an einen Typen, der an dem Tag, an dem ihn eines unserer Mädchen besuchte, gerade seine Wohnung neu einrichtete und ihr eine ganze Menge Möbel schenkte. Bevor sie ging, rief er eine Limousine und half ihr, Stühle, Lampen, Bilder und Pflanzen einzuladen – alles, was nur irgendwie hineinpassen wollte. Und obwohl die Chefin des Callgirl-Rings üblicherweise nicht die Empfängerin solcher Wohltaten ist, erhielt ich einmal zu Weihnachten eine große Schachtel exklusivsten Geschenkpapiers von einem Mann, der in dieser Branche tätig war.

Wenn diese Männer den Mädchen helfen konnten, ohne befürchten zu müssen, daß die Sache an die Öffentlichkeit drang, war ihnen keine Mühe zu groß. Zum Teil waren die Männer vermutlich gerade deshalb so großzügig, weil sie spürten, daß unsere Mädchen keine Profis waren. Statt der gierigen, unersättlichen Klischeeprostituierten, die sie erwarteten, trafen sie eine junge Frau, die zu echter Dankbarkeit fähig war.

Während des Tages arbeiteten wir nicht, weil unsere Männer in ihrem Beruf beschäftigt waren, und auch spätabends nicht, weil sie zu der Sorte Männer gehörten, die um acht Uhr morgens zum Frühstücksmeeting erscheinen mußten. Kurz gesagt waren es jene Männer, auf die Frauen zu treffen hoffen, wenn sie 5000 Dollar an ein exklusives Partnerbüro überweisen.

Das Sondieren der Klienten war einfacher, als Sie vielleicht denken. Aus der Art und Weise, wie sie telefonierten, konnte man schon viel schließen. Jemand, der anruft und sagt: »Hallo, mein Name ist Mr. Jones. Ich wohne im Plaza, und ich habe Ihre Anzeige im Branchenverzeichnis gelesen. Können Sie mir etwas über Ihren Service erzählen?«, ist ganz anders als ein Kunde, der sich so meldet: »Hallo, was haben Sie heute abend zu bieten?« Die besten waren diejenigen, die zuerst nach einer Frau mit Persönlichkeit fragten, bevor sie näher erklärten, wie sie aussehen sollte. Wenn man einen potentiellen Kunden fragt, welche Art von junger Dame er sich wünscht, und er sagt: »Nun, ich möchte ein intelligentes, unterhaltsames und wenn möglich auch hübsches Mädchen«, dann ist das etwas ganz anderes, als wenn er sagt: »Blond mit großen Titten.« Männern, die offensichtlich bloß auf »Titten & Arsch« fixiert waren, schickte ich kein Mädchen. Ich konnte es mir leisten, wählerisch zu sein, denn die Geschäfte liefen ausgezeichnet.

Da uns das Format unserer Mädchen und der Kunden, die sie besuchten, viel wichtiger war als anderen Agenturen, würde ich sagen, daß die Mädchen, die für mich arbeiteten, auch mehr Einfluß auf ihre Arbeitsbedingungen hatten als die durchschnittliche Stewardeß, Kellnerin oder Sekretärin. Wir boten unseren Mädchen sogar eine Krankenversicherung an, etwas Unerhörtes in unserem Gewerbe. Sie mußten uns nur drei Abende pro Woche zur Verfügung stehen, und wir schickten sie nur in die besten Hotels und Wohnbezirke.

Einen Ratschlag gaben wir unseren Mädchen mit auf den Weg, der sich fast immer bewährte: Je besser es dir gelingt, dich ladylike zu benehmen, desto eher wird er sich benehmen wie ein Gentleman.

Die New Yorker Polizei schloß unseren Betrieb im Jahr 1984, nachdem ich fünfeinhalb Jahre im Geschäft gewesen war. Die Medienhysterie über die »Mayflower Madam« hielt etwa sechs Monate lang an. Ich bezahlte eine Strafe von 5000 Dollar, ohne Gefängnisstrafe und Bewährung. Obwohl ich eine hübsche Summe verdient hatte, war es nicht annähernd soviel, wie die Zeitungen damals berichteten. Die Summen, die in unserem Unternehmen den Besitzer gewechselt hatten, wurden stark übertrieben, um eine gute Story noch »saftiger« zu machen.

Und obwohl die Steuerbehörde es bestritt, hatte ich alle meine Steuern bezahlt. Bei Cachet wurde nicht mit Bargeld bezahlt. Welcher Mann spaziert schon mit Hunderten Dollar Bargeld in der Tasche in der Stadt herum?

Die bevorzugten Zahlungsmittel bei Cachet waren Kreditkarten und Schecks, und daher waren wir natürlich *gezwungen*, unsere Steuern zu bezahlen. Nach offizieller Definition war Cachet eine »Zeitpersonalagentur« – und das ist bei näherer Betrachtung eigentlich eine ziemlich zutreffende Beschreibung!

Im Jahr 1986 erschien *Mayflower Madam* mit Bill Novak als Koautor; es wurde ein riesiger Erfolg. Das Taschenbuch, das ein Jahr darauf erschien, stand ebenfalls vier Wochen lang auf der Bestellerliste. Thema des Buchs waren die Mädchen und das Geschäft, und es war voller wunderbarer Geschichten. 1987 kam ein ziemlich schlechter Fernsehfilm mit Candice Bergen in der Hauptrolle (der einzige Pluspunkt) heraus, der offensichtlich auf dem Buch basierte. Aber der Fernsehsender erlaubte dem Produzenten nicht, die wirkliche Story für den Film zu verwenden. Jedenfalls machten wir alle eine Menge Geld und hatten viel Spaß; unser Leben war schillernd und interessant; keinem der Mädchen stieß jemals etwas Schlimmes zu, und keines bereute, für uns gearbeitet zu haben. Die Leute vom

Fernsehsender glaubten der Öffentlichkeit diese Botschaft nicht zumuten zu können, also erfanden sie ihre eigene Geschichte. Jemand baute eine Szene ein, in der Candice Bergen, die mich spielte, an einen attraktiven Rechtsanwalt vermittelt wurde, der sie vom Escort-Geschäft wegbringen wollte. Und sie sagte nein! Niemals hätte ich zu einem gemütlichen Leben an der Seite eines zauberhaften Typen wie Chris Sarandon, in den ich offensichtlich unsterblich verliebt war, nein gesagt! Aber so ist Hollywood.

Eine der meistverbreiteten falschen Annahmen über den Escort Service ist die, daß es sich dabei um ein sehr gefährliches Geschäft handelt. Wahrscheinlich beruht diese Meinung auf der Tatsache, daß die Straßenmädchen, die höchstens 10 bis 15 Prozent aller Prostituierten einer Stadt ausmachen, überdurchschnittlich oft zu Opfern von Gewalt werden. Ein Psychopath, der eine Frau verletzen will, muß zuerst eine finden, die bereit ist, einem Fremden an einen abgeschiedenen Ort zu folgen. Es gibt nur eine Gruppe von Frauen, die das tut: Straßenprostituierte. Dazu kommt, daß sich die meisten Menschen unter einer Prostituierten ein Straßenmädchen vorstellen. Wenn die Medien eine Geschichte über Prostitution bringen, geht es fast immer um verzweifelte, drogenabhängige Mädchen in einem einschlägigen Milieu oder um Straßenprostituierte, die festgenommen werden. Zu glauben, daß alle Prostituierten Straßenmädchen sind, ist so, als meinte man, daß jedes Restaurant ein McDonald's-Restaurant sei.
Ich wurde dafür kritisiert, weil ich den Geschlechtsver-

kehr mit Männern gegen Geld als etwas Angenehmes und Glamouröses hinstellte – Tatsache ist, daß es auf höchstem Niveau auch so ist. Es stimmt natürlich, daß es weiter unten ziemlich schrecklich sein kann. Die meisten Straßenmädchen sind in irgendeiner Weise Opfer – ihrer Drogengewohnheiten, ihrer gewalttätigen Familien oder des Bildungssystems, das an ihnen versagt hat. Aber indem wir die Prostitution als illegal erklären, ermutigen wir die niederträchtigsten Mitglieder der Gesellschaft, verzweifelte, verwirrte und verängstigte junge Frauen auszunützen und auszubeuten. Wir schaffen eine Kaste von Frauen, die völlig entrechtet ist. Bei wem soll sich eine Prostituierte beklagen, wenn sie von ihrem Zuhälter verprügelt oder von einem ihrer Freier vergewaltigt wird?

Ich finde, daß diese Frauen in ihrer Eigenschaft als Opfer unser Mitgefühl und unsere Hilfe verdienen. Wir sollten sie nicht verurteilen oder verlangen, daß sie eingesperrt werden. Sie haben nicht die Wahlmöglichkeiten, die uns anderen zur Verfügung stehen.

Die Mädchen, die für mich arbeiteten, hatten diese Wahlmöglichkeit sehr wohl. Die meisten von ihnen litten auch nicht unter dem Syndrom des »Ausbrennens«, weil sie nur ein halbes bis ein Jahr lang in diesem Geschäft blieben. Und im Gegensatz zu anderen Escort Services, bei denen die Frauen sieben Tage in der Woche und rund um die Uhr im Einsatz sein müssen, dauerte die Arbeitszeit bei mir nur von vier Uhr nachmittags bis ein Uhr morgens, und ich beanspruchte die Mädchen nur an drei Abenden pro Woche. Sie brauchten also nicht wie Callgirls zu leben. Und dazu wären meine Mädchen auch nicht bereit gewesen, weil sie ihr eigenes Leben führten.

Alle von ihnen sind heute in anderen Berufen tätig – und viele sind Ehefrauen und Mütter. Klugerweise haben die meisten ihr kleines Geheimnis ihren Ehemännern nicht gebeichtet. Sie betrachten diesen Teil ihrer Vergangenheit als eine amüsante und aufregende Jugendepisode, aber es ist ihnen bewußt, daß ihre Männer daran Anstoß nehmen und diese Information bei einem künftigen Streit möglicherweise gegen sie verwenden würden. Es ist ihnen außerdem bewußt, daß ihre Männer es gar nicht so genau wissen wollen, selbst wenn sie nach ihrer Vergangenheit fragen.

Wir alle haben ein Recht auf unsere kleinen Geheimnisse. Ich sehe keinen Grund, warum es falsch sein sollte, sie für sich zu behalten.

In den letzten Jahren auf meinen Vortragsreisen im ganzen Land hatte ich Zeit, das Escort-Geschäft aus der Perspektive jener Frauen zu betrachten, über die ich davor nicht viel nachgedacht hatte: Ehefrauen und Freundinnen. (Die Tatsache, daß ich im Mai 1994 selbst geheiratet habe – Darnay Hoffman, einen Rechtsanwalt und Fernsehproduzenten –, veranlaßte mich außerdem, das Ganze von einem anderen Gesichtspunkt aus zu betrachten!)

Es war eine Sache, wenn junge, erfolgreiche alleinstehende Männer, die nicht genug Zeit für eine persönliche Beziehung hatten, den Escort Service beanspruchten. Aber was war mit den Männern, die aus den Armen unserer Mädchen direkt in ihr eigenes Heim samt Ehefrau, Kindern, Hund und mannigfaltigen Verpflichtungen zurückkehrten? Was trieb diese Männer zu uns? Die Frauen stellen mir diese Frage ständig: Was wußten unsere Mädchen, was sie als Ehefrauen und Freundinnen nicht wußten?

Genau darum geht es in diesem Buch.

2

Die Regeln des Schönheits-spiels, die jedes Callgirl kennt

Wann immer ich mit einer Gruppe von Männern und Frauen zum Abendessen ausgehe und ein interessantes – und hitziges – Streitgespräch entfachen möchte, brauche ich meiner Erfahrung nach nur ein einziges Thema anzureißen: Warum gehen Männer fremd?

George ist ein interessantes Beispiel. Der bekannte Modefotograf und seine Frau Melissa sind erst seit vier Jahren verheiratet. Eines Tages sprachen wir zufällig über mein »Manche mögen's gleich«-Seminar, und dabei kamen wir darauf zu sprechen, warum Männer fremdgehen. Sofort ereiferte sich dieser normalerweise ruhige und bedächtige Mann so sehr, daß er fast Schaum vor dem Mund hatte:

»Ich sage euch, warum! Die Frage ist: Wer hat wen zuerst betrogen? Man sollte nicht immer den Männern die Schuld geben. Meine Frau hat *mich zuerst* betrogen«, rief George. Ich nahm an, er meinte, seine Frau hätte eine Affäre mit einem anderen Mann gehabt, aber davon sprach er überhaupt nicht. Er fuhr fort. »Als ich sie heiratete, war sie schön. Sie kleidete sich makellos. Ihr

Haar war immer in Ordnung, sie sah immer fabelhaft aus. Das war eines der Dinge, die sie für mich attraktiv machten.

Und dann heirateten wir und bekamen zwei Kinder. Jetzt hat sie 40 Kilo Übergewicht, sie trägt nie mehr Make-up, und nicht einmal ihr Haar wäscht sie mehr regelmäßig. Wenn ich vor drei Jahren gewußt hätte, daß es darauf hinauslaufen würde, hätte ich sie nie geheiratet. Also gebt nicht immer den Männern die Schuld. Denn oft sind es die Frauen, die die Männer zuerst betrügen.«

Wie die meisten Frauen reagierte ich auf Georges Tirade zuerst mit dem Gefühl: »Dieser Mann ist ein Neandertaler. Was um alles in der Welt wurde aus seinem Schwur vor dem Altar: ›In guten wie in schlechten Tagen ...‹?« Es lag auf der Hand, daß ich die Tiefe seiner Gefühle für seine Frau in Frage stellte. Wie viele Frauen würden sich wohl umgekehrt von ihren Männern abgestoßen fühlen, wenn diese ihr Haar verlören und einen Bierbauch bekämen (was die meisten Männer übrigens tatsächlich tun)? Tatsache ist aber, daß niemand von uns selbst bestimmen kann, was auf ihn attraktiv wirkt und was nicht. Georges Reaktion auf die Veränderung seiner Frau mag extrem sein, aber es kommt vor, daß sich selbst Ehemänner, die ihre Frauen aufrichtig anbeten, sich von einer Frau, die sich so meilenweit von seinem Idealbild entfernt hat, alles andere als angezogen fühlen.

Männer sind in stärkerem Maß visuelle Typen als Frauen. Blicken wir den Dingen ins Auge – auf wen zielen denn all die Magazine mit den nackten Körpern ab? Sie

werden entweder von heterosexuellen Männern gekauft, die es genießen, Frauen anzusehen, oder von ho-
mosexuellen Männern, die sich Männer ansehen möchten. Es gibt so gut wie keine Magazine für Frauen mit
nackten Männerkörpern, denn, seien wir ehrlich, das
interessiert uns einfach nicht besonders. Fast die gesamte Pornoindustrie ist darauf abgestellt, Männer zu
erregen.

Wenn ein durchschnittlicher Mann eine einigermaßen
attraktive Frau sieht, sagt er nicht: »Oh, ich nehme an,
sie ist eine nette Person.« Oder: »Sie ist sicher sehr intelligent.« Fragen Sie doch ein paar Männer. Wenn sie
eine Frau sehen und sie nicht anziehend genug finden,
um mit ihr ins Bett zu gehen, dann interessiert sie sie
einfach nicht. Natürlich wird ein Mann, der Sie sexuell
attraktiv findet und Sie dann persönlich kennenlernt
und feststellt, daß Sie ihm nicht sympathisch sind, die
Sache nicht weiter verfolgen. Aber wenn er Sie ansieht
und sich sexuell nicht erregt fühlt, dann können Sie so
intelligent und amüsant sein, wie Sie nur wollen – er
wird sich nicht für Sie interessieren. Das erklärt auch,
warum Bosse von Topunternehmen oft Frauen heiraten, die schon mit der Arbeit in der Postabteilung überfordert wären – solange sie im Abendkleid sensationell
aussehen, ist alles in Ordnung.

Bei Cachet gab es unter den Mädchen eine unterschiedliche Buchungsfrequenz, die davon abhängig war, wie
sie aussahen. Die begehrteste »Phantasiefrau« (im allgemeinen blond, unter fünfundzwanzig, mit großem Busen und einer tollen Figur) konnte, obwohl sie nur drei
Abende in der Woche arbeitete, zwischen 1000 und

3000 Dollar verdienen. Eine hübsche Frau mit guter Figur, aber nicht blond, oder eine durchschnittlich aussehende, intelligente Frau mit toller Figur schaffte zwischen 750 und 2000 Dollar die Woche. Die am schlechtesten vermittelbaren Mädchen (Rothaarige waren aus irgendeinem unerfindlichen Grund nicht besonders gefragt, und dasselbe galt für Mädchen über sechsundzwanzig und solche mit kurzem Haar) verdienten zwischen 250 und 1500 Dollar pro Woche – immer noch nicht schlecht für drei Abende Arbeit.

Damit will ich nicht sagen, daß Sie perfekt aussehen müssen. Worauf die Männer in den Magazinen starren, ist nicht unbedingt das, was sie für sich selbst wollen. Die meisten Männer fühlen sich eingeschüchtert, wenn sie vor einer absolut atemberaubenden Frau stehen. Mit einem Schlag glauben sie sich in ihre High-School-Zeit zurückversetzt, als sie von der Chefin der Cheerleaders einen Korb einstecken mußten. Außerdem schreiben Männer besonders schönen Mädchen schlechte Eigenschaften zu: Wenn sie wunderhübsch ist, muß sie wohl eine dumme, geldgierige Kuh, eine treulose Hure oder eine hoffnungslos verzogene Göre mit Erwartungen sein, die nicht einmal Rockefeller erfüllen könnte. Mit einem kleinen symbolischen Geschenk wäre sie wohl nie zufrieden – es mußte sicher ein Diamant von Tiffany's sein. Manche Männer behalten auch dann diese Einstellung, wenn sie ein Callgirl bestellen. Sie alle möchten ein hübsches Mädchen, aber nicht unbedingt ein umwerfend schönes.

Zum Glück leben wir in einer Welt der ästhetischen Vielfalt, in der eine Frau, die den einen Mann gleichgültig läßt, den anderen erotisch fasziniert. Männer, die dicke Frauen lieben, Männer, die dünne Frauen lieben, Männer, die Frauen mit breiten Hüften lieben, und Männer, die Frauen mit kleinen Brüsten lieben – die Präferenzen sind quer über das ganze Spektrum der körperlichen (und emotionalen) Erscheinungsformen verteilt. Und so wie die Eiscremekette Baskin Robbins auf ihre einunddreißig Eissorten schwört, gibt es auch Männer mit unterschiedlichem Geschmack, die die vielfältigsten Frauentypen lieben. Gott sei Dank.

Trotzdem kann man einige allgemeine Attraktivitätsregeln aufstellen, Regeln, die Callgirls sozusagen instinktiv verstehen. Denken Sie daran: Ein Callgirl führt ein Unternehmen, dessen Ware es selbst ist. Versuchen Sie sich Ihre Beziehung kurz als Unternehmen vorzustellen, bei dem *Sie* das einzige von Ihnen angebotene Produkt sind. Wenn Sie dieses Produkt mit ein wenig Mühe und ein bißchen Marketing verbessern können, warum sollten Sie es dann nicht tun?

Was macht attraktiv?

Wie ein aufmerksamer Beobachter einmal sagte: »Ein Mann verliebt sich mit seinen Augen, eine Frau mit ihren Ohren.« Wir mögen es lieben, wenn man uns süße kleine Dummheiten ins Ohr flüstert, aber ein Mann braucht Bonbons, die eher auf sein Auge als auf sein Ohr abzielen. Einer der Gründe, warum Männer fremdgehen – obwohl es sicher nicht der einzige und auch nicht der wichtigste ist –, besteht darin, daß sie ihre Partnerinnen körperlich nicht mehr attraktiv finden.

Nun also zu einigen allgemeinen Richtlinien, wie Sie Ihren Körper in Schuß halten.

Fitneß – in Maßen

Die uns allen wohlbekannte Lektion Nr. 111 besagt: »Das Leben ist unfair.« Wir können uns diesen behaarten Bierbauch ansehen und ihn als süßes Pelztier betrachten oder den »Schwimmreifen« als etwas Nettes zum Festhalten sehen, wie den Sicherheitsbalken auf einer Achterbahn. Wir können seine beginnende Glatze reiben und uns dabei etwas wünschen. Wir Frauen neigen dazu, die körperlichen Mängel eines Mannes gefühlvoll zu bemänteln und sogar romantisch zu verklären. Männer sind da viel realistischer. Sie nennen eine Speckfalte eine Speckfalte.

Auf der anderen Seite betrachten uns die Männer nicht mit dem überkritischen Blick, mit dem wir uns selbst gnadenlos beurteilen. Laut einer Studie halten sich 40 Prozent der Frauen für übergewichtig, während nur 8 Prozent der Männer der Meinung sind, daß ihre Frauen zuviel auf die Waage bringen.

Aber Männer wissen es zu schätzen, wenn eine Frau auf ihren Körper achtet. Bei Cachet waren Frauen unter fünfundzwanzig oder sechsundzwanzig nicht deshalb die gefragtesten, weil sie mehr Sex-Appeal gehabt hätten oder amüsanter gewesen wären, sondern einfach deshalb, weil sie einen guten Muskeltonus vorzuweisen hatten, ohne sich dafür besonders anstrengen zu müssen. Wir hatten auch kaum Probleme, Frauen über dreißig zu vermitteln, wenn sie Sportlerinnen oder Tänzerinnen waren. (Natürlich verjüngten wir das Mädchen gegenüber dem Kunden oft künstlich ein wenig.) Es war so, daß die Männer, die sich zwischen einem süßen Gesicht mit einem durchschnittlichen Körper und einem tollen Körper mit einem durchschnittlichen Gesicht entscheiden mußten, fast immer den tollen Körper wählten.

Also sorgte ich dafür, daß meine Mädchen das Gewicht, das sie beim ersten Gespräch gehabt hatten, mehr oder weniger hielten. Diejenigen, die das nicht taten, wurden so lange »auf Eis gelegt«, bis sie wieder ihre idealen Formen hatten.

Sorgfältige Körperpflege

Die wenigsten von uns sind von Natur aus mit einem so tollen Aussehen gesegnet, daß sie morgens frisch und strahlend aufwachen, bereit, jeder Nahaufnahme standzuhalten. Aber einfache Körperpflege – und ich betone das Wort *einfach* – kann jede Frau attraktiv machen.

Die Mädchen, die für mich arbeiteten, mußten vor allem eines sein: strahlend *sauber*, und das sollten auch Sie sein: glänzendes Haar, reine, schimmernde Haut, durchscheinendes, natürlich wirkendes Make-up (es stimmt schon – manchmal dauert es länger, so auszusehen, als trüge man keines). Ich habe einen Tick, was peinlich saubere Ohren angeht. Dafür hat ja der liebe Gott die Wattestäbchen geschaffen.

Nehmen Sie sich beim Zähneputzen Zeit, und putzen Sie sie sorgfältig. Vergessen Sie auch nicht die Zahnseide! (Und auf die Gefahr hin, zu klingen wie Ihr Zahnarzt: Putzen Sie sich auch die Zunge. Sie werden staunen, wie sauber sich Ihr Mund danach anfühlt und wie frisch Ihr Atem ist.) Wenn Sie ein unregelmäßiges Gebiß haben, ist es nie zu spät, eine Zahnspange zu tragen. Die neuen Entwicklungen der Orthodontie machen es möglich, Zahnspangen sogar auf der Rückseite der Zähne zu befestigen, so daß sie unsichtbar sind.

Verwenden Sie ein unparfümiertes Deodorant, das in den Achselhöhlen und auf der Kleidung keine Rückstände hinterläßt. Den Mädchen bei Cachet empfahl ich, soweit als möglich unparfümierte Körperhygieneprodukte zu bevorzugen. Wenn Sie Parfum benutzen, ist es ungünstig, wenn der Duft, von dem Sie *wollen*, daß andere ihn wahrnehmen, von anderen Gerüchen überlagert wird. Ich riet den Mädchen auch davon ab, Intimsprays oder Intimduschen zu verwenden, vor allem solche mit aufdringlichen künstlichen Düften wie zum Beispiel nach Erdbeeren. Eine Frau sollte wie eine *saubere* Frau riechen, nicht wie Obst.

Haut

Wunderbar seidige, weiche Haut war eines der Markenzeichen der Mädchen, die für mich arbeiteten. Die Kunden fragten mich ständig, wo ich all die Mädchen mit dieser makellosen Satinhaut fände. Es ist wirklich die Weichheit der Haut, die einem Mann im Gedächtnis bleibt.

Machen Sie heute abend einen kleinen Test: Lassen Sie Ihre Hände über Ihre Hüften und die Rückseite Ihrer Oberschenkel gleiten. Wenn Sie keinen Luffahandschuh oder Peeling verwenden, wird sich die Haut etwas rauh anfühlen. Der Grund dafür ist, daß sich das Fett und der Schweiß, die im Hautsekret enthalten sind, in den Poren ablagern und dort haftenbleiben – daher die kleinen Unebenheiten.

Und hier ist das Geheimnis für glatte, weiche Haut: Peelingmittel oder Luffahandschuhe, die im wesentlichen nichts anderes sind als Sandpapier für die Haut, mit dem man tote Zellen abschmirgelt. Alle Frauen, die für mich arbeiteten, mußten Peelingmittel oder einen Luffahandschuh verwenden.

Wenn Sie Ihr Bad oder Ihre Dusche beendet haben, machen Sie Ihren Luffahandschuh tropfnaß, und geben Sie ein paar Tropfen Badegel auf die etwas rauhere Seite. Nun reiben Sie mit kreisenden Bewegungen eine oder zwei Minuten lang sanft über die rauhen Stellen. Achten Sie darauf, daß Sie auch die Haut um den Bikinibereich behandeln, falls Sie Enthaarungswachs verwenden oder sich rasieren, um das schmerzhafte Einwachsen von Härchen zu verhindern. Vorsicht, tun Sie nicht zuviel des Guten! Sonst reiben Sie so viel Haut ab, daß Sie anstelle von glatter Haut eine große Wunde haben.

Sie müssen diese Behandlung sechs bis acht Wochen lang jeden zweiten Tag durchführen, um eine sichtbare Wirkung zu erzielen. Danach ist einmal in der Woche ausreichend, um die Haut weich und glatt zu halten. Cremen Sie Ihre Haut jedesmal großzügig ein, damit sie noch weicher wird. Diese Kur wirkt vor allem bei farbigen Frauen Wunder: Das Entfernen der toten Hautzellen macht Schluß mit stumpfer Haut – sie wird schimmern!

Über das Entfernen von Härchen: Amerikanische Männer ziehen Frauen mit haarlosen Achselhöhlen und Beinen vor. Die meisten von uns rasieren sich (verwenden Sie immer eine Rasiercreme oder ein Gel, und bleiben Sie lange genug im Wasser, damit die Haare weich werden und aufquellen). Eine Wachsbehandlung, die Sie von der Kosmetikerin durchführen lassen oder selbst zu Hause machen können, ist die Methode der Wahl, wenn Sie nicht besonders schmerzempfindlich sind. Das Ergebnis hält mehrere Wochen lang an, und wenn Sie die Anwendung öfter wiederholen, wächst das Haar spärlicher nach. (Wachsbehandlungen haben aber einen Nachteil: Die Härchen müssen so lang sein, daß sie vom Wachs erfaßt werden können. Sie müssen sich also damit abfinden, daß zwischen den Behandlungen einige Stoppeln nachwachsen.)

Und alles, was einem Schnurrbart auch nur im entferntesten ähnlich sieht, muß weg! Bleichen Sie die nachwachsenden Härchen, bis es Zeit für die nächste Wachsbehandlung ist.

Haar

Das Haar ist seit jeher eine Quelle der Kraft und der Erotik. Als Delilah Samson seiner langen Locken beraubte, stahl sie ihm seine Stärke, und wenn mittelalterliche Ritter in den Kampf zogen, trugen sie in einem kleinen Täschchen in der Nähe ihres Herzens oft eine Haarlocke ihrer Angebeteten bei sich.

Thomas Cash, ein Psychologe der Old Dominion University, führte kürzlich eine Studie über die verschiedenen Haartypen durch und untersuchte dabei, wovon sich Männer angezogen fühlen. Obwohl die Präferenz für Christy-Brinkley-Typen nicht so überwältigend war, wie Sie vielleicht meinen, zogen 38 Prozent der Männer Blondinen vor. (Vergleichen Sie diese Zahl mit dem Prozentsatz echter Blondinen im Land – es sind nur etwa 17 Prozent.) 52 Prozent der Männer gaben blauen Augen den Vorzug. In meiner Agentur konnte ich nie genug Blondinen auf der Buchungsliste haben; die Nachfrage war immer stärker als das Angebot.

Nach Frauen mit kurzem Haar drehen sich die Männer normalerweise nicht um. Dasselbe gilt für ausgefallene, asymmetrische Schnitte oder wilde Farben. (Wie Fran Lebowitz einmal sagte: »Violett wird an dem Tag eine gute Farbe für Haar werden, an dem Brünett eine gute Farbe für Blumen wird.«) Die meisten Männer ziehen mittellanges bis langes Haar vor, egal ob glatt oder lockig. Wenn Sie Wellen haben, sollten es Botticelli-Löckchen sein und keine wirre Krause. Meine Mädchen, die sich eine Dauerwelle machen ließen, mußten oft eine Zwangspause einlegen.

Welchem Haartyp Sie auch angehören – Sie sollten eines wissen: Männer empfinden zu Haarspray etwa dieselbe Affinität wie Schaben zu Insektenspray. Sie betrachten ihn als extrem abstoßend. Und groß aufgemachte Frisuren eignen sich besser für einen Abend im Klub als für eine *nuit d'amour*.

Brüste

Ganz gleich, wieviel heute über Tänzerinnen und Oben-ohne-Serviererinnen gesprochen wird (fast alle diese Frauen haben der Natur ein bißchen nachgeholfen): Den meisten Männern ist die Brustgröße nicht so wichtig, wie wir Frauen denken. Etwa die Hälfte der Cachet-Kunden verlangte »etwa Cup B« (die Durchschnittsgröße), und nur 10 Prozent interessierten sich für D oder darüber. Volle 40 Prozent maßen der Brustgröße so wenig Bedeutung bei, daß sie sie nicht einmal erwähnten. Das bedeutet, daß statistisch gesehen 90 Prozent unserer Kunden mit Größe B oder darunter vollkommen glücklich waren.

Die Größe ist weniger wichtig als eine gewisse Straffheit. Da das Brustgewebe zum Großteil aus Fett besteht, können Sie so viel Sport treiben, wie Sie wollen – die Größe Ihrer Brust können Sie damit nicht beeinflussen. Allerdings läßt ein gewisses Training (Hanteltraining) der unter der Brust liegenden Muskeln große Brüste fester und angehoben erscheinen, während Frauen mit kleinen Brüsten zu etwas mehr Wölbung gelangen können. (Natürlich ist das mit den neuen Wonderbras heute ohnehin kein Problem mehr.)

Beine und Hüften

»Du hast so 'nen schönen Hintern«, sagte er in der kehligen, zärtlichen Mundart. »Du hast den schönsten Arsch, den ich kenne. Ist überhaupt der schönste Weiberarsch, den's gibt. Und jeder Millimeter davon hat was von 'ner Frau – das ist so sicher wie nur was. Du bist nicht eines von diesen knopfärschigen Mädchen, die lieber Jungs hätten werden soll' – du nicht! Du hast 'nen richtigen, weichen runden Hintern – 'nen, bei dem ein Mann durch und

durch geht. Du hast einen Hintern, wie er die Welt zusammenhalten könnte, das steht fest.«

Diese Passage aus *Lady Chatterley* von D. H. Lawrence ist eine wahre Hymne an das Hinterteil einer Frau, welche die ideale Größe und Form beschreibt – ein nie ausdiskutiertes Thema. Interessanterweise sind die Hüften der Teil des menschlichen Körpers, bei dem die Männer toleranter sind als die Frauen. Bei Männern ziehen Frauen klein und hart vor. Umgekehrt lieben Männer an Frauen alles von knabenhaft und fest bis zu ausladend, weich und nachgiebig. Männer, die sich für die Hinterteile von Frauen interessieren, betrachten sich oft als besondere Experten in Hinsicht auf Form, Proportionen und Wackelquotient.

Es gibt Therapeuten, die behaupten, daß sogenannte Bein-Männer, für die die Beine der erotischste Körperteil einer Frau sind, Mütter hatten, die sie nicht oft hochhoben und umarmten, wenn sie weinten. Sie klammerten sich dann an ihren Beinen fest, und so wurden diese zum ersten Teil des weiblichen Körpers, der erotische Gefühle in ihnen auslöste. Wie auch immer – die Männer mögen sie lang, schlank und wohlgeformt.

Leider haben wir die Zellulitis, diese kleinen Fettklümpchen, nicht unter Kontrolle. Nicht einmal Fettabsaugung schafft dieses Problem aus der Welt. Es gibt Frauen mit sehr schlanken Beinen, die trotzdem unter Zellulitis leiden, und andere mit ziemlich dicken, die diese Sorgen nicht haben. Alles hängt davon ab, wie die Fettzellen auf Ihren Beinen verteilt sind. (Warum haben Männer keine Zellulitis? Die Antwort ist, daß wenn

Frauen zunehmen, ihre Fettzellen dazu tendieren, nach außen zu treten – daher diese Hüttenkäse-Hüften –, während die Fettzellen der Männer eher horizontale, netzartige Muster bilden.) Es liegt auf der Hand, daß beinstraffende Übungen das Beste sind, was Sie tun können, um Zellulitis in Schach zu halten.

Hände und Fingernägel

Der erste Händedruck, den wir mit einem Mann wechseln, ist meist auch der erste sinnliche Eindruck, den wir von ihm bekommen. Und wenn er Notiz von unseren Fingernägeln nimmt, sollten sie ihm einen ebenso positiven Eindruck vermitteln wie ein fester Händedruck. Verwenden Sie jedesmal, wenn Sie sich die Hände waschen, Handlotion, um die Haut weich und geschmeidig zu halten.

Fingernägel: Lang oder kurz? Bis an das Nagelbett abgebissen? Rund oder eckig? Farbloser oder farbiger Nagellack? Und wenn Farbe, dann wieviel – blaßrosa, pink oder grellrot? Denn gepflegte Hände gelten, wie Susan Brownmiller in *Weiblichkeit*, ihrer 1984 erschienenen Studie über die Geschlechterrollen in Amerika, schreibt, seit jeher als Zeichen des Reichtums, als Beweis dafür, daß »manuelle Arbeit für einen Menschen gänzlich undenkbar ist«.

Wenn Sie sich für einen Nagellook entscheiden, sollten Sie eine grundlegende Regel beherzigen: Wie bei Architektur, Möbeldesign und Nouvelle Cuisine sollten sich Form und Funktion die Waage halten. Fingernägel wie die von Dolly Parton mögen vielleicht interessant und dekorativ aussehen, aber sie wirken bei zarten, streichelnden Handbewegungen mit Sicherheit störend. Die Cachet-Mädchen hatten die Anweisung, ihre Fingernägel in kräftigen Farben zu lackieren und relativ lang zu tragen, aber nicht krallenartig – und niemals durfte der Nagellack abgesplittert sein. Professionelle Maniküre sorgt für ein länger haltbares Ergebnis. Wer die Do-it-yourself-Methode bevorzugt, sollte anstelle von farbigem lieber farblosen Nagellack verwenden.

Zehen

Ich bestand auch darauf, daß sich meine Mädchen die Füße pediküren ließen. Das machte einen allgemein gepflegten Eindruck und fühlte sich weich und seidig an. Wenn Sie auf Ihren Fingernägeln keine starken Farben mögen, dann können Sie sich bei Ihren Zehennägeln so richtig austoben.

Meine Damen hatten zwei Tricks, um ihre Füße seidenweich zu halten: Bimsstein, mit dem sie die toten Hautzellen entfernten, und Vaseline. Reiben Sie sich Ihre Füße vor dem Schlafengehen dick mit Vaseline ein, ziehen Sie ein Paar alte Socken darüber, und fühlen Sie am nächsten Morgen den Unterschied. (Es versteht sich von selbst, daß die Vaselinebehandlung nicht zu den Arbeitszeiten durchgeführt wird.) Gröbere Schwielen sollten von einem professionellen Pediküresalon entfernt werden.

Dem Anlaß entsprechende Kleidung

Das Tier Mann ist ein Durcheinander von unvereinbaren Widersprüchen: Was ihn bei einer Gelegenheit abstößt, zieht ihn bei einer anderen an. Anders ausgedrückt: Er wird begeistert sein, Sie in einem Ledermini zu sehen, wenn er – oder irgendwelche Fremden – Sie zum Beispiel in einem Nachtklub bewundert. Er wird denselben Rock gräßlich finden, wenn Sie bei seinen Eltern am Sonntag zum Mittagessen eingeladen sind. Verlassen Sie sich auf Ihren gesunden Menschenverstand. Er möchte stolz darauf sein, wie sexy Sie sind, und er freut sich, wenn auch Sie darauf stolz sind, aber nur dann, wenn er das Gefühl hat, Sie zeigen sich vor allem, um *ihm* zu gefallen.

Allgemein gilt jedoch, daß die Männer auch bei einem dezenten Outfit nicht wollen, daß Sie Ihre Figur vollkommen verstecken. Die Mädchen von Cachet mußten immer Kostüme oder taillierte Kleider tragen. Hosen waren verboten.

Hohe Absätze

Schuhe mit hohen Absätzen tun weh. Man kann in ihnen nicht gehen. Sie sind nur einen kleinen Schritt (verzeihen Sie das Wortspiel) davon entfernt, uns ganz am Gehen zu hindern. Aber Männer lieben sie. (Laut einer Umfrage des Magazins *Harper's* geben 45 Prozent der amerikanischen Frauen zu, unbequeme Schuhe zu tragen, weil sie gut aussehen.) Wie unattraktiv Ihre Beine auch sein mögen, durch hohe Absätze werden sie hübscher, weil sie dadurch länger und schlanker wirken.

Denken Sie an die berühmte Beschreibung des Gangs von Marilyn Monroe – »Jell-O on springs« – Wackelpudding auf Sprungfedern. Diesen Gang können Sie nur mit hohen Absätzen erreichen. Eine Frau mit hohen Absätzen wirkt weiblich, weil sie beim Gehen kleinere Schritte machen und sich in den Hüften wiegen muß.

Hüten Sie sich vor den Extravaganzen der Mode. Schwere, klobige Schuhe mögen *(vielleicht)* an Teenagern gut aussehen, aber blicken wir den Dingen ins Auge: Wenn Sie über fünfundzwanzig sind, sehen Sie in dieser Grunge-Kombination von Nahkampfstiefeln und langen Hemden aus, als ob Sie sich noch im Schlaf angezogen hätten. Je schlanker der Absatz und je tiefer der Schuhausschnitt, desto mehr Sex-Appeal. Schuhe in außergewöhnlichen Farben sollten Sie nicht verachten. Ich hatte einmal violette Pumps mit Bleistiftabsätzen. Wenn ich sie trug, sprachen mich die Männer auf der Straße an, um mir zu sagen, wie sehr sie ihnen gefielen.

Brillen

Es stimmt nicht, daß Männer keine Mädchen mit Brille mögen. Eine attraktive Frau mit eleganter Brille, die sie abnehmen und sich dadurch in eine schillernde Sexbombe verwandeln kann, hat etwas Faszinierendes. (Ich vermute, daß viele Männer das erste Mal in ihrem Leben in die Bibliothekarin ihrer High-School verliebt waren.)

Allerdings machen Frauen regelmäßig zwei Fehler, wenn sie versuchen, ihr Make-up an die Brille anzupassen. Wenn sie zuwenig Farbe verwenden, verblassen die Augen bis zur Unscheinbarkeit. Wenn sie hingegen zu viel Farbe auftragen, sehen sie aus, als ob ihnen jemand ein blaues Auge geschlagen hätte. Haarfarbe und Farbe der Brillenfassung sollten gut aufeinander abgestimmt sein.

Hübsche Unterwäsche

Ende der achtziger Jahre zauberte Madonna eine Art von Bustiers in die Kleiderschränke aller Mädchen. Als Susan Sarandon 1988 in *Annies Männer* Kevin Costner ihre von einem schwarzen Spitzenstrumpfgürtel gerahmten Hüften zeigte, schnellte der Verkauf von Strumpfgürteln in ungeahnte Höhen. Und vor kurzem traf die Firma Lanz Nightgowns mit dem Verkauf von viktorianischen Nachthemden, wie sie in *Kleine, tapfere Jo* getragen werden, mitten ins Schwarze. Es liegt auf der Hand, daß die Amerikaner eine intensive (wenn auch etwas unterdrückte) Leidenschaft für schöne Dessous hegen.

Und so sollten auch Sie es halten.

Ich kann nicht oft genug betonen, wie wichtig es ist, die hübschesten Dessous zu tragen, die Sie nur finden können. Zusammenpassende Spitzenbüstenhalter und Höschen, Strumpfgürtel und Strümpfe, Bustiers, String-Tangas und Bodies – die meisten Männer können von diesem Zeug nicht genug bekommen. (Was macht es schon, wenn sie bei ihrer eigenen Unterwäsche eher zu babyweißen Sachen Marke Fruit of the Loom tendieren.)

Betrachten Sie sich als das Lieblingsspielzeug Ihres Mannes. Wenn Sie süße, sündige Dessous tragen, hat er das Gefühl, sein Lieblingsspielzeug jedesmal von neuem auspacken zu dürfen.

Ich höre Sie schon sagen: »Sydney, ich möchte nicht mit einem String-Bikini herumlaufen, der mich den ganzen Tag einschneidet.« – »Sydney, meine Brüste sind zu groß für diese lächerlichen kleinen Stücke Spitze, die BHs sein sollen.« – »Sydney, dieses Zeug ist so verdammt unbequem.«

Nun, ich kann Sie ein bißchen beruhigen. Sie brauchen nicht den ganzen Tag lang die allerknappsten Sachen zu tragen. (Obwohl Brigitte Nielsen angeblich die Aufmerksamkeit von Sylvester Stallone erregte, indem sie ihm ein Bild schickte, auf dem sie in einem LaPerla-Bikini zu sehen war. LaPerla hat die bezauberndsten – und teuersten – BHs, Höschen, Teddies, Hemdchen, Bodies und Badeanzüge der Welt.) Es gibt eine Menge Unterwäsche, die nicht nur hübsch, sondern auch bequem ist. Natürlich fühlen sich Seiden- oder Nylonstrümpfe (für *ihn*, heißt das) angenehmer an als Baumwollstrümpfe. Aber auch Baumwolle hat schon an Sex-Appeal zugelegt. Bali, Jockey und Victoria's Secret bieten Baumwollhöschen mit Blumenmuster und allerlei Kinkerlitzchen an. Aber wenn Sie die ultimativen Baumwollhöschen wollen (etwa 18 Dollar das Stück), dann empfehle ich Ihnen Hanro, die wirklich elegante Baumwollwäsche herstellen. 0815-BHs sind absolut verboten, es sei denn, Ihre Brüste sind so groß, daß Sie absolut keine Wahl haben. Aber sogar für Cup D gibt es hübsche – und starke – BHs mit Bügeln.

Ich kenne Frauen, die alte, verschlissene Wäschestücke aufheben, weil sie schöne Erinnerungen mit ihnen verbinden. Wunderbar, heben Sie sie ruhig auf. Pressen Sie sie zwischen den Seiten eines Buches, wenn Sie wollen. Aber tragen Sie sie niemals – *niemals*. Wie ein britischer Freund zu mir sagte: »Wenn ich sehe, daß eine Frau unordentliche Schubladen hat, dann vermute ich, daß auch der Rest ihres Lebens ein Chaos ist. Außerdem kann ich ihr wohl nicht besonders wichtig sein, wenn es ihr schon egal ist, ob mir ihre Wäsche gefällt.«

Und denken Sie daran: »Zusammenpassende Unterwäsche« bedeutet nur, daß BH und Höschen ziemlich ähnlich aussehen sollten. Gegen einen rosa Nylon-BH mit baumwollenem rosa Jockey-Höschen in französischem Schnitt ist absolut nichts einzuwenden.

Wissen Sie noch, wie Ihnen Ihre Mutter sagte, es sei ebenso leicht, sich in einen reichen Mann zu verlieben wie in einen armen? Ob das stimmt, kann ich nicht mit Sicherheit sagen, aber ich weiß, daß es gleich einfach ist, hübsche oder häßliche Unterwäsche zu tragen. Und ersteres ist auch nicht unbedingt viel teurer.

Kein Mann erwartet von Ihnen, daß Sie die ganze Zeit über Strumpfgürtel und Strümpfe tragen. Aber für besondere, intime Gelegenheiten können Sie die fleischfarbene Strumpfhose im Kasten lassen und sich für (vorzugsweise schwarze) Strümpfe entscheiden.

Haben Sie vor kurzem ein Baby bekommen und fühlen sich nun ein bißchen zu – nun, zu unförmig für frivole Dessous? Wie wäre es in diesem Fall mit einem Body Shaper, einer neuer Errungenschaft der Unterwäscheindustrie? Diese Wäschestücke enthalten einen Lycraanteil von 18 Prozent oder mehr und sind so geformt, daß sie alles zusammenhalten, was Sie möchten – ohne daß es unbequem wird oder daß sich Speckröllchen abzeichnen. Sie können solche Body Shaper für Bauch, Hüfte und Po kaufen. Eines der besten Wäschestücke, die ich jemals gesehen habe, ist der sogenannte Bustboosting Bodyslip von der Firma Bodyslimmers. Er umfaßt und glättet jeden Teil des Körpers und kann sogar Rundungen schaffen, wo keine sind. Aber ein Wort zur Vorsicht: Es ist unmöglich, elegant hinein- oder herauszuschlüpfen, weil er etwas zurechtgezupft werden muß. Wenn also ein langsamer, sinnlicher Striptease auf Ihrem Programm steht, ist er vielleicht nicht das Richtige. Aber er sieht super aus, wenn man ihn anhat.

Dezentes Parfum

Die Mädchen von Cachet hatten die Anweisung, keinen Duft zu tragen. Ich sage es nicht gern, aber die meisten unserer ortsansässigen Kunden, die verheiratet waren, trafen die Mädchen bei sich zu Hause, und sie wollten nicht von einem fremden Duft verraten werden. Da außerdem viele Männer gegen bestimmte Düfte allergisch sind oder eine bestimmte Art von Parfum nicht mögen, war es einfacher und sicherer, wenn die Mädchen auf Parfum verzichteten.

Im wirklichen Leben gilt diese Regel selbstverständlich nicht. »Nichts kann eine Erinnerung so plastisch zum Leben erwecken wie ein Geruch«, schrieb einst Victor Hugo. Und tatsächlich sind Düfte für die meisten von uns sowohl ein Schatz der Erinnerung als auch ein Mittel, das unser erotisches Feuer entfacht. Ob ein Mann von einem Duft quer durch einen überfüllten Raum angelockt werden kann, ist allerdings fraglich (und wenn es doch möglich ist, dann haben Sie auf jeden Fall zuviel erwischt). Aber wenn Sie jemanden lieben, dann wird sein oder ihr Geruch sehr schnell zu einem Aphrodisiakum.

Sind Sie die Art von Frau, die sich mit einem bestimmten Duft identifiziert, oder ziehen Sie eine »Duftgarderobe« vor? Die Parfumindustrie versucht, uns davon zu überzeugen, daß Frauen Düfte ebensosehr zu ihrem eigenen Vergnügen wie zu dem der Männer tragen. Aber blicken wir den Dingen ins Auge: Das menschliche Tier ist zum Werben geboren, und Gerüche sind zum Verführen gedacht. Tragen Sie Ihren Lieblingsduft, wenn Sie in eigener Sache unterwegs sind. Aber wenn Ihr Liebster bei Ihnen ist, sollten Sie sichergehen, daß er Ihr Parfum mag. (Laut den neuesten Forschungen betrachten sich Frauen, die einen Duft tragen, als irgendwie »besser« als der Durchschnitt – besseres Selbstwertgefühl, selbstbewußter und manchmal auch attraktiver.) Für intime Situationen sollte das Parfum so leicht sein, daß Ihr Partner es erst riecht, wenn er etwa 30 Zentimeter von Ihnen entfernt ist. Der Duft sollte ihn unmerklich in Ihren Bannkreis ziehen.

Was wirkt abschreckend?

Sich gehenlassen

Obwohl die meisten Frauen vor der Ehe hart daran arbeiten, gut auszusehen, sehen viele nach der Hochzeit bald aus wie die Ehefrau in der Cartoonserie *Andy Capp*: kein Make-up, stumpfes, glanzloses Haar, abgesplitterter Nagellack, eine Uniform aus Sweatshirt und Trainingshosen und fünfzig zusätzliche nachehliche (oder nachschwangerschaftliche) Pfunde. (Dazu ist allerdings zu sagen, daß laut einer Studie der Cornell University *Männer* nach der Heirat mehr zunehmen als Frauen.) Ihre Einstellung zu ihrem äußeren Erscheinungsbild scheint etwa die folgende zu sein: *Gott sei Dank, ich habe einen erwischt. Jetzt kann ich mich zum Glück ein bißchen entspannen.*

Wenn eine Frau aufhört, auf ihr Aussehen zu achten, dann meist nicht deshalb, weil sie grundsätzlich desinteressiert wäre – sie interessiert sich sogar für sehr vieles: die Kinder, den Job, den Haushalt. Sie denkt: *Ich bin nun Hausfrau und Mutter, und es gibt einfach Wichtigeres für mich, als mich um mein Aussehen zu kümmern. Er achtet ja auch nicht auf seines – warum sollte ich es tun?*

In der Ehe kann die Frage des Aussehens zu einem schwierigen Problem werden. Es stimmt schon, daß wir in unserer Kultur zu großen Wert auf das äußere Erscheinungsbild legen. Aber ich spreche jetzt nicht vom Älterwerden oder davon, daß man unbedingt perfekt geformte Brüste oder eine gerade Nase haben muß. Mir geht es um den Wunsch, so gut auszusehen wie nur möglich – eine Frage des Stolzes –, und darum, daß unser Ehepartner unser Bemühen auch wahrnimmt. Der Verlust des Sex-Appeals ist ein langsamer, schleichender Prozeß. Wenn Sie sich selbst nicht mehr als sexy betrachten, wird es Ihrem Ehepartner bald genauso ergehen.

Vielleicht haben Sie einen Naturburschen geheiratet, einen Mann, der unrasierte Beine und Achselhöhlen unwiderstehlich erotisch findet. Aber die meisten Ehemänner hecheln hinter den haarlos glatten Mädchen aus *Playboy* und *Penthouse* her.

Ich weiß, wie mühsam es ist, die nachwachsenden Härchen immer wieder zu entfernen. Aber lassen Sie sich von mir sagen: Wenn Ihr Mann eine Frau geheiratet hat, deren Beine immer makellos glatt waren, dann geht er stillschweigend davon aus, daß rasierte Beine eine fixe Klausel im Ehevertrag darstellen. Dasselbe gilt für alle anderen Elemente sorgfältiger Körperpflege, vom angenehmen Atem bis hin zur reinen Haut. Wenn Ihnen nach der Hochzeit plötzlich einfällt, daß Sie all die Mundspülungen, Feuchtigkeitscremes, Tönungsmittel und Enthaarungsmittel leid sind, wird Ihr Ehemann im besten Fall enttäuscht sein, und im schlechtesten wird er sich betrogen fühlen.

Denken Sie einmal darüber nach: Wenn eines der Dinge, die Sie an Ihrem Mann anziehend fanden, sein strahlendes Lächeln war, wären Sie wohl alles andere als glücklich, wenn seine blendend weißen Zahnreihen plötzlich zu tabakfleckigen, unansehlichen Kariesruinen würden, nicht wahr? Vielleicht ist das nicht gerade ein Scheidungsgrund, aber Sie würden sich auf alle Fälle fragen, warum er keinen Wert mehr darauf legt, für Sie gut auszusehen.

Graues Haar

Wenn Sie nicht der perfekte Farbtyp für graues Haar sind (braune Haut und strahlend blaue Augen), rate ich zum Tönen oder Färben. In einer jährlich vom Magazin Longevity in Auftrag gegebenen Umfrage über Geschmack und Einstellungen von Männern taucht graues Haar regelmäßig unter den fünf wichtigsten Abschreckungsfaktoren auf. Natürlich kann eine Frau ab sechzig mit schneeweißem Haar wunderbar aussehen (wie zum Beispiel die texanische Gouverneurin Ann Richards), aber Vierzig- und Fünfzigjährige sehen mit grauem Haar unnötig alt aus, vor allem wenn sie ursprünglich dunkelhaarig waren und das Haar nun von weißen Strähnen durchzogen ist. Wenn Sie also nicht Susan Sontag sind, signalisiert dieser Look nur eines: »Schlampig«.

Opfer der Mode?

Wenn man vom eigenen Aussehen so besessen ist, daß man für nichts anderes mehr Zeit und Interesse aufbringt, so ist das ebenso abstoßend, als wenn man sich überhaupt nicht pflegt. Das typische Modeopfer ist eine Karikatur der Weiblichkeit (denken Sie an Tammy Faye Bakker oder an die aufgetakelten Drag Queens). Das Haar ist hoch aufgetürmt und hat durch Haarspray eine zuckerwatteartige Konsistenz angenommen; das Make-up sieht aus, als wäre es mit der Malerrolle aufgetragen; die Kleidung ist hochmodisch, wobei Schönheit allerdings keine Rolle spielt. (Typische »Modeopfer« tragen Kleidung, die einem 1,80 m großen, 50 kg schweren siebzehnjährigen Model paßt, statt Sachen zu tragen, die an ihnen gut aussehen. Es kümmert sie nicht, wenn sie in diesem tollen schwarzen Ledermini wie in eine Wursthaut gezwängt wirken.)

Eine übertriebene Aufmachung läßt Frauen beinahe unberührbar erscheinen. Ein Mann bekommt Alpträume, wenn er an eine allzu aufgetakelte Frau denkt. Er stellt sich vor, daß die oberste Make-up-Schicht plötzlich abfällt, wenn er dieses Gesicht küßt – oder noch schlimmer, daß er sie im Mund hat. Unter dieser Make-up-Schicht könnte dann ein Drachen oder Leona Helmsley zum Vorschein kommen. Zuviel ist einfach abschreckend!

Unförmige, nachlässige Kleidung

Die britische Fernsehkomödie *Absolutely Famous* brachte einmal einen Witz über die Kleidung von Prinzessin Anne: »Sie sieht aus, als hätte sie sie selbst abgetragen, Liebling.« Es ist eine Tradition bei den Royals, sich so anzuziehen, es ist beinahe ein britisches Gesetz, daß sie sich unelegant kleiden. Zum Glück brauchen wir ihrem Beispiel nicht zu folgen.

Frauen, die unförmige Säcke tragen, sehen oft nicht nur dicker aus, als sie sind, sondern vermitteln auch den Eindruck, daß sie ihren Körper verstecken wollen (was in vielen Fällen auch stimmt). Dabei brauchen Sie nicht viel Geld auszugeben, nicht jeden neuen Modetrend mitzumachen, auch keine perfekte Figur zu haben, um gut auszusehen. Wie ich bereits sagte, sehen die Männer gern die Konturen des Körpers einer Frau, auch in Kleidungsstücken, die nicht ausgesprochen sexy sind. Ich bestand darauf, daß die Cachet-Mädchen taillierte Kleidungsstücke trugen, keine Zelte, keine unförmigen Säcke.

Klobige Schuhe

Die meisten erfahrenen Frauen wissen, daß sie sich nur die Schuhe eines Mannes anzusehen brauchen, um zu wissen, welcher Typ er ist und wieviel Geld er verdient. Männer sind nicht so gewitzt, um aus dem Schuhwerk einer Frau dieselben Schlüsse zu ziehen, aber sie nehmen sehr wohl Notiz vom allgemeinen Erscheinungsbild. Und hübsche Schuhe machen auf jeden Fall einen Teil dieses Bildes aus. »Vernünftiges« Schuhwerk sendet einfach nicht dieselben Signale aus wie modische, hochhackige Pumps. Schlanke Absätze (sechs Zentimeter und höher) und ein tiefer Schuhausschnitt schmeicheln jedem Bein. Und transparente Strümpfe haben auf jeden Fall mehr Sex-Appeal als blickdichte. Ihre Strümpfe sollten *nie* dunkler sein als Ihre Schuhe.

Zuviel (und zu auffälliger) Schmuck

Ohrringe, die so schwer sind, daß sie die Ohrläppchen dehnen, Ringe von der Größe einer Kanonenkugel, auffällige Halsketten, die schreien: *Schau, wieviel ich dafür ausgegeben habe!* – all diese Accessoires können einen Mann einschüchtern. Großer Schmuck wirkt nicht nur allgemein ablenkend, er vermittelt auch den Eindruck, daß Ihnen Ihr äußeres Erscheinungsbild übermäßig wichtig ist. Sie wollen die Aufmerksamkeit Ihrer Umgebung normalerweise ja nicht auf Ihre Accessoires lenken. Anders ausgedrückt: Sie wollen Ihren Schmuck tragen, und Sie wollen nicht, daß er *Sie* trägt!

Natürlich kann es sein, daß Sie absichtlich auffälligen Schmuck wählen, um Ihrer Umgebung die Botschaft zu vermitteln: »Daran bin ich gewöhnt. Und das ist es auch, was ich erwarte.« Eine bestimmte Art von Mann – der Typ, der mit einer Frau seinen eigenen Status heben will – fühlt sich von dieser Botschaft angesprochen. Wenn Sie also behängt sind wie ein Christbaum (gleich ob mit echtem oder mit Modeschmuck), sollte Ihnen bewußt sein, daß Sie damit wahrscheinlich den oben beschriebenen Typ ansprechen. Ein Mann, der nicht so sehr daran interessiert ist, nach außen hin Reichtum zu demonstrieren (selbst wenn er reich ist), wird sich möglicherweise abgestoßen fühlen.

Schäbige Unterwäsche

Aus irgendeinem mir unbekannten Grund scheinen Frauen zu glauben, ihre BHs hätten eine Halbwertszeit wie Plutonium. Sie tragen ihr Lieblingsmodell während ihrer gesamten Schulzeit, ihrer Studienzeit, während ihres ersten Jobs ... so lange, bis das gute Stück grau und durch ständiges Waschen aus der Form geraten ist, und bis die Träger so lang sind, daß man sie für eine Steinschleuder gebrauchen könnte. Solche Frauen sind dann überrascht, wenn ihre Liebhaber ihr Mißfallen nicht verbergen können.

Es gibt die mysteriöse Tendenz, daß BHs verschwinden und Höschen sich vermehren. So kommt es, daß das durchschnittliche BH-zu-Höschen-Verhältnis der durchschnittlichen amerikanischen Frau etwa 1:65 beträgt. (Natürlich müßten viele dieser Höschen schon längst in die Altkleidersammlung wandern. Frauen neigen auch dazu, Unterwäsche zu behalten, die längst jede Elastizität verloren hat, offensichtlich in der Hoffnung, daß die Elastizität irgendwann wieder »auferstehen« wird.)

Betrachten Sie die Sache doch von dieser Seite: Ein BH ist ein relativ billiges Wäschestück, mit dem Sie Ihre Garderobe erneuern und Ihren Partner beeindrucken können. Kaufen Sie viele BHs. Jahrelang hatten nur Frauen mit durchschnittlich großen Brüsten die ganze modische Auswahl: Sie konnten ebensogut dehnbare

Sport-BHs, ein kleines Nichts oder alle Modelle der Satin- und Spitzenkonfektionen tragen. Währenddessen standen die von der Natur verschwenderischer ausgestatteten Frauen vor einem Dilemma: Für sie mußte der BH sowohl eine stützende Funktion erfüllen als auch sexy sein. BHs mit Bügel waren bestenfalls einfache Gebrauchswäschestücke. Zum Glück haben die Wäschehersteller heute erkannt, daß auch Frauen mit großer Oberweite modische Details bei ihrer Unterwäsche schätzen. Und selbst Frauen mit sehr kleinen Brüsten können heute in einer Fülle hübscher Wonderbras schwelgen, die nicht nur delikat und feminin sind, sondern auch dort Kurven schaffen, wo von Natur aus keine sind.

(Wenn Sie Ihre BHs kaufen, entscheiden Sie sich für Modelle, die zu den verschiedenen Schnitten der Kleidungsstücke passen, die Sie tragen. Kaufen Sie zumindest einen BH, der nicht aus den Armausschnitten Ihres ärmellosen Lieblingssommerkleides hervorlugt.)

Alte, unmoderne Brillen

Haben Sie sich in letzter Zeit im Spiegel betrachtet und dabei festgestellt, daß Sie dieselbe Brillenfassung tragen wie in Ihrer Schulzeit oder daß Sie seit mindestens zehn Jahren zwischen zwei verschiedenen Brillen wechseln? Ja? Dann ist es Zeit für einen Besuch beim Optiker!

Ein Wort an alle stärker kurzsichtigen Frauen (wie ich selbst), die sich früher mit zentimeterdicken Brillengläsern abfinden mußten: Es hat sich etwas geändert! Die Brillenhersteller bringen immer dünnere Gläser auf den Markt, die auch eine sehr hohe Dioptrienzahl korrigieren können. Auch die Kontaktlinsen sind viel angenehmer geworden. Es gibt sogar farbige Kontaktlinsen, die Ihnen tagsüber strahlendblaue (oder grüne oder violette) Augen schenken! Für Kontaktlinsen ist man nie zu alt. Heute werden sie auch als Bifokallinsen hergestellt.

Raubtierkrallen

Fingernägel, die als Waffen dienen könnten, findet man meist bei typischen »Modeopfern«. Aber selbst Frauen, die in modischen Dingen ansonsten zurückhaltend sind, machen sich wegen ihrer Nägel verrückt (insbesondere denke ich da an Barbra Streisand, die ihre schöne, dezente Donna-Karan-Garderobe durch diese fürchterlichen Klauen abwertet). Sie lackieren sie in Blutrot- oder Brauntönen; sie schmücken sie mit Edelsteinen und winzigen Abziehbildchen. Vor kurzem sah ich eine Frau, der es gelungen war, jeden einzelnen ihrer Fingernägel mit einem winzigen Abbild ihrer siamesischen Katze zu bemalen.

Das eigentlich Schlimme daran ist, daß Männer lange Fingernägel beängstigend und abstoßend finden. »Ich stelle mir vor, wie sie mir in intimen Stunden über den Rücken und noch sensiblere Teile kratzt, und das macht mich ganz nervös«, sagte einer meiner Freunde.

Schwere Parfums

Können Sie sich noch an die beliebten Parfums der achtziger Jahre erinnern – Giorgio, Obsession? Für mich waren das Power-Düfte. Die Frauen benutzten sie, um lautstark auf sich aufmerksam zu machen, denn ein beiläufig Vorbeiziehender konnte eine Giorgio-Frau aus 100 Meter Entfernung erschnuppern.

Fragen Sie Ihre männlichen Freunde: Nicht allzu viele Männer mögen diese Parfums. Starke Düfte, die einen ganzen Raum durchdringen, können auf einen Mann mit empfindlicher Nase sogar abstoßend wirken (abgesehen von der Tatsache, daß sie gelegentlich eine Allergieattacke auslösen).

Näselnde, hohe oder schrille Stimme

Zu Beginn des Films *Ein süßer Fratz* mit Fred Astaire und Audrey Hepburn, in dem es um die Welt des Models geht, fotografiert Fred Astaire eines dieser eleganten, ätherischen Wesen: groß gewachsen, gertenschlank, Alabasterhaut – schlicht und einfach königlich. Als sie aber den Mund aufmacht, klingt ihre durchdringende Stimme wie das Kratzen von Kreide auf einer Tafel. Sie wird den ganzen Film über als Running Gag eingesetzt. Leider muß es gesagt werden: Ein schönes Mädchen mit einer unangenehmen Stimme kann richtiggehend abstoßend wirken.

Als ich einige Monate im Geschäft war, tat ich mein möglichstes, nur noch Frauen mit weicher und melodischer Stimme einzustellen. Viele von ihnen hätten eine Karriere als Radiosprecherin absolvieren können. Ich achtete auch darauf, daß regionale Akzente (wie ein starker New Yorker oder ein schleppender Südstaatenakzent) nicht sehr ausgeprägt waren, weil solche Akzente, auch wenn es politisch nicht korrekt sein mag, einen vulgären oder ungebildeten Eindruck machen, oder auch beides.

Unglücklicherweise können wir an dieser Stelle keinen Stimmbildungskurs durchführen, aber es gibt eine Fülle einschlägiger Seminare und Programme auf Videos oder Kassetten, die Ihnen helfen können, eine unangenehme Stimme oder einen starken regionalen Akzent zu mildern.

Wenn Sie sich körperlich in Ihrer Bestform präsentieren, sind Sie in den Augen Ihres Geliebten attraktiv und begehrenswert. Mit nur geringem Aufwand an Zeit und Mühe können Sie dadurch auch Ihr Selbstwertgefühl heben und sogar positive Auswirkungen auf Ihre Kinder erzielen: Es ist schließlich ein gutes Gefühl, eine Mutter zu haben, die auf sich achtet. Körperliches Selbstbewußtsein macht es Ihnen auch viel leichter, sich »erotisch aufzupeppen«, wie Sie im nächsten Kapitel sehen werden.

3

Ein, aus: Knipsen Sie den Sex-schalter Ihres Mannes an und aus – wie es Ihnen gefällt

Sie sind eine Ehe- und Hausfrau. Wenn Sie nach einem langen Arbeitstag erschöpft nach Hause kommen, warten noch einmal vier Stunden Arbeit auf Sie. Beim Zubereiten des Abendessens wetteifern Ihre Kinder um Ihre Aufmerksamkeit. Ihr Sohn möchte Ihnen Neuigkeiten aus der Schule erzählen, und Ihre Tochter versucht Sie zu überreden, ihr am nächsten Wochenende das Auto zu leihen. Im ersten Stock spielt Ihre Jüngste schon wieder diese schreckliche Pearl-Jam-CD. Wie oft müssen Sie ihr noch sagen, daß sie dieses Zeug gefälligst abdrehen soll, wenn Sie daheim sind?

Ihr Mann kommt nach Hause, und das Abendessen ist noch nicht fertig. Sie möchten, daß er die Salatsauce macht, aber er schnappt sich ein Bier und läßt sich mit einem Seufzer in den Sessel sinken. Er möchte ein paar Minuten mit Ihnen plaudern, während er sich entspannt. Aber dann klingelt das Telefon. Es ist Ihre beste Freundin, und sie ist in heller Aufregung: Können Sie sie morgen in der Car-sharing-Zentrale vertreten? Sie

75

keucht etwas von einem Termin beim Chiropraktiker in den Hörer, die Kinder bestürmen Sie, wann das Abendessen endlich fertig ist, und der Hund sitzt schon wieder auf der Couch. Und jetzt versucht auch noch Ihr Mann, seinen Arm um Sie zu legen … Das darf doch nicht wahr sein, daß er *immer* nur an Sex denkt – jetzt, vor dem Abendessen! Einen Augenblick später bekommen Sie Schuldgefühle, aber jetzt ist es zu spät. Er hat sich mit seinem Bier ins Wohnzimmer zurückgezogen. Nun, vielleicht werden wir am Wochenende ein bißchen Zeit füreinander haben, sagen Sie sich. Oder am nächsten Wochenende. Jedenfalls *bald*.

Sie sind die Geliebte.
Sie freuen sich auf den gemeinsamen Abend. Sie hatten den ganzen Tag Zeit, um sich auf den Mann vorzubereiten, der jeden Augenblick zur Tür hereinkommen wird. Das Licht ist gedämpft, der CD-Player spielt Harry Connick jr., und ein köstlicher Duft erfüllt den Raum, denn Sie haben daran gedacht, seine Lieblingsduftkerzen zu besorgen. Das Schlafzimmer ist makellos aufgeräumt, und Sie sind gebadet, gesalbt und parfümiert. Kein Telefongeklingel stört die Idylle, das Essen steht bereit, und Sie denken an nichts außer an *ihn*. Und er hat im Augenblick ebenfalls den Kopf für Sie frei. Er hat den ganzen Abend lang Zeit, um sich zu entspannen und Ihre Gegenwart zu genießen.

Stellen Sie die beiden obigen Szenarien einmal nebeneinander. Ist es da ein Wunder, daß sich so viele Männer nach der ultimativen Freiheit sehnen, nach der Abwesenheit jeder Verpflichtung, die so viele Callgirls und Geliebte verkörpern?

Wenn man den Lebensstil und die Pflichten der typischen Ehefrau dem Lebensstil und den Pflichten eines typischen Callgirls oder einer Geliebten gegenüberstellt, ist es dann überhaupt vorstellbar, daß eine Ehefrau in diesem Wettkampf bestehen kann?

Die Antwort lautet: Sie kann. Allerdings darf sie eines nicht tun: Sie darf ihr Sexleben und ihre Beziehung auf keinen Fall dem Zufall überlassen. Sie muß ihrem Mann so viel Verständnis entgegenbringen wie eine Frau, die ihren Lebensunterhalt damit verdient, Männer zu verstehen, zu umgarnen und zu bezaubern. Anders ausgedrückt: Sie muß die sexuellen Bedürfnisse ihres Mannes so gut kennen wie das raffinierteste aller Callgirls.

Im folgenden habe ich eine Liste all der Faktoren zusammengestellt, die »ihn« anmachen, indem sie »seiner« Libido schmeicheln, und all jener Faktoren, die das Gegenteil bewirken.

Was Männer sexuell anmacht

Begeisterung

Obwohl Sex bei den meisten Besuchen meiner Callgirls eine schnelle und oberflächliche Sache war, engagierte ich nur Mädchen, die den Sex um seiner selbst willen liebten. Wenn die »Chemie« zwischen der Frau und ihrem Rendezvouspartner stimmte, genossen beide die gemeinsame Zeit. (Interessanterweise gab es eine kleine

Gruppe regelmäßiger Kunden, die von den Mädchen übereinstimmend als »Superliebhaber« bezeichnet wurden. Es überraschte mich, daß verschiedene Mädchen immer dieselben Typen nannten. Das bedeutet möglicherweise, daß der Begriff des guten Liebhabers *keine* relative Sache ist. Vielleicht ist ein guter Liebhaber für *jede* Frau gut!)

Obwohl aus einer neueren amerikanischen Studie über Sexualität hervorgeht, daß 54 Prozent der Männer täglich an Sex denken (verglichen mit 19 Prozent der Frauen), glaube ich, daß die Frage falsch gestellt wurde. Es wurde nicht definiert, was damit gemeint war, »an Sex zu denken«. Vielleicht denken Männer öfter an Geschlechtsverkehr, während die Frauen genausooft an das Drumherum denken – alles vom Umarmen, Küssen und Händchenhalten bis zum eigentlichen Akt.

Warum sollten Sie also vor Ihrem Mann verbergen, was Ihnen durch den Kopf geht? Eine sexbegeisterte Frau, die bereit ist, den ersten Schritt zu tun (jedenfalls manchmal), ist für ihren Mann ein Geschenk des Himmels. Denken Sie nur daran, wie frustrierend es ist, wenn Sie *immer* für einen bestimmten Aspekt Ihrer Ehe zuständig sind, auch wenn es etwas ist, was Sie normalerweise gern tun. Die meisten Männer finden es mühsam, immer selbst den ersten Schritt zu tun und damit Ablehnung zu riskieren, selbst wenn sie »gelernt« haben, daß das ihr »Job« ist. (Und genau das kann Sex werden – ein Job!)

Lustvoller Sex ist spielerisch und phantasievoll. Er ist voller Spontaneität und Energie und vermittelt die Einstellung: »Ich finde, du bist der erotischste Mann der

Welt.« Nur wenige Dinge bauen einen Mann so auf wie eine Frau, die Sex ebenso liebt wie er und ihm das auch zu verstehen gibt.

Aber Achtung, hier gilt es, eine Vorsichtsmaßnahme zu beachten: Männer lieben Frauen, die davon begeistert sind, Sex mit *ihnen* zu haben. Nur weil Sie Ihrem Geliebten den Eindruck vermitteln wollen, ein erotisches Feuerwerk zu sein, brauchen Sie nicht unbedingt auch von dieser unvergeßlichen Nacht mit jenem Cowboy in Montana zu schwärmen.

Helen Gurley Brown, die Meisterin der sexuellen Etikette, sagt, daß eine Frau ganz unabhängig von der tatsächlichen Zahl ihrer verflossenen Liebhaber genau drei zugeben sollte. Lassen Sie mich dazu noch eine Kleinigkeit hinzufügen: Auch wenn ein Mann fragt, will er es wahrscheinlich gar nicht so genau wissen. Er glaubt, es wissen zu wollen, aber in Wirklichkeit möchte er lieber im unklaren gelassen werden. Die beste Antwort auf eine einschlägige Frage lautet meiner Meinung nach also: »Ich hänge mein Liebesleben nicht an die große Glocke.«

Zeit für Spiele einplanen

Zeit für Sex einzuplanen ist ein Zeichen, daß Sie Freude am Sex haben. Sie müssen Zeit dafür reservieren und sicherstellen, daß Sex nicht nur dann passiert, wenn Sie beide gerade nichts Besseres zu tun haben (wenn Sie Kinder haben, ist das letzte Mal, daß Sie nichts anderes zu tun hatten, wahrscheinlich bereits im Nebel der Erinnerung versunken). Wenn Sie Sex hingegen bewußt einplanen, bedeutet das, daß Sie sich darauf freuen, und ganz speziell mit *ihm*. Sie werden kaum spontanen Sex haben, wenn Sie viel beschäftigt sind und keine Zeit dafür reservieren. Was ist falsch daran, Sex zu planen? Schließlich planen wir auch alles andere – vom heutigen Abendessen bis zum Urlaub im nächsten Jahr. Warum sollten wir also beim Sex eine Ausnahme machen?

Die Umgebung

Ist es besser, im Ritz Liebe zu machen oder in einem verschwiegenen Motel? Bei Kerzenschein und stimmungsvoller Musik oder bei Lavalampen und mit zentimeterlangen Krallen? Viele Männer haben eindeutige Vorlieben, was das Ambiente für Sexspiele anbelangt. Aber sie geben diese Vorlieben nicht immer zu, meist nur aus Angst, irgendwie »feminin« zu erscheinen. Schließlich sind es angeblich wir Frauen, die all das romantische Drumherum brauchen. Vielleicht bemerken Sie aber, daß ihn sanftes Licht, Düfte, Musik, Kerzenlicht, Satinbettwäsche und eine Vase mit Rosen neben dem Bett genauso anmachen wie Sie.

Ein schlanker, aber wohlgeformter Körper

Ich will Ihnen nicht einreden, daß Sie sich die in den Medien hochgejubelten spindeldürren Models zum Vorbild nehmen sollten. Trotzdem sind Sie ein erfreulicher Anblick, wenn Sie schlank und in guter körperlicher Verfassung sind. Außerdem sind Sie dann in jeder Hinsicht beweglicher: Sie können mit mehr Positionen experimentieren und sind auch vitaler, wenn Sie biegsam und geschmeidig sind. (Starke Unterbauchmuskeln sorgen in jedem Fall für stärkere Orgasmen!) Je besser

Ihr Körpergefühl ist, desto entspannter und unge-
hemmter sind Sie.

Also runter von der Couch, *setzen Sie sich in Bewegung!*
Das wird nicht nur Ihrer Gesundheit guttun, sondern
auch Ihrer Ehe. Sie brauchen nicht einmal einem Fit-
neßclub beizutreten. Der untenstehenden Liste können
Sie beispielsweise entnehmen, wie viele Kalorien Sie mit
alltäglichen Aktivitäten verbrennen (pro Stunde, be-
rechnet für eine Frau mit 60 kg. Wenn Sie mehr wiegen,
verbrennen Sie auch mehr Kalorien!)

Saubermachen	225
Radfahren	225
Einkaufen	225
Bergaufgehen	425
Laufen	650
Schwimmen, langsames Kraulen	450
Gehen, normales Tempo	300

Leider verbrennen wir beim Sex nur etwa sechs Kalori-
en pro Minute – und das auch nur in dem Stadium unmittelbar vor und nach dem Orgasmus. Wir müßten für
den Rest unseres Lebens mehr oder weniger in Ekstase
verfallen, um mit dieser Übung ein paar kümmerliche
Pfunde zu verlieren!

Reinlichkeit

Fragen Sie einmal Ihren Mann: Einer der erotischsten
Düfte für einen Mann ist eine Frau, die soeben ge-
duscht hat. Bedenken Sie auch, daß laut einer Umfrage
die am häufigsten genannte gemeinsame sexuelle Akti-

vität der Amerikaner – neben dem eigentlichen Sex –
im gemeinsamen Baden oder Duschen besteht.

Erotisches Selbstbewußtsein – Frauen, die gern Frauen sind

Henry Higgins in *My Fair Lady* beklagt sich darüber,
daß eine Frau nicht wie ein Mann ist. Henry, dieser ein-
gefleischte alte Junggeselle, lag da nicht unbedingt ganz
richtig. Viele Männer möchten zwar, daß Frauen so
denken wie sie, aber sie sind verdammt froh darüber,
daß sie anders aussehen. Verständlicherweise wird ein
Mann durch das »Anderssein« der Frau erregt, von diesen Gedanken und Gesten, die so völlig anders sind als
die seinen und für ihn daher ein großes Mysterium. (Einen regelmäßigen Kunden von Cachet machte es besonders an, einem Mädchen beim Schminken zuzusehen – es hatte etwas zu tun mit der Art, wie sie ihre Lippen beim Auftragen des Lippenstiftes schürzte.)
Seien Sie feminin, und genießen Sie das Frausein. Und
überlegen Sie für sich, was das für Sie bedeutet, anstatt
Ihrem Mann das Gefühl zu geben, Sie seien ihm absolut
ähnlich.
Genießen Sie alles, was Ihre Weiblichkeit betont, von
hübschen, lackierten Fingernägeln über Make-up bis
hin zur Weichheit Ihrer Brüste und Hüften. Sie kennen
sicher den französischen Ausdruck *Vive la difference* –
es lebe der Unterschied. Französische Frauen scheinen
sich dessen intuitiv bewußt zu sein. Das erklärt vielleicht, warum die Franzosen einer neueren Umfrage zufolge etwa doppelt so oft Sex haben wie die Amerikaner.

Ein Hauch von Abenteuer

Sie brauchen nicht den Machu Picchu hochzuklettern, um Ihren Sinn für Abenteuer zu beweisen (obwohl das sicher nicht schlecht ist!). Ob Sie das Abenteuer lieben, zeigt sich nicht so sehr daran, wohin Sie gehen oder was Sie tun, als daran, wie Sie sich dabei fühlen. Manche Frauen haben die Gabe, aus einem Gang zum Supermarkt ein Abenteuer zu machen. Probieren Sie also dieses neue Thai-Restaurant aus, und sehen Sie sich diesen neuen ungarischen Film an!

Der Hang zum Unvorhergesehenen schlägt sich oft auch in einem Sinn für ein Abenteuer im Bett nieder. Das lieben die Männer:

- Eine Frau, die nicht in Panik gerät, wenn er sagt: »Laß mich dich heute abend fesseln.«
- Eine Frau, die selbst ein paar gute Knoten knüpfen kann.
- Eine Frau, die nicht die Augen schließt und jeden Muskel ihres Körpers anspannt, wenn er beim Sex das Licht anläßt (vor allem, wenn er sich ihren intimen Stellen widmen will – viele Männer fühlen sich durch eine »Nahaufnahme« und die ganz persönliche Erforschung dieser Stellen erregt, weil ihnen nie erlaubt wurde, eine wirkliche, lebendige Frau ganz genau zu erforschen).
- Eine Frau, für die Sex nicht aufs Schlafzimmer beschränkt ist. Warum nur im Bett Sex haben, wenn es doch so viele Räume gibt, von der freien Natur ganz zu schweigen!
- Eine Frau, die bereit ist, alles zumindest einmal aus-

zuprobieren. Auch wenn Ihnen die neue Praktik nicht gefällt, Sie wissen dann wenigstens, wovon Sie sprechen.

- Eine Frau, die für neue Erfahrungen aller Art offen ist, ganz gleich, ob es sich um Speisen, Menschen, Reisen, Filme oder Bücher handelt.
- Eine Frau, die die Chance des Augenblicks beim Schopf packt und zu genießen versteht.

Reizwäsche beim Sex

Vergessen Sie die Aufforderung: »Zieh das aus!« Männer mögen Frauen, die schöne Unterwäsche kaufen und beim Sex anbehalten – oder wenigstens *ihnen* das Ausziehen überlassen. (Wofür sind Ihrer Meinung nach all diese Knöpfchen und Häkchen sonst da?) Natürlich brauchen Sie nicht jedesmal in voller Ausrüstung – Strümpfe, Strumpfgürtel und hohe Absätze – ins Bett zu klettern, aber Sie machen *ihm* bestimmt eine Freude, wenn Sie es gelegentlich tun. Schwarz und Rot sind die Lieblingsfarben der meisten Männer, aber Rosa- und Pfirsichtöne sind für hellhäutige Frauen, starke, strahlende Farben für farbige Frauen im allgemeinen schmeichelhafter.

Pornographie

Das Folgende mag eine grobe Verallgemeinerung sein, aber wie alle Verallgemeinerungen enthält es ein Körnchen Wahrheit: Die Männer unserer Kultur sind keine solchen sexuellen Analphabeten wie wir. (Wie Sie sich sexuell weiterbilden können? Das erfahren Sie im neunten Kapitel.) Männer haben quer durch das Spektrum sexueller Verhaltensweisen mehr Ideen und auch Wünsche. Der Grund dafür ist, daß sie viele Anregungen aus einschlägigen Videos und Magazinen beziehen.

Der Gedanke Ihres Mannes *Ich möchte das Haar meiner Frau wie Zügel in der Hand halten und sie wie ein Pferd reiten, bis sie vor Erschöpfung und Glück umfällt* ist also kein Zeichen für seine unübertroffene Originalität, sondern wahrscheinlich kennt er diese Szene aus verschiedenen Filmen und Magazinen.

Frauen finden Pornographie aus mehreren Gründen abstoßend, manche bringen aber auch Verständnis auf. Trotz Erica Jongs *zipless fuck* ist den meisten Frauen der Gedanke, Sex mit einem Fremden zu haben – ein allgegenwärtiges Thema in der männlichen Pornographie – eher unangenehm. Auch die Vorstellung, es mit mehreren Partnern gleichzeitig zu treiben, wirkt auf die meisten Frauen abschreckend. Außerdem befürchten wir, daß unsere Männer, wenn wir uns gemeinsam mit ihnen Pornos ansehen, von uns erwarten, die meisten der Videoszenen in die Realität umzusetzen.

Nun, es stimmt also, daß Männer die Realität mit den verfilmten Phantasien durcheinanderbringen, denen zufolge die durchschnittliche Frau beispielsweise in zwanzig Sekunden allein schon dadurch einen heftigen Orgasmus bekommt, daß ihr Liebhaber sie über einen Schreibtisch legt und ihn ihr hineinrammt. Allerdings sind die meisten Männer in der Lage, zwischen einem Video und der Wirklichkeit zu unterscheiden. Sie betrachten die Pornographie als das, was sie ist: Phantasie. Und als solche genießen sie sie auch.

Meiner Meinung nach brauchen Männer Pornographie,

weil sie auf sie eine reinigende und entspannende Wirkung hat. Wie an der Prostitution sind an der Pornographie fast immer bereitwillige Erwachsene beteiligt, die für eine bestimmte Geldsumme irgendwelche sexuellen Handlungen durchführen. In der überwältigenden Mehrzahl der Fälle werden Frauen in der Pornographie nicht, wie die *Political-Correctness*-Bewegung unserer Zeit uns weismachen will, als willenlose Opfer dargestellt, die zu irgend etwas gezwungen werden. Tatsächlich handelt es sich hier wahrscheinlich um eine der wenigen Branchen, in denen Frauen für ihre Dienste durch die Bank besser bezahlt werden als Männer. Außerdem leistet die Pornographie unschätzbare Dienste, wenn es darum geht, den Betrachtern Ideen zu vermitteln, die mit einigen Modifikationen auch im wirklichen Leben umgesetzt werden können.

(Wenn Sie es immer noch abstoßend finden, daß sich Ihr Partner einschlägige Filme ansieht, könnten Sie es vielleicht einmal mit Frauenpornos versuchen, die von Frauen für Frauen produziert werden. Diese Filme haben im allgemeinen eine Handlung, sind stimmungsvoller, und der Sex wird gewaltfrei dargestellt.)

Sex am Morgen

Sieben Uhr morgens. Sie räkeln sich verschlafen in den Kissen, Ihr Atem ist schlecht genug, um Ihren Hund zu vergraulen, und Sie können kaum den Gedanken ertragen, sich aufzurichten, geschweige denn, sich zu irgendwelchen sexuellen Turnübungen zu verrenken. Und trotzdem ist sie da, diese Hand, die nach Ihren Brüsten tastet, und dieser harte kleine *chin-chin*, wie ihn die Japaner liebevoll nennen, der sich an Ihre Hüften preßt. Sie wissen nicht mehr, ob Sie letzte Nacht Ihr Diaphragma eingesetzt haben, und Sie haben nicht die Kraft, von ihm zu verlangen, ein Kondom überzuziehen.

Sie stehen Ihrem alten Feind gegenüber, dem Testosteron. Während Sie daliegen und um nur noch eine halbe Stunde sanften Schlummer beten, waren die Hoden Ihres Liebsten die ganze Nacht über fleißig mit der Herstellung von Hormonen beschäftigt. Freuen Sie sich, daß Testosteron nicht wie ein Hund auf und ab springen, bellen und mit dem Schwanz wedeln kann, denn genau das würde es tun, wenn es könnte. Viele Männer sagen, daß sie am Morgen, wenn der Testosteronpegel seinen Höchststand erreicht, am geilsten sind.

Natürlich sollten Sie niemals Sex haben, wenn Ihnen die Vorstellung regelrecht *zuwider* ist. Aber wenn es irgendwie möglich ist, sollten Sie auf den Zug aufspringen, auch wenn Sie sich nicht gerade fühlen wie eine Femme fatale. Wenn Sie frühmorgens noch sehr entspannt sind, so richtig schlaftrunken, kann Sex etwas sehr Sinnliches sein, auch wenn Sie keinen Orgasmus haben. (Wenn Sie wirklich todmüde sind, legen Sie sich ein Kissen unter die Hüften, legen Sie sich auf den Bauch und schlafen Sie weiter, während er sich amüsiert.)

Sie werden überrascht sein, wie freundlich ein Typ ist, der als allererstes am Morgen befriedigt wurde. Meiner Erfahrung nach wird in diesem Mann im weiteren Tagesverlauf der Wunsch entstehen, Ihnen eine Freude zu machen – Blumen, ein paar liebe Zeilen, Kreditkarten oder was auch immer.

Quickies

Wir möchten gern glauben, daß unsere Männer qualitätsvollen Sex zu schätzen wissen. Aber wir verwenden »Qualitätssex« (so wie die sogenannte »Qualitätszeit«, die wir mit unseren Kindern verbringen) dazu, um unsere Schuldgefühle wegen mangelnder *Quantität* zu kaschieren. Die Wahrheit ist, daß sich Männer – ebenso Kinder – *Quantität* wünschen: Studien über Studien haben gezeigt, daß Männer häufigen Sex, auch wenn er nicht so umwerfend ist, gelegentlichen, wilden Marathons vorziehen.

Machen Sie sich also mit der Tatsache vertraut, daß Sie nicht jedesmal, wenn Sie es tun, in kosmischer Einheit zu verschmelzen brauchen. Manchmal hat er gar keine Lust, jede Faser Ihres Körpers langsam und inbrünstig zu lieben. Manchmal möchte er einfach einen kurzen, entspannenden Quickie, wie wir in der Branche sagen. Das ist wahrscheinlich auch der Grund, warum ihm Pornos gefallen (ob er es zugibt oder nicht, ist eine andere Frage): Er möchte sexuelle Spannungen abbauen, ohne das Ganze emotional zu sehr hochzuspielen.

Zugegebenermaßen wird ein Zwei-Minuten-Quickie frühmorgens nicht viel zu Ihrer Befriedigung beitragen, es sei denn, Sie sind die superschnelle Zwei-Minuten-Frau. Aber vielleicht wird er Ihnen, wenn Sie ihm dieses Vergnügen gewähren, dieses kleine Minus auf Ihrem Konto eher nachsehen. Und wenn er zur Tür hinausgeht, hat er wahrscheinlich einen wippenden Gang und ein kleines Lied auf den Lippen (vielleicht »Girls Just Want to Have Fun«) ...

Striptease

Ich weiß schon, was Sie denken: Wenn Ihnen ein Schicksal als Showgirl bestimmt gewesen wäre, würden Sie heute wahrscheinlich in Federn und G-String den Männern in Las Vegas den Kopf verdrehen. Aber vielleicht sollten Sie auch noch etwas anderes bedenken: In einer 1993 durchgeführten vielbeachteten Studie der University of Chicago über das Sexualleben von Amerikanern im Alter zwischen achtzehn und fünfzig Jahren wurden die 3500 Teilnehmer gebeten, ihre bevorzugten Sexualpraktiken zu nennen. Fast alle (96 Prozent) gaben dem Geschlechtsverkehr hohe Werte. Sowohl bei Männern als auch bei Frauen landete der Oralverkehr an abgeschlagener dritter Stelle – nach etwas, was viele von Ihnen wahrscheinlich nicht einmal als Sexualpraktik betrachten: seinem Partner beim Ausziehen zusehen. Das vermittelt Ihnen vielleicht eine Vorstellung von der erotischen Kraft des Striptease. Wahrscheinlich sind die Körper der Frauen, die sich für ihre Männer ausziehen, um nichts perfekter als der Ihre. Der Unterschied ist, daß diese Frauen erkannt haben, daß zwar die Nacktheit selbst nicht immer erotisch ist, der Akt des Ausziehens aber fast immer.

Es gibt eine Reihe von Seminaren und Videos, die Ihnen die Kunst des Striptease vermitteln können. Und wenn Sie etwas Exotischeres wollen – und etwas, das für üppigere Frauen auch besser geeignet ist –, sollten Sie einen Bauchtanzkurs ins Auge fassen.

Die Kunst, ihn auszuziehen

Indem Sie Ihrem Partner langsam und sinnlich die Kleider ausziehen, zeigen Sie ihm, daß Sie nicht einfach passiv darauf warten, daß er die ganze Arbeit erledigt. Die Mädchen von Cachet konnten einen Mann genauso elegant ausziehen wie die Girls in all diesen James-Bond-Filmen.

- *Hemd:* Beginnen Sie oben, und knöpfen Sie es langsam auf, auch wenn er es eilig hat. So verlängern Sie die Spannung. Immer wenn Sie einen oder zwei Knöpfe geöffnet haben, küssen Sie seine Brust.
- *Gürtel und Reißverschlüsse:* Sie sollten es schaffen, seinen Gürtel und den Reißverschluß seiner Hose zu öffnen, ohne ein einziges Mal den Blick von seinen Augen zu wenden. Üben Sie das Öffnen des Gürtels, indem Sie einen Gürtel um die Lehne eines Küchenstuhls binden.
- *Unterwäsche:* Manche Männer lieben die Silhouette ihres steifen Penis, wenn sie ihre Unterwäsche anhaben. Massieren Sie ihn zu Beginn des Liebesspiels durch die Unterwäsche hindurch, und lassen Sie *ihn* entscheiden, wie (und wann) er sie auszieht.

Verbale Anerkennung

Männer lieben lautes Stöhnen. Sie können gar nicht genug davon bekommen. Moment – was ist denn nun mit dem alten englischen Spruch: »Eine Dame bewegt sich nicht?« Vergessen Sie ihn. Es ist besser, das zu beherzigen, was Woody Allen in seinem Film *Was Sie schon immer über Sex wissen wollten* sagt: »Sex ist nur dann schmutzig, wenn er richtig praktiziert wird.«

Einer meiner attraktivsten, großzügigsten Kunden bei Cachet war fasziniert von einer zarten Rothaarigen namens Angela. Sie war natürlich hübsch, aber wegen ihrer Haarfarbe und geringen Körpergröße nicht so leicht zu vermitteln. Aber dieser eine Typ fragte jedesmal nach ihr (was ungewöhnlich war, da die meisten Klienten immer verschiedene Mädchen wollten). Als ich Angela nach dem Grund ihrer Beliebtheit fragte, zuckte sie nur mit den Schultern und lächelte. Schließlich verriet mir aber der Klient, worin ihr Geheimnis lag. Ihre Seufzer und ihr Stöhnen waren besser als alles, was er je gehört hatte: tief, kehlig, laut – und offensichtlich überzeugend. Sie gab ihm das Gefühl, der begehrenswerteste Liebhaber der Welt zu sein.

Talking dirty

Ein Tip für alle, die sich im Bett noch zu etwas anderem als zu tierartigen Geräuschen befähigt fühlen: Nichts gibt einem Mann stärker das Gefühl, ein Hengst zu sein, als eine Frau, der außerhalb des Schlafzimmers kein »unanständiges« Wort entschlüpfen würde, die aber jede Selbstkontrolle aufgibt, sobald sie die Schlafzimmertür hinter sich geschlossen hat – eine Frau, der ein Satz wie: »Jetzt, dring in mich ein. Fester, stoß fester!« ebenso selbstverständlich von den Lippen geht wie: »Reich mir bitte das Salz.«

Noch ein paar bewährte Sätze für Ihren Partner:

- »Oh, mein Gott, ist der aber groß.« (Das können Sie aber nur sagen, wenn er nicht winzig ist. Schließlich sind die Typen auch nicht dumm.)

- »Mmmmh, ich liebe deinen Geschmack.«
- »Ich möchte dich kommen sehen.«
- »Mir tut schon alles weh – aber laß es uns trotzdem noch einmal tun.«
- »Steck ihn mir richtig fest hinein.«

Aber beachten Sie, daß Sie diese Ausdrucksweise nur im Schlafzimmer verwenden sollten. Es ist eine der schlimmsten Auswirkungen der hemmungslosen Verwendung »schmutziger« Wörter in den heutigen Filmen und Büchern, daß all die guten, alten verbotenen Wörter und Formulierungen ihre Kraft verloren haben. Eine der besten Methoden, ihnen diese Kraft wieder zu verleihen, besteht darin, ihre Verwendung auf den Sexualbereich zu beschränken. Schließlich wurden sie dafür ja auch erfunden.

Wenn Ihnen schmutzige Wörter nicht so liegen oder wenn Ihr Partner eine solche Sprache wirklich abstoßend findet, können Sie sich wie May West schüchtern und verführerisch ausdrücken: »Ich möchte jeden einzelnen Quadratzentimeter deines Körpers küssen« usw. Besondere Wirkung können Sie damit in einer wirklich förmlichen Atmosphäre erzielen – etwa bei einer Dinnerparty oder bei seinen Eltern. Beugen Sie sich zu ihm, und flüstern Sie ihm zu, was Sie mit ihm tun möchten, sobald Sie allein sind. Es geht nicht darum, möglichst schmutzige Ausdrücke zu verwenden, sondern darum, all die schlimmen Dinge, die Sie zu tun gedenken, *anzudeuten*.

Frauen, die Oralsex lieben –
Geben und Nehmen

Ich habe ein paar Freundinnen gefragt, Frauen, die sich für sexuell erfahren halten:

> *»Alle, die sagen, es schmeckt wie eine Mischung aus Naturjoghurt und Abflußreiniger, liegen richtig.«*

> *»Ich liebe den Penis meines Freundes, und ich nehme ihn gern in den Mund. Aber wenn ich das Sperma schlucke, fühle ich mich vergewaltigt. Es ist, als ob der Typ sagte: ›Haha! Du hast es geschluckt!‹«*

> *»Das Hauptproblem ist das, was ich den ›Geschwindigkeitsfaktor‹ nenne. Diese letzten Sekunden machen mir angst. Er ist da in seiner ganz eigenen Welt, und man weiß nicht, wie man Luft schnappen soll.«*

Nun ein paar Aussagen von Männern:

> *»Die meisten Frauen mögen eigentlich keinen Oralsex. Aber um so toller ist es, wenn man eine findet, die ihn mag!«*

> *»Ich hatte eine Freundin, die ihn bis zum Heft hineinstecken konnte. Ich liebte das, obwohl es irgendwie wie eine Zirkusnummer war.«*

> *»Meine Frau sieht mir gern beim Kommen zu. Dann nimmt sie mein Sperma und verteilt es über*

93

ihr Gesicht und über ihre Brüste. Sie sagt, das sei besser für ihre Haut als die teuerste Feuchtigkeits-creme.«

Laut dem Janus-Report über Sexualverhalten aus dem Jahr 1993 halten 88 Prozent der Männer und 97 Prozent der Frauen Oralsex für »normal«. Wenn wir also davon ausgehen, daß es sich um ein kalorienarmes (aber proteinreiches) Vergnügen und nicht um eine Flutwelle handelt, sondern nur um einen unschuldigen Eßlöffel voll, dann sollten wir uns fragen: Was ist schon ein kleiner Schluck unter Freunden?

Offensichtlich eine ganze Menge. Was aus physiologischer Sicht ein Tröpfchen ist, ist für viele Frauen psychologisch gesehen ein reißender Strom. Das Problem liegt darin, daß die meisten Männer es lieben, geleckt zu werden, auch wenn sie zu höflich sind, darauf zu bestehen. (Manche betrachten das Schlucken des Samens sogar als Zeichen für die Ernsthaftigkeit der Absichten, sozusagen als das moderne Äquivalent zum früher üblichen Tragen ihres Universitäts-Pullovers.) Schließlich ist ihr Samen für sie wie ihr *Selbst*. Wie würden Sie sich fühlen, wenn er sich über den Geschmack Ihrer intimen Säfte beklagte?

Sehen Sie sich ein paar Filme mit Jugendverbot an, und Sie werden sehen, daß die Frau den Penis ihres Geliebten mit Hunger und Begeisterung leckt, streichelt und saugt. Sie scheint seinen Samen für das Letzte Abendmahl zu halten. (Ich spreche im neunten Kapitel noch detaillierter über Oralsex, darunter auch über Möglichkeiten, das Schlucken vorzutäuschen, wenn Ihnen diese

Vorstellung allzu unangenehm ist. Aber bedenken Sie, daß Sie Ihrem Partner eine wirkliche Freude bereiten, wenn es Ihnen gelingt, die Fellatio zumindest *scheinbar* mit Freude und Begeisterung auszuführen.)

Auch der Cunnilingus ist für Männer seit urdenklichen Zeiten eine erregende Vorstellung. (Wie Napoleon in einem Brief an Josephine schrieb: »Viele tausend Küsse auf Deinen Hals, Deine Brüste und tiefer, viel tiefer nach unten, in diesen kleinen schwarzen Wald, den ich so liebe.«) Obwohl die meisten unserer Kunden hauptsächlich daran interessiert waren, wie unsere Mädchen *ihnen* zu Gefallen sein konnten, liebten einige von ihnen es mehr als alles andere, ihr Gesicht in ihre intimen Stellen zu versenken.

Zwar ist das Gegenteil längst bewiesen, aber viele Frauen glauben immer noch, ihre Ehemänner und Freunde würden Oralsex an ihnen nur aus Pflichtgefühl praktizieren. Ihre Einstellung lautet: »Ich weiß, er mag es nicht, aber er will meine Gefühle nicht verletzen.« Aber wissen Sie was? In neun Zehnteln aller Fälle ist es das, was *Sie* denken. Ihr Partner findet den Geschmack und den Geruch Ihrer intimen Stellen (vorausgesetzt, daß Sie frisch gewaschen sind) ungeheuer erregend.

Frauen unserer Kultur begehen oft den Fehler, »Weiblichkeit« mit der Eliminierung aller natürlichen Körpergerüche gleichzusetzen. So wie es weiblich ist, nach einer Stunde im Fitneßstudio zu schwitzen (viele Männer finden das erotisch), ist es auch ungeheuer weiblich, salzig zu schmecken und nicht wie eine Pfefferminzpastille. Wenn Sie nicht gerade unter einer Infektion leiden oder sich schon tagelang nicht gewaschen haben, schmecken Sie gut, vor allem für einen Mann. Wenn Sie das nicht glauben, stecken Sie einmal einen Finger in Ihren Körper, und überzeugen Sie sich selbst, wie gut Sie schmecken. Ich will nicht sagen, daß der Geschmack so ist wie der einer Schokoladentorte, aber es ist ein delikater, köstlicher Geschmack wie kein anderer. Denken Sie daran: Ihre Einstellung zu Oralsex ist weitgehend dafür verantwortlich, wie Ihr Partner dazu steht.

Der Höhepunkt auf (nicht nur in) Ihnen

Ich habe es schon oft gesagt und wiederhole es hier noch einmal: Männer sind Augentiere. Und sie beobachten nicht nur ihre Frau gern, sondern auch sich selbst. Vielleicht ist das der Grund, weshalb man die Szene in Pornofilmen so oft sieht. Wie auch immer – Männer lieben es, auf dem Körper ihrer Partnerin zu ejakulieren. Am besten gefällt es ihnen, wenn Sie das Sperma auf Ihrer Haut verreiben. Wie den Oralsex deuten sie das als Zeichen, daß Sie ihre Säfte lieben (und nicht nur tolerieren). Diese Spielart des Sex bietet sich insbesondere an, wenn Sie keine Lust haben, sich mit empfängnisverhütenden Mitteln herumzuschlagen, oder auch während Ihrer Periode, wenn Sie eigentlich keinen Geschlechtsverkehr haben wollen.

Rasieren

Überraschend vielen Männern gefällt es, wenn ihre Frauen ihr Schamhaar in einem netten kleinen Dreieck tragen oder es völlig abrasieren. Aber vielen ist das nicht genug – sie legen selbst gern Hand an. Manche Feministinnen behaupten, dies sei ein Beweis für die kranke

Sucht der Männer nach kleinen, vorpubertären Mädchen. Ich glaube aber, die Wahrheit ist viel einfacher und längst nicht so abstrus: Die meisten Männer sind mit Sexmagazinen aufgewachsen, in denen die Frauen fast ausnahmslos ordentlich rasiertes Schamhaar hatten. (Sie haben doch nicht geglaubt, daß es von Natur aus in diesen adretten Streifen wächst?) Außerdem: Wenn Sie rasiert sind, hat Ihr Partner einen ungestörten Großaufnahmeblick auf Ihre Schamlippen und Ihre Klitoris – auch das macht ihn an. (Es gibt auch Männer, die sich selbst rasieren. Was immer da zwischen ihren Beinen baumelt, sieht mindestens drei Zentimeter länger aus, wenn es nicht mit Haaren bedeckt ist.)

Wenn er Sie also gern rasieren möchte, lassen Sie es ihn versuchen. Wenn ihm aber einfach der glatte Anblick gefällt, empfehle ich eine Wachsbehandlung. Und zwar deshalb, weil Ihre Haut ein oder zwei Tage nach dem Rasieren, wenn das Haar nachzuwachsen beginnt, höllisch jucken wird. Bei einer Wachsbehandlung hält das Ergebnis wenigstens einige Wochen lang an, und das Jucken ist nicht ganz so schlimm, wenn das Haar schließlich nachwächst. (Warnung: Eine Wachsbehandlung kann sehr unangenehm sein. Lassen Sie Ihren Partner immer nur eine kleine Stelle auf einmal enthaaren, und behandeln Sie die Haut jedesmal beim Duschen nach, um das Hineinwachsen von Haaren zu verhindern.)

Ohne Unterwäsche in der Öffentlichkeit ...

Er weiß es, Sie wissen es, und der Rest der Welt weiß es nicht. Oder doch? Das ist das eigentliche Vergnügen an diesem Szenario. Es ist dieses Gefühl, daß Sie vor den Augen der Welt etwas »Schlimmes« tun, und doch kann es niemand mit Sicherheit sagen. So kann er etwa beim Einkaufen Ihren Po streicheln oder seine Finger unter Ihr Kleid schlüpfen lassen … Keine Unterwäsche zu tragen bedeutet, eine sexuell aufgeladene Atmosphäre zu schaffen, auch wenn die Wahrscheinlichkeit einer tatsächlichen sexuellen Begegnung relativ gering ist.

Zwei Frauen zusammen

Zwei Frauen bei der Liebe zuzusehen und sich möglicherweise dazuzugesellen ist eine der häufigsten männlichen Phantasien überhaupt. Wenn Ihr Partner davon spricht, sollten Sie nicht denken, daß Sie ihn langweilen (das tun Sie nicht) oder daß er Sie beleidigen will (das tut er nicht). Er findet diese Vorstellung einfach ungeheuer aufregend.

Natürlich empfehle ich Ihnen nicht, sich nun sofort einer weiteren dieser großartigen Woody-Allen-Sexmaximen zu unterwerfen: »Sex zwischen zwei Menschen ist schön. Aber Sex zwischen *fünf* Menschen ist eine phantastische Sache.« Denn eine solche Situation kann emotional aufgeladener sein, als Sie denken. Außerdem machen die meisten Männer einen Rückzieher, wenn sie sich plastisch vorstellen, was bei einem »flotten Dreier« so alles los ist. (Wer steckt was wohin? Wer tut was zuerst?). Aber fast alle Männer lieben es, diese Situation in Gesprächen heraufzubeschwören. Wenn also die Vorstellungskraft Ihres Geliebten dadurch angeregt wird, warum sollte er dann nicht seiner Phantasie freien Lauf lassen?

Was aber, wenn Ihr Partner darauf besteht, seinen Traum Wirklichkeit werden zu lassen? Das ist dann, glaube ich, der Punkt, an dem der Escort Service auf den Plan treten sollte.

Bei Cachet war der Wunsch, zwei Mädchen »dabei« zuzusehen, wahrscheinlich die gefragteste Phantasie. Am Telefon (wir mußten immer davon ausgehen, daß es abgehört wurde) verwendeten wir für die Dreier den Ausdruck »Bridge spielen«. Unsere Stammkunden riefen an und sagten: »Wir brauchen eine vierte Bridgepartnerin.« Es erregte sie, diese Codewörter zu verwenden. Vielen unserer Mädchen bereitete es keine Probleme, dieses Szenario in die Wirklichkeit umzusetzen. Sie sagten im vorhinein, wozu sie bereit waren, und sie übernahmen die Choreographie des Abends. Diese Dinge waren bei uns immer freiwillig. Ich verlangte von keinem der Mädchen, an einem Dreier teilzunehmen, wenn es Vorbehalte hatte, und ich ließ unsere Kunden wissen, daß nur einige unserer Mädchen bereit waren, diesem Wunsch zu entsprechen. (Der Kunde zahlte für diesen Dienst außerdem extra.)

Unangenehm wurde es aus unserer Sicht, wenn ein Typ anrief und sagte, eines unserer Mädchen solle bei ihm zu Hause vorbeikommen und mit seiner Frau oder Freundin spielen. Fast immer willigte die Frau nur deswegen ein, weil sie ihrem Mann eine Freude machen wollte. Für unsere Mädchen war es aber etwas vollkommen Ungewohntes, eine Frau gegen ihren Willen zu berühren. Nachdem sie sich über die Situation klargeworden waren, nahmen sie also meistens den Typen beiseite und sagten sanft, aber bestimmt: »Hören Sie mal, Sie sollten das vielleicht nochmals überdenken. Ich glaube nicht, daß es Ihrer Freundin Spaß macht, und ich möchte so etwas nur dann tun, wenn es allen Beteiligten angenehm ist.«

Die meisten Männer versuchten dann nicht, das Mädchen umzustimmen, und bezahlten trotzdem für eine Stunde. Wenn sie aus irgendeinem Grund nicht zahlen wollten, bestand zumeist die Ehefrau (die inzwischen sehr dankbar war, daß der Kelch an ihr vorübergegangen war) oder die Freundin darauf, daß er es doch tat. Warum also Ihre persönliche Beziehung aufs Spiel setzen? Wenn Ihr Partner wirklich von der Idee besessen ist, seine Phantasie auszuleben, ist es besser, für diese Sache zwei Frauen zu engagieren, zu denen er keine persönliche Beziehung hat und mit denen Sie nicht auf Tuchfühlung gehen müssen.

Das Bewußtsein, Sie befriedigt zu haben

Das ist der größte Anmacher von allen. Bei Cachet gab es eine kleine Gruppe von Klienten, die sich Sorgen machten, ob die Mädchen auch kamen (deshalb waren diese natürlich klug genug, einen Orgasmus vorzutäuschen). Vielleicht wußte es der Typ, vielleicht auch nicht. Aber wir gaben ihm jedenfalls eine Eins für seine Bemühungen.

In einer echten Beziehung sollten Sie aber keinen Orgasmus vortäuschen. Dazu müssen Sie lügen und unehrlich sein, und außerdem verleiten Sie Ihren Partner zu dem Glauben, Sie voll und ganz zu befriedigen, wenn er es in Wirklichkeit nicht tut. Die Folge ist, daß er es auch in Zukunft nicht schaffen wird. Aber wenn

Sie *tatsächlich* Spaß mit ihm im Bett haben, sollten Sie ihm das auch sagen – nicht nur im jeweiligen Augenblick, sondern auch am Tag danach und vielleicht noch eine Woche später. Im Normalfall wird der Sex schon dadurch besser, daß man an guten Sex denkt und auch davon spricht.

Wenn Sie es lieben, daß er Sie oral befriedigt, sollten Sie mit Lob besonders verschwenderisch sein. Einer der Gründe, warum Männer dem Oralsex eher reserviert gegenüberstehen, besteht darin, daß sie das Gefühl haben, es nicht richtig zu machen. Je öfter Sie ihm sagen, wie toll er ist, desto öfter werden Sie auch bekommen, was Sie sich wünschen.

Was Männer sexuell abschreckt

Die hass' ich, die es gewährt, bloß weil's nötig ist,
es zu gewähren. Die auch noch trocken ist und an
ihre Wollarbeit denkt.

(Ovid, Die Kunst des Liebens)

Wollen Sie einen Mann verrückt machen – durch Gleichgültigkeit? Es folgt eine Liste der Dinge, die er am wenigsten mag – sexuelle Abschreckungsfaktoren, die das Vergnügen der Liebe zur Last werden lassen.

Gleichgültigkeit gegenüber
dem äußeren Erscheinungsbild

Können Sie sich noch an all die Hygienefilmchen aus den fünfziger Jahren erinnern, in denen Tom sich weigerte, Janie ins Café auszuführen, weil sie diesen unaussprechlichen MG (= Mundgeruch) hatte? Etwas, was einen Mann mit Sicherheit abschreckt, ist mangelnde Reinlichkeit. Das bedeutet nicht, daß Sie Ihren normalen Körpergeruch um jeden Preis übertünchen müssen, sondern es bedeutet, an den richtigen Stellen verschwenderisch mit Wasser und Seife umzugehen und dann die natürlichen Duftstoffe des Körpers – unbeeinträchtigt von Bakterien – zu genießen.

Übertriebene Sorge
um das äußere Erscheinungsbild

So wie Schlampigkeit abstoßend wirkt, wirkt auch die fanatische Sorge um das Aussehen abschreckend auf die Umgebung.

- Überprüfen Sie Ihre Frisur und Ihr Make-up alle zehn Minuten?
- Kleiden Sie sich immer nach der neuesten Mode, auch wenn sie Ihnen nicht steht?
- Tragen Sie eine aufwendige Frisur, die ständige Pflege und Nachbesserung braucht?
- Tragen Sie abends dick Gesichtscreme und Körpermilch auf, und verwenden Sie Lockenwickler oder Pickelcreme, die Sie nachts zu einem Schreckgespenst machen?
- Fragen Sie Ihren Partner fünf- bis zehnmal täglich, ob er Sie zu dick findet?

Wenn Ihnen diese Dinge bekannt vorkommen, treibt Ihr Fanatismus hinsichtlich Ihres Aussehens Ihren Part-

ner vermutlich von Ihnen weg, oder er treibt ihn jedenfalls zum Wahnsinn. Durch dieses Verhalten signalisieren Sie nicht Selbstvertrauen und Stolz, sondern höchstens übergroße Distanz (rühr um Himmels willen mein
Haar nicht an) und abgrundtiefe Unsicherheit.

Kleidung, die Ihren Partner
an seine Mutter erinnert

Dazu gehören lose Unterwäsche mit ausgeleierten
Gummis, Hüfthalter, Unterhosen in Elefantengröße,
BHs, die aussehen wie Ritterrüstungen, Stützstrümpfe
und schmuddelige Pantoffeln. Flanellnachthemden sind
ein Grenzfall: Wenn sie feminin und raffiniert sind, finden manche Männer sie ebenso süß wie Sie. Aber lassen
Sie die Finger von diesen Zelten, in denen Sie aussehen
wie ein weiblicher Holzfäller.

Übertriebene Tierliebe

Es ist eine Sache, sein Haustier zu lieben; es ist aber eine
andere Sache, in der Babysprache mit ihm zu reden, es
mit einem Outfit auszustatten, das zu Ihrem eigenen
paßt, und darauf zu bestehen, daß es bei Ihnen im Bett
schläft. Es ist erstaunlich, wie viele ansonsten penible
Frauen nichts dabei finden, die Nacht mit Bello oder
Minka im Bett zu verbringen, und über die Herzlosig-
keit ihres Partners empört sind, der nicht in Ent-
zückensrufe ausbricht, wenn die Katze um vier Uhr
morgens seine Zehen fängt oder der Hund ihm beim
Aufwachen mit einem warmen Hauch begrüßt, der so
riecht, wie es sich für einen Hund eben gehört.

Schmutzige Bettwäsche, Krümel

Spricht für sich selbst.

Orgasmus vortäuschen

Wir alle erinnern uns an unser erstes Mal. Nein, nein, das andere erste Mal, als wir einen dieser theatralischen, markerschütternden Orgasmen vortäuschten, die selbst Meg Ryan in *Harry und Sally* vor Neid hätten erblassen lassen.

Der Grund, warum wir Frauen Orgasmen vortäuschen, ist mehr oder weniger immer derselbe: Wir sind nervös, fühlen uns nicht wohl oder sind einfach müde, aber wir wollen unserem Partner trotzdem einen Gefallen tun.

Es handelt sich um eine Form von sozialer Höflichkeit, so ähnlich, wie wenn man einem Mann ein Kompliment über eine wirklich häßliche Krawatte macht. So geht man mit jemandem um, von dem man annimmt, daß er die Wahrheit nicht ertragen kann.

Und genau hier liegt das Problem. Manchmal sind wir geradezu gezwungen, einen Orgasmus vorzutäuschen, vor allem dann, wenn wir mit einem Mann zusammen sind, der einfach nicht aufhört, bevor er vollkommen sicher ist, daß wir einen Höhepunkt hatten. Aber wenn Sie routinemäßig jemanden täuschen, von dem man annehmen sollte, daß Sie ihm gegenüber ehrlich sein können (wie etwa Ihren Mann), so bedeutet das, daß Sie beide betrogen werden. Mit Ihrem Verhalten verleiten Sie Ihren Partner zu dem Glauben, daß ein Orgasmus für einen erfolgreichen Sexualakt *unbedingt* notwendig ist, während jede Frau in Wirklichkeit oft Lust auf Liebe hat, ohne daß sie unbedingt einen Orgasmus haben muß.

Es gibt aber noch ein weiteres Problem. Wenn Sie oft sexuell unbefriedigt bleiben, werden sich in Ihnen viele kleine Aggressionen gegen Ihren Partner aufstauen. Plötzlich spielt es eine viel größere Rolle als sonst, daß er schon wieder vergessen hat, den Toilettensitz herunterzuklappen. Und wenn er Ihnen auf die Schliche kommt, daß Sie Ihre Orgasmen nur vortäuschen, wird er sich verletzt fühlen, aber wahrscheinlich zu ängstlich sein, um das Thema zur Sprache zu bringen. (Ja, Männer *haben* Angst davor, mit einer Frau zu schlafen, die den Orgasmus vortäuscht. Warum wären sonst Bücher mit Titeln wie *Wie man eine Frau liebt* Bestseller?) Eine Lüge, die zwischen zwei Menschen steht, erzeugt einen klaffenden Abgrund.

Sexuelle Indiskretion

Ich weiß nicht, was schlechter ist: Sich Ihrem aktuellen Partner gegenüber in nostalgischen Reminiszenzen über Ihren letzten Lover zu ergehen oder hemmungslos über ihn herzuziehen. Was Sie auch tun, Sie bewegen sich auf dünnem Eis. Tabu sind auf jeden Fall: Ihre bisherigen Partner, die Penisgröße Ihres Verflossenen und dessen ausgefallene Gewohnheiten oder besondere Neigungen. Mit anderen Worten: Ihr derzeitiger Partner kann auch ohne das Wissen leben, daß sein Vorgänger es liebte, Ihre Füsse zu küssen (vor allem dann, wenn er das *auch* liebt und er Ihre gemeinsamen Aktivitäten als etwas Besonderes und Einzigartiges betrachtet).

Schließlich befürchtet er, daß Sie, wenn Sie über andere Männer sprechen, auch über ihn sprechen werden. Für

die meisten Männer ist dieser Gedanke absolut abschreckend, Salz in der Wunde ihrer ohnehin allgegenwärtigen Unsicherheiten.

Gespenstisches Schweigen

Wie kommt es, daß Frauen, die tagsüber stundenlang
mit ihren Freundinnen am Telefon plaudern, bei der
Liebe plötzlich in eisernes Schweigen verfallen? Mein
Freund Ted erzählte mir über seine unkommunikative
Frau: »Diese Stille macht mich so unsicher. Wenn ich sie
berühre, frage ich mich ständig: ›*Was denkt sie? Was
fühlt sie?*‹ Vielleicht phantasiert sie von einem anderen
Mann. Vielleicht ist sie trunken vor Leidenschaft, und
das macht sie so sprachlos. Oder vielleicht denkt sie
auch an ihre Steuererklärung. Ich habe keine Ahnung.«
»Es gibt noch eine weitere schreckliche Möglichkeit«,
fügte Ted hinzu: »Vielleicht beobachtet sie im stillen
mich, wie ich all diese Geräusche mache. Wenn sie so
vollkommen still ist, fühle ich mich wie ein Clown.«
Vielen von uns, denen beim Sex kein Laut über die Lippen kommt, ist das nicht einmal bewußt. Vielleicht haben wir Angst, daß uns die Kinder hören, oder wir meinen, es sei einfach nicht »ladylike«, laut zu sein. Aber
die Stille erzeugt Unbehagen und eine Befangenheit,
die zwischen zwei Intimpartnern einfach keinen Platz
haben sollte.

Ununterbrochenes Geschwätz

Im Idealfall ist der Liebesakt keine stumme Angelegenheit, aber er sollte auch nicht Anlaß für nicht enden
wollende Worttiraden sein. Manche Frauen wissen ein-

fach nicht, wann es Zeit ist, den Mund zu halten. Oder sie stellen Fragen, die eine kompliziertere Antwort erfordern als ein Stöhnen oder ein Ja oder Nein. Die Fragen, die Sie an Ihren Partner richten, sollten ganz einfach sein, etwa: »Fühlt sich das gut an?« Oder: »Wie wäre es, wenn ich …« Aussagen wie: »Ich habe vor kurzem ein Buch gelesen, in dem behauptet wurde, daß 68 Prozent aller Männer sehr empfindliche Brustwarzen besitzen, aber Angst haben, das ihren Partnerinnen zu sagen. Was meinst du dazu?« sind hingegen unangebracht.

Sexuelles Märtyrertum

Laut einer Fünf-Städte-Studie in einer von mir hochgeschätzten Zeitung – dem *National Enquirer* – ziehen drei von vier Frauen ein gutes Stück Schokolade dem Sex vor. Eine der Befragten drückte es so aus: »Schokolade ist viel befriedigender, es sind keine Risiken damit verbunden, und man findet sicher irgendwo ein Stück, wenn man eines braucht.« Ich weiß nicht, ob diese Frauen ihre Aussagen ernst meinten, aber ich bin davon überzeugt, daß diese negative Einstellung katastrophale Auswirkungen auf ihr Liebesleben hat.

Tatsächlich waren es zu einem guten Teil jene Männer, deren Partnerinnen »die Augen schlossen und an England dachten«, die meinen Escort Service frequentierten. Szenarien wie das folgende bekamen meine Mädchen am häufigsten zu hören: »Meine Frau ist auf den ersten Blick eine ungeheuer großzügige Person. Sie ist die erste, die sich für den Schulflohmarkt zur Verfügung stellt, und die letzte, die nach einer Party nach Hause kommt, weil sie der Gastgeberin noch schnell beim Aufräumen geholfen hat. Oberflächlich betrachtet erfüllt sie mir im Bett jeden Wunsch, aber sie hat einfach keine *Freude* daran. Eigentlich nimmt sie am Sex nicht teil. Sie vermittelt mir den Eindruck, daß Sex für sie eine eheliche Pflicht ist.«

Sexuelles Märtyrertum kann eine Form von passiver Aggression sein. Auf ganz subtile Weise, ohne ein Wort zu sagen, schüren Sie in Ihrem Partner Schuldgefühle, was seine eigenen Wünsche anbelangt. Die Botschaft lautet: »Ich tue alles für dich, aber es sollte dir bewußt sein, daß das, was du von mir verlangst, ein Opfer für mich ist.« Diese Einstellung ist mehr oder weniger eine Garantie für Unstimmigkeiten. Sie laufen Gefahr, daß Ihr Mann irgendwann einmal aufhören wird, Sie um Sex zu bitten, aber er wird nicht aufhören, sich anderswo danach umzusehen. Schließlich stößt ein Callgirl seine Hand nie weg oder benimmt sich, als ob sie ihm einen Gefallen tun würde.

Fehlende Spontaneität

Es gibt Frauen, die an eine sexuelle Begegnung so herangehen, als müßten sie ein Klischee-Musical inszenieren: Die Beleuchtung muß stimmen, er muß duschen, sie muß duschen, die richtige Bettwäsche muß aufgezogen sein, die passende Platte – Shade oder Enya – wird aufgelegt. Alles muß *genau so* sein und nicht anders. Es bleibt kein Raum für Kreativität oder Spontaneität. Wenn der arme Kerl sagt: »Ich will dich jetzt«, antwortet sie: »Du meinst, *jetzt gleich*?« Oder: »Können wir nicht warten, bis die Letterman-Show vorbei ist?«

Frauen, die nie den ersten Schritt tun, und Frauen, die immer den ersten Schritt tun

Immer wenn *er* beginnt, bedeutet das, daß es auch immer *er* ist, der eine Abfuhr riskiert und für den Sex schnell zu einer weiteren Pflicht in einer endlosen Reihe von Pflichten wird. Andererseits fühlen sich die Männer von den ganz Forschen unter uns, die *immer* den aggressiven Part übernehmen und den ersten Schritt tun, ebenso abgeschreckt.

Mein Freund Andrew, der zugibt, daß seine Exfrau alles für ihn tat, beklagte sich oft: »Es ist manchmal wirklich ärgerlich. Sie kommt mir jedesmal zuvor. Sie gibt mir nie die Chance, den ersten Schritt zu tun, weil sie immer schon *da* ist – sie liest mir jeden Wunsch von den Augen ab. Sie wartet nicht, bis ich soweit bin.« Wenn Sie diejenige sind, die immer den ersten Schritt tut, nehmen Sie das Ihrem Partner insgeheim vielleicht sogar übel und denken, daß er, wenn Sie die Sache nicht in die Hand nähmen, wohl *nie* mit Ihnen schlafen würde. Sie haben das Gefühl, die ganze »Arbeit« in der Beziehung allein leisten zu müssen.

Immerhin ist eine Frau kein Pfadfinder: Sie braucht nicht »allzeit bereit« zu sein. Das gilt vor allem zu Beginn einer Beziehung. Ich weiß, daß die Feministinnen mir hier kaum Beifall zollen werden, aber ich bin immer noch davon überzeugt, daß die Männer mit einem aggressiven Jagdtrieb ausgestattet sind, den sie ausleben müssen. Würde der Löwe immer noch nach der zarten Gazelle lechzen, wenn man sie ihm in mundgerechte Stücke zerteilt auf einem Teller servierte? (Ich weiß schon, daß das nicht die beste Metapher für die Beziehung zwischen Mann und Frau ist, aber Sie wissen, was ich meine.)

Immer die gleiche alte Geschichte

Die Komikerin Rita Rudner hat einen Witz in ihrem Repertoire, der mir immer eine Warnung vor den Gefahren sexueller Langeweile ist. »Meine Schwester hat gerade ein Baby bekommen, und sie hatte vierundzwanzig Stunden lang Wehen.« Pause. »Ich würde nicht einmal etwas, was mir *Spaß* macht, vierundzwanzig Stunden lang tun wollen.«

Ganz gleich, wie toll diese eine Position sein mag – Sie müssen auch andere ausprobieren. Hunderte von Klienten haben ihre sexuelle Beziehung zu ihrer Ehefrau mit kühler Präzision beschrieben: »Alle zwei oder drei Wochen, wenn die Kinder nicht da sind, klettern wir ins Bett und küssen uns etwa dreißig Sekunden lang. Sie wirft meistens einen verstohlenen Blick auf die Uhr. Ich spiele mit ihren Brüsten, lasse meine Hand ein wenig tiefer gleiten, spiele ein bißchen an ihr herum, und dann sagt sie, daß die Kinder bald nach Hause kommen werden. Also lege ich mich auf sie und erledige meine Sache. So nennt sie es nämlich – die Sache erledigen.«

Auf diese Weise wird Sex zum Teufelskreis. Wenn er bemerkt, wie gelangweilt Sie sind, beeilt er sich, und die ganze Sache wird noch viel nüchterner. Und je nüchterner das Ganze wird, desto langweiliger wird die Sache für Sie.

Zu viel Anstrengung

Er ist müde. Sie schmollen. Er hatte bereits einen Orgasmus und will keinen zweiten. Sie haben es sich in den Kopf gesetzt, sein bestes Stück wieder aus der Reserve zu locken und arbeiten daran, als ob Sie eine Drei-Sterne-Köchin wären und Ihre Reputation davon abhinge, dieses Soufflé zum Aufgehen zu bringen.

Frauen, die sich im Bett zu sehr anstrengen, betrachten den Sex meist als *die* emotionale Verbindung schlechthin und fühlen sich übermäßig verantwortlich dafür, diese Verbindung herzustellen und zu erhalten. Für diese Frauen bedeutet Sex ausschließlich, daß sie ihrem Partner Vergnügen verschaffen wollen. Zunächst ist das natürlich auch eine Methode, das eigene Selbstbewußtsein zu stärken (eine Frau, der es gelingt, ihren Geliebten zufriedenzustellen, kann mit sich zufrieden sein). Aber sie wird sich auch unablässig Sorgen machen, daß ihr Partner wütend und enttäuscht sein könnte, wenn es ihr nicht jedesmal gelingt, ihm Stürme der Ekstase zu bereiten.

Jede Frau, die rund um die Uhr wie eine perfekte Sexmaschine funktionieren muß, fühlt sich zwangsläufig unsicher und ist unzufrieden mit ihrer Leistung. Noch schlimmer aber ist, daß ihr Partner ebenfalls beginnen wird, sich Sorgen über *seine* Leistungen zu machen.

Die Geschäftsfrau

Diese Frau verknüpft ihre sexuelle Bereitschaft mit irgendeinem Entgegenkommen auf seiner Seite. Ihre Devise lautet: Ich werde mit dir schlafen, wenn du:

a) mich zum Abendessen ausführst,
b) den Kindern das Frühstück machst,
c) den Vogelkäfig säuberst,
d) nett zu meiner Mutter bist,
e) sämtliche der obigen Dinge erledigst.

(Interessanterweise habe ich festgestellt, daß gerade diejenigen Frauen am verächtlichsten auf Callgirls herabsehen, die den Sex in ihrer Ehe als eine Art Währung für Tauschgeschäfte benutzen.)

Man kann unmöglich die ganze Zeit großzügig und sexy sein. Wir alle sind mitunter schlecht gelaunt oder ärgerlich. In solchen Augenblicken wird unsere Libido von unseren Aggressionen gedämpft. Aber wenn Sie Ihre sexuelle Bereitschaft als Währung für Tauschgeschäfte benutzen, bringt das Ihren Partner zu der Überzeugung, daß Sex für Sie keine gegenseitige Angelegenheit ist, sondern daß Sie ihn damit einfach nur ruhigstellen wollen. Im Idealfall ist sexuelle Intimität ein Teil der Beziehung, den Sie beide genießen und der keinerlei Haken hat.

Sex sollte anders sein als die US-Politik im Irak: Er sollte nicht an Konzessionen geknüpft sein.

»Klammern« und öffentliche Liebesbeweise

In dem Film *Nachrichtenfieber* fragt der neurotische Reporter Albert Brooks, der bei den Frauen ständig ins Fettnäpfchen tritt, seine Reporterkollegin Holly Hunter: »Wäre die Welt nicht um vieles besser, wenn Unsicherheit und Verzweiflung uns attraktiv und wenn Armut uns sexy machen würde?«

Unnötig zu sagen, daß dem nicht so ist. Die Frau, die ständig säuselt: »Ich kann meine Finger einfach nicht von dir lassen«, kann peinlich, wenn nicht sogar enervierend wirken. Natürlich ist es manchen Männern durchaus angenehm, das zu hören, und sie haben nichts dagegen, gestreichelt und öffentlich abgeknutscht zu werden. Aber vielen geht es eher so wie meinem Freund Andrew: »Ich finde es schön, in der Öffentlichkeit Händchen zu halten, und gegen einen Kuß von Zeit zu Zeit ist auch nichts einzuwenden. Aber wenn ich mit meiner Exfrau zu einer Party ging, küßte sie mich dauernd ab und hing ständig an mir wie eine Klette. Außerdem liebte sie es, Fusseln von meinem Jackett zu zupfen – das unmißverständliche Zeichen für weiblichen Besitzerstolz.«

Aus diesem Grund kann eine Frau, die ständig mit ihrem Partner auf Tuchfühlung ist und ihm nie von der Seite weicht, für Männer absolut abschreckend wirken. Sie interpretieren ein solches Verhalten ganz korrekt als Versuch der Frau, ihr Territorium abzugrenzen. Außerdem vermittelt sie dadurch den Umstehenden, daß sie zu Hause zu wenig Zuwendung bekommt, was oft gar nicht der Fall ist. »Ich bin privat *sehr* verschmust«, sagt Andrew. »Es ist nur so, daß ich es nicht nötig habe, meine Männlichkeit in der Öffentlichkeit zu demonstrieren, indem ich meine Frau andauernd abküsse.«

Es ist eine Sache, Ihrem Liebhaber viel Aufmerksamkeit zukommen zu lassen, aber es ist eine ganz andere, das öffentlich zu tun, nur weil Sie selbst unsicher sind.

Die sprechende Landkarte

Sie haben sicher schon bemerkt, daß es Männern von Natur aus zuwider ist, nach dem Weg zu fragen. Wenn sie sich verlaufen haben, können sie es nicht ertragen, daß jemand ihren Fehler bemerkt.

Im Schlafzimmer ist es so ziemlich dasselbe. Sobald Sie Ihrem Partner in groben Zügen vermittelt haben, was Ihnen gefällt, sollten Sie ihm ein bißchen Raum geben, damit er sich selbst weiter vortasten kann, bevor Sie ihn korrigieren. Manche Frauen, so scheint es, müssen einfach Befehle erteilen: »Ein bißchen links, nein, weiter rechts. Nein! Nicht *so*.« Der bedauernswerte Typ macht sich ständig Sorgen, er könnte die falsche Abzweigung erwischt haben, anstatt sich zu entspannen und das Zusammensein zu genießen.

Es gibt weniger aufdringliche und trotzdem wirksamere Wege, um Ihrem Partner zu sagen, wo's langgeht. Wie ich bereits sagte, signalisieren Geräusche wie Seufzer oder Stöhnen Begeisterung. Stöhnen Sie, wenn er etwas macht, das Ihnen guttut, und schweigen Sie, wenn Sie weniger angetan sind. Dann wird er Ihre Sprache bald zu deuten wissen.

Die Kritikerin – Zielscheibe Nummer eins: Sein Körper

In einem Fernsehwerbespot des japanischen Autoherstellers Hyundai, der im vergangenen Jahr in den USA ausgestrahlt wurde, plaudern zwei Frauen miteinander. Ein Lamborghini gleitet vorbei. Eine der beiden Frauen wendet sich ihrer Freundin zu und sagt, der Fahrer »versucht sicher, irgendein Manko zu kaschieren«. Die andere antwortete: »Er hat bestimmt einen Minderwertigkeitskomplex.« Als ein anderer Autofahrer in einem Hyundai vorfährt, sagt sie ganz versonnen: »Ich würde gern wissen, was *der* unter der Haube hat.«

So lustig der Spot auch ist, er spielt doch auf eine weitverbreitete Sorge der Männer an (man könnte auch sagen auf eine tiefsitzende Angst): den unterschwelligen Verdacht, daß sich die Gespräche der Frauen, wenn sie allein sind, um nichts anderes drehen als um die Größe männlicher Penisse.

Wir Frauen wissen, daß das nicht stimmt. Trotzdem ist dieser hartnäckige Mythos nicht umzubringen. Die Männer fürchten auch, daß wir uns über ihre Körpergröße, ihre Glatze, ihre Hühnerbrust, ihren Bierbauch und ähnliches lustig machen. Kurz gesagt können sie – insbesondere zu Beginn einer Beziehung – genauso empfindlich sein wie wir, wenn es um ihren Körper geht.

Die Kritikerin – Zielscheibe Nummer zwei: Seine Leistung

Viele von uns, die nicht im Traum daran denken würden, die Frau an der Supermarktkasse unfreundlich zu behandeln, wenden sich während oder nach dem Sex eiskalt ihrem Geliebten zu und sagen unglaublich verletzende Dinge: »Letzte Woche war es besser.« – »Warum kannst du nicht ein bißchen länger durchhalten?« – »Du fühlst dich in mir nicht mehr so groß an wie früher.«

Einer unserer Stammkunden bei Cachet (der wie viele andere Kunden gerade in Scheidung lebte) erzählte uns von seinem schweren Leben an der Seite einer sexuell kritischen Ehefrau. Sie wollte Sex nur auf eine bestimmte und keine andere Weise. Sie pflegte zu ihm zu sagen: »Schau mal, die Missionarsstellung gibt mir etwas, und so will ich den Sex eben. Ein echter Mann wäre froh, wenn seine Partnerin in dieser Stellung kommen könnte. Aber du? Du willst immer etwas *ändern*.« Als der Mann wegen eines Medikaments, das er nehmen mußte, Erektionsstörungen bekam, belächelte sie seine Bemühungen, ihr mit seiner Hand oder mit der Zunge einen Orgasmus zu verschaffen.

Dieser Mann kam nicht mehr zu uns, als er eine neue Frau fand, der dieses »Fummeln«, wie es die erste genannt hatte, offensichtlich gefiel.

Keine Frau sollte sich mit einem sexuellen Analphabeten zufriedengeben, einem Typen, der nicht imstande ist, die einfachsten Tatsachen der menschlichen Anatomie zu begreifen. Aber beim Sex gibt es so etwas wie eine Lernkurve, und so kommt es, daß selbst der zärtlichste, erfahrenste Liebhaber nicht immer genau weiß, was *Sie* gerade wollen. Wenn Sie Ihrem Partner also beibringen möchten, wie er Ihnen sinnliches Vergnügen bereiten kann, sollten Sie taktvoll vorgehen und auf den richtigen Zeitpunkt warten. Auch der richtige Ort spielt eine Rolle. Und es sei schon hier verraten, daß dieser richtige Ort sicher nicht das Schlafzimmer ist!

Humorlosigkeit beim Sex

Was immer man über Sex sagen kann –
eine besondere Angelegenheit ist er sicher nicht.
                              Helen Lawrenson

Machen wir uns nichts vor. Der Sex im realen Leben ist einfach anders, als wir es aus Filmen kennen. In der Realität schwitzen beide Partner, das Häkchen Ihres Büstenhalters verfängt sich in seinem Pullover, Ihr Kiefer beginnt Ihnen weh zu tun, und in dem angeblich so romantischen Augenblick nach dem Orgasmus legt er seinen Arm um Sie und reißt Ihnen unabsichtlich ein Büschel Haare samt den Wurzeln aus. Wenn Sie sich angesichts der weniger gut choreographierten Situationen beim Sex kein Lächeln abringen können, wird sich ein Schleier von Peinlichkeit über Ihre Beziehung legen – und Peinlichkeit ist alles andere als ein Stimmungsmacher.

Frauen, die keinen Oralsex mögen

Nicht genug damit, daß sie ihn nicht mögen, zeigen sie ihre Abneigung auch noch deutlich, indem sie den Penis ihres Partners wie irgendeinen schleimigen Lurch behandeln, der soeben unter einem Fels hervorgekrochen ist. Wenn sie das nicht tun, demonstrieren sie ihre Gleichgültigkeit, indem sie die Aufforderung ihres Partners, seinen Penis liebevoll und zärtlich zu behandeln, ignorieren:

Die Spuckerin: In dem Film *Der Kontrakt des Zeichners* gibt es eine erinnerungswürdige Szene, in der eine Frau an dem Zeichner Oralsex ausüben muß. Aber da sie ihn so haßt, weigert sie sich, das Ejakulat zu schlucken, und so rennt sie jedesmal zur Spüle, um das Sperma hineinzuspucken. (Später wird er geblendet, wahrscheinlich von jemandem, den sie angeheuert hat.) Wahrlich nicht die romantischste aller Filmszenen.

Wie ich bereits sagte, ist es nicht notwendig, den Samen zu schlucken. Es stimmt, daß nicht jeder Mann gleich schmeckt, und es kann von seiner Ernährungsweise abhängen, ob das Schlucken ein Vergnügen ist oder nicht. (Knoblauch und Alkohol können den Geschmack des Samens verderben.) Aber zur Spüle zu rennen, um rasch alles auszuspucken, oder sich heftig würgend abzuwenden, verursacht ihm Schuldgefühle wegen seines Körpers. Wenn Ihr Hauptproblem beim Oralsex das Schlucken ist, finden Sie im achten Kapitel eine beliebte Callgirl-Technik für dieses Problem.

Die Stumme: Eine Frau, die beim Oralsex stumm ist, vermittelt dem Mann etwa: »Du weißt doch, daß ich das nur dir zuliebe tue, oder? Heute ist viel los. Hast du vor, noch zu kommen, bevor die Kinder ins College einrücken? Ich werde zehn Minuten zu spät zu meinem Therapietermin kommen ...«

Schweigen kann nur allzu vielsagend sein. Natürlich können Sie nicht sprechen, wenn Sie den Mund voll haben, aber Sie können genießerisch stöhnen, heftig atmen oder einen Moment innehalten und ihm sagen, wie sehr Sie mögen, was Sie da tun.

Schlechte Technik beim Oralsex

Inkompetenz ist beim Oralsex fast so schlecht wie Abneigung.

Das Nagetier: Ganz gleich, wie viele romantische Erzählungen Sie gelesen haben, in denen die Heldinnen an ihren Männern »knabberten«: Es gibt nur sehr wenige Männer, die es mögen, angeknabbert zu werden. Die meisten haben regelrecht Angst davor, daß Ihre Zähne ihren wertvollsten Körperteil auch nur berühren. Halten Sie Ihre Beißer unter Kontrolle.

Die Staubsaugerin: Manche Frauen glauben, sie müßten beim Oralsex wie ein Staubsauger am Penis saugen. Sie saugen pflichtschuldigst so lange, bis der arme Kerl sie anfleht, damit aufzuhören. (Von denen, die das Wort »blasen« wörtlich nehmen, will ich gar nicht reden.)

Der Racheengel: Einem jüngeren Mann macht es vielleicht nichts aus, wenn sich eine Frau unvermittelt über ihn beugt und ihn einfach zu lecken beginnt. Aber Oralsex ohne jedes Vorspiel kann auch als zu abrupt empfunden werden.

Das Batteriehäschen: Eine Frau, die immer weitermacht … und weiter … und weiter – auf und ab, immer weiter, vollkommen monoton, immer wieder von vorn. (Verstehen Sie mich nicht falsch: Rhythmus ist wichtig, aber bitte nur kurz vor dem Höhepunkt.)

In ihm Schuldgefühle
wegen seiner Wünsche wecken

Ich glaube, ich weiß, was die verschiedenen Sexskandale der letzten Jahre gemeinsam hatten: Fast immer war daran eine sexuell erfahrene Frau beteiligt, die irgendeinem alten Knacker zum ersten Mal in seinem Leben das Gefühl sexueller Freiheit vermittelte. Als Leona Helmsley Harry von seiner verknöcherten Quäker-Frau loseiste, vermittelte sie ihm angeblich einen vollkommen neuen sexuellen Erfahrungshorizont. Als die Gerüchte über den New Yorker Richter Sol Wachtler an die Öffentlichkeit drangen (er wanderte wegen Bedrohung und sexueller Nötigung seiner Exgeliebten ins Gefängnis), wurde offenkundig, daß die Geliebte den sexuell rückständigen Richter hörig gemacht hatte, indem sie ihm zeigte, was guter Sex *wirklich* ist.

In einem Mann seiner Phantasien wegen (wie eigenartig sie Ihnen auch vorkommen mögen) Schuld- oder Schamgefühle zu wecken ist ein sicherer Weg zum Zerwürfnis. Ich sage nicht, daß Sie alles mitmachen sollten, auch wenn es Ihnen Widerwillen oder Ekel verursacht, aber Ihr Geliebter sollte Ihnen jedenfalls alles *sagen* können, ohne befürchten zu müssen, daß Sie ihn zurückweisen.

Da Sie nun eine allgemeine Vorstellung davon habe, was ihn in körperlicher und in sexueller Hinsicht anmacht und was genau die gegenteilige Wirkung hat, können wir uns im folgenden ansehen, warum Männer fremdgehen und was Sie dagegen tun können.

4

Das große Jucken:
Warum Männer fremdgehen

*Ich sage immer, ich schlafe nicht mit verheirateten
Männern, aber in Wirklichkeit meine ich nur,
daß ich nicht mit glücklich verheirateten Männern
schlafe.*

(Britt Ekland)

Die Amerikaner sind ein heiratsfreudiges Volk. Im Alter
von vierundvierzig Jahren waren nur 9 Prozent aller
Amerikaner noch nie in ihrem Leben verheiratet; bei
den über Fünfundvierzigjährigen sind es gar nur 5 Prozent. In Amerika gibt es prozentual gesehen die meisten
verheirateten Paare der Welt.

Aber auf der anderen Seite sind auch die amerikanischen Scheidungsraten absolute Spitze. Im Jahr 1990
gab es 2,4 Millionen Hochzeiten, aber gleichzeitig wurden 1,2 Millionen Scheidungsklagen eingereicht. Und
was ist die sicherste Fahrkarte zum Scheidungsgericht?
Richtig: Die Untreue.

In ihrem Buch *Anatomie der Liebe* bestätigt die Anthro-
pologin Helen Fisher etwas, was Callgirls schon seit lan-

gem über Ehe und Monogamie wissen. Dr. Fisher untersuchte in zweiundsechzig Kulturen die Rituale der Werbung und Sexualität und kam dabei zu der Erkenntnis, daß die Scheidungsrate in *allen* Kulturen im dritten Lebensjahrzehnt am höchsten ist. Sie nennt das Phänomen das »Vierjahresjucken« – den Zeitpunkt, an dem das Stadium der Faszination vorüber ist und zwei Menschen sich darüber klarwerden müssen, ob sie einander ehrlich und aufrichtig *mögen*. Helen Fisher meint, daß die Untreue in der Evolution einst vielleicht Vorteile brachte. Männer, die ihrer Familie etwas bieten konnten und im Lendenschurz außerdem attraktiv aussahen, waren vermutlich erfolgreicher, wenn es darum ging, ihren Samen zu verteilen und eine hoffnungsvolle Nachkommenschaft zu zeugen. Es gab auch einen Vorteil für Frauen, die Kinder von mehreren Vätern hatten und daher aus einem größeren Gen-Pool schöpften: Wenn sich ein bestimmter Gen-Mix als problematisch erwies, hatte das nächste Kind mit einem etwas anderen genetischen Erbe vielleicht bessere Überlebenschancen.

Heute wirkt eine Vielzahl sozialer Faktoren zusammen, Bindungen zu lockern: einvernehmliche Scheidungen, die zunehmend finanzielle Unabhängigkeit arbeitender Frauen, die keinen Ehemann mehr zum Überleben brauchen, sinkendes Pflichtbewußtsein und geringere Stigmatisierung Geschiedener. Auf der anderen Seite gibt es das Problem übertriebener Erwartungen. Eine Studie der University of Texas in Austin zeigte, daß der enorme Anstieg der Scheidungsrate seit den sechziger Jahren wohl mit dem zunehmenden Egoismus unserer Gesellschaft in Zusammenhang steht.

Wir erwarten, daß unser Partner das A und O unseres Lebens ist. Ein Mann muß hart und muskulös, aber trotzdem sensibel sein. Er sollte die Toilette reparieren können, aber auch ein gewiefter Seelenklempner sein. Er sollte kochen können, uns in unseren beruflichen Ambitionen unterstützen, aber trotzdem zielstrebig seine eigene, lukrative Karriere verfolgen. Die Erwartungen, die die Männer an uns stellen, sind ebenso übertrieben. Ein Freund beschrieb die »perfekte Partnerin«, nach der er Ausschau hielt, so: »Ich suche nach einem Mittelding zwischen Sharon Stone und Mutter Teresa.« Und was wollen wir im Gegenzug anbieten? Sowenig wie möglich. In unserem Wertesystem, in dem der Individualismus Vorrang gegenüber der Teamarbeit hat, wird oft übersehen, daß die Zusammenarbeit in der ehelichen Gemeinschaft auch Opfer erfordert.

Die veränderte Einstellung zur Ehe hat laut Wissenschaftlern im allgemeinen negative Auswirkungen auf unser Selbstwertgefühl. Meist sind die glücklichsten und produktivsten Menschen jene, die erfolgreiche Ehen führen, und die schlecht Verheirateten sind die Unglücklichsten unter uns. Das bedeutet, daß eine gute Ehe der Idealfall ist, daß aber eine schlechte Ehe schlimmer ist, als überhaupt nicht verheiratet zu sein.

Der negativste Effekt der hohen Scheidungszahlen liegt vielleicht darin, daß das Scheitern zu einer selbsterfüllenden Prophezeiung wird. Die lebenslange Verpflichtung ist immer noch das Ideal, aber nirgends mehr Realität, wohin wir auch blicken. So entsteht also in verheirateten Menschen das Gefühl, immer noch die Freiheit der Wahl zu haben, und diese Freiheit bringt Unsicherheit mit sich. Wir fragen uns ständig: Ist er oder sie wirklich das Beste, was ich bekommen kann? Gibt es nicht irgendwo auf der Welt einen besseren Partner für mich? Vielleicht investieren wir aus diesem Grund etwas weniger Zeit, Energie und Liebe in unsere Beziehung; vielleicht bereuen wir es, alles auf eine Karte gesetzt zu haben. Wir modernen Menschen haben immer einen Fuß in der Tür, und allein diese Tatsache könnte schon dazu beitragen, die Ehe zu schwächen.

Ich will nicht sagen, daß wir dabei sind, die Institution der Ehe aufzugeben. Das Gegenteil ist der Fall. Die Menschen lehnen vielleicht Ehen ab, die unglücklich oder nicht erfüllend sind, aber die meisten Geschiedenen möchten doch wieder heiraten, und etwa drei Viertel von ihnen tun das auch.

Um dem Phänomen der Scheidungen einen positiven Aspekt abzugewinnen: Unsere hohen Scheidungs- und Wiederverheiratungsraten bedeuten, daß wir ein Interesse daran haben, glücklich zu bleiben. Und wir sind immer noch davon überzeugt, daß uns die Ehe glücklich machen kann.

Fast alle Frauen, auch jene mit liebenden Partnern, haben Angst vor der Untreue. Um zu verstehen, was wir tun können, um uns die Treue unseres Partners zu erhalten, müssen wir uns mit den Gründen auseinandersetzen, die ihn in das Bett einer anderen Frau treiben.

Allgemein herrscht die Überzeugung, daß Männer Untreue viel weniger ernst nehmen als Frauen, weil sie, im Gegensatz zu den Frauen, den Sex um seiner selbst willen genießen können, ohne auch nur die geringste emotionale Bindung zu verspüren. Wie die Schauspielerin Joan Fontaine einst sagte: »Das Hauptproblem an der Ehe ist, daß Sex für einen Mann die Befriedigung eines Bedürfnisses darstellt – wie das Stillen des Hungers. Wenn ein Mann hungrig ist und kein elegantes französisches Restaurant in Reichweite ist, geht er eben zur nächsten Würstchenbude. Für Frauen hingegen zählen Liebe und Romantik.«

Aber in Wirklichkeit ist sexueller Hunger nur einer von vielen Gründen, warum Männer fremdgehen, und nicht einmal der wichtigste. Der Grund Nummer eins liegt darin, daß der Mann seine Ehe *aufrechterhalten* will.

Klingt völlig verrückt, nicht wahr? Aber wenn Sie mit so vielen Männern über das Thema gesprochen hätten wie ich, würden Sie beginnen zu verstehen. Die meisten Männer betrügen ihre Frauen, weil sie versuchen, Bedürfnisse erfüllt zu bekommen, die in ihrer Ehe nicht erfüllt werden. Für Männer ist die Ehe zum Teil eine geschäftliche Transaktion, ein Geschäft, das sie im guten Glauben abschließen. Sie haben vor allen Menschen, die ihnen auf der Welt wichtig sind, ja gesagt. Nun wollen sie sich nicht plötzlich umdrehen und nein sagen. Sie bemühen sich, ihren Teil des Vertrags zu erfüllen. Aber sie haben auch Bedürfnisse, die ihnen so wichtig sind, daß sie den Frust und die Gefühle des Unglücklichseins, die die Nichterfüllung dieser Bedürfnisse mit sich bringt, einfach nicht ertragen. Anstatt also ihre Frau zu verlassen – und damit vertragsbrüchig zu werden –, sorgen sie dafür, daß ihre Bedürfnisse anderswo erfüllt werden, so daß sie weiterhin in der Beziehung ausharren können.

Gründe für Fremdgehen,
gegen die Sie etwas tun können

Kameradschaft

»Meine Frau arbeitet als Krankenschwester in der Notaufnahme im Nachtdienst. Ich selbst arbeite den ganzen Tag tagsüber. Wir können einander gerade eben einen Guten-Morgen- und einen Gute-Nacht-Kuß geben. Wir sind eher Wohngenossen als Mann und Frau.«

»Wenn Ginny und ich beide zu Hause sind, werden wir immer mit Hunderten von Ablenkungen bombardiert. Ständig ruft jemand an oder schickt uns ein Fax. Und dann der Computer, vor dem Ginny viel Zeit verbringt. Von unseren Söhnen spreche ich gar nicht ...«

»Als wir heirateten, arbeitete ich, und meine Frau verbrachte den Großteil ihrer Zeit mit unserer Tochter. Sie war immer da und wartete auf mich. Als unsere Tochter in den Kindergarten kam, nahm meine Frau einen Job an, bei dem sie 75 Prozent der Zeit unterwegs ist. In der Nacht bin ich meistens allein.«

Solche Beschwerden hört ein Callgirl den ganzen lieben Tag. Da Familien, in denen beide Partner berufstätig sind, heute die Norm sind, kenne ich eine Unzahl von Paaren, die einander während der Woche kaum sehen

und die die gemeinsame Wochenendzeit, die ihnen
bleibt, zwischen Hausarbeit und Kindern aufteilen müssen. Was in diesen Beziehungen fehlt, ist schlicht und
einfach der freundschaftliche Aspekt.

Die meisten Frauen bewahren sich nach der Hochzeit
ihre Freundinnen, aber die Männer lassen ihre Freundschaften zu anderen Männern häufig einschlafen (falls
sie vor der Ehe überhaupt Freunde hatten). Ein Mann
denkt, daß seine Frau seine Gefährtin und sein Reso-
nanzkörper sein wird – kurz der eine und einzige
Mensch, der ihm seine ganze Aufmerksamkeit widmet
und zuhört, ohne zu urteilen. Dann muß er zu seinem
Mißfallen feststellen, daß er in ihrer täglichen Prioritätenliste ganz unten steht. (1. Einen Babysitter für Samstag organisieren; 2. Aerobic-Kurs; 3. Beim Flohmarkt
helfen; 4. Mutter anrufen; 5. Die Stromrechnung bezahlen; 6. Abendessen machen; 7. Handballspiel der
Tochter; 8. Lebensmittel einkaufen; 9. Wäsche waschen; 10. Sex.)

Diese Männer leiden unter Einsamkeit. Ihr Bedürfnis
nach Kameradschaft bleibt auf der Strecke. Sie haben
das Gefühl, nicht das Verständnis und die Unterstützung zu bekommen, die sie brauchen, geschweige denn
jene, die sie sich wünschen. Wenn sie sich nun also in
Gesellschaft einer anderen Frau begeben, dann suchen
sie paradoxerweise nach einer Freundin, einer Gefährtin. (Wenn diese Gefährtin zufällig auch noch einen
Schmollmund und einen üppigen Busen hat, um so
besser.)

Viele von Ihnen sitzen nun sicher da und sagen: »Ich
wäre ihm gern eine bessere Freundin! Mit Vergnügen!

Wenn er nur *Wert* darauf legte, daß ich mehr Zeit mit ihm verbringe, ich wäre begeistert!« Aber oft wissen wir nicht, daß wir es unseren Männern unbewußt schwermachen, mit uns zu sprechen.

Frauen haben ein naturgegebenes Talent, viele Dinge gleichzeitig zu tun. Wir können gleichzeitig telefonieren und das Abendessen zubereiten, telefonieren und unsere Steuererklärung ausfüllen, telefonieren und die *Ilias* übersetzen. Männer dagegen funktionieren linear. Wenn sie gerade ihre Motown-CDs alphabetisch ordnen, können sie *gleichzeitig* nichts anderes tun, und jede Unterbrechung wird zwangsläufig dazu führen, daß Aretha Franklin neben Martha and the Vandellas zu stehen kommt. Da sie sich immer nur auf eine Sache auf einmal konzentrieren können, sind sie felsenfest davon überzeugt, daß Sie ihnen nur dann zuhören, wenn Sie sich hinsetzen, Augenkontakt herstellen und sie anstarren wie ein Irish Setter (oder wie Nancy Reagan). Sie meinen, es sei Ihnen egal, was sie zu sagen haben, und Sie fänden das Gespräch offensichtlich nicht so wichtig, daß Sie sich die Zeit nehmen und verstehen wollten, worum es wirklich geht. Ich weiß, das klingt lächerlich, aber genau so fühlen viele Männer.

Und natürlich ist es genau das, was ein Callgirl am allerbesten kann: Aufmerksamkeit schenken. Wenn sie von einem Mann besucht wird, hat sie nichts anderes im Kopf als ihn. Sie denkt weder an die Wäsche noch an ihre Freunde, die Kinder oder die Beförderung, die ihr durch die Lappen geht, wenn sie diesen großen Bericht nicht noch in dieser Woche fertigbringt. In diesem Augenblick gibt es ihn und nur ihn.

Natürlich ist es unrealistisch, von Ihnen, die jede Menge anderer Pflichten hat, zu erwarten, daß Sie in dem Augenblick, in dem Ihr Mann zur Tür hereinkommt, alles liegen- und stehenlassen. Aber wenn es um Emotionen oder Gefühle geht, sind die Menschen nicht immer vernünftig. Ein Mann weiß vielleicht, daß er zuviel erwartet, aber trotzdem will er, was er will, und zwar dann, wann er es will. Eine Freundin erzählte mir, daß ihr ehemaliger Freund einmal etwas sagte, was meiner Meinung nach ziemlich typisch ist für die männliche Psyche: »Ich bin einer jener Männer, die es verdienen, Frauen zu haben, die sie eigentlich nicht verdienen.«
Ich denke, das ist eine ziemlich gute Erklärung der männlichen Denkweise über Beziehungen.

Eine Frau, die ihm das Gefühl gibt, etwas Besonderes zu sein

Wahrscheinlich beginnt alles in dem Augenblick, in dem ihn seine Mutter ein bißchen zu überschwenglich dafür lobt, daß er das Töpfchen benutzt. Von diesem Punkt an wünscht sich jeder Mann, daß er in seinem Leben immer so viel Wertschätzung genießen wird.
Seit jeher erkennen die Frauen auch im größten Rohling diesen kleinen Jungen. Und bevor Sie heirateten, haben Sie sich wahrscheinlich unbewußt bemüht, diesem Verlangen Ihres Mannes nach Anerkennung entgegenzukommen. Nun geben Sie's schon zu: Auch die eingefleischteste Feministin unter uns hat schon irgendwann einmal, wenn sie mit einem Mann im Bett lag, an seinen Bizeps gefaßt, ihn gedrückt und anerkennend gegurrt: »Ooooh, ist der aber *hart*.« Und auch der ab-

geklärteste, sensibelste New-Age-Typ hat sich darüber gefreut.

Aber sehen wir der Wahrheit ins Auge: Es ist unrealistisch von den Männern, von uns Frauen zu erwarten, daß wir ihnen ihr Leben lang soviel Lob und blauäugige Bewunderung entgegenbringen, so wie es von den Frauen unrealistisch ist, von ihren Männern zu erwarten, daß sie alle zwanzig Minuten »ich liebe dich« sagen. Ihre Einstellung ist: *»Hey, ich habe dich immerhin geheiratet, nicht wahr? Ich komme jeden Abend nach Hause, und du bist zeichnungsberechtigt für mein Bankkonto. Warum muß ich dir die ganze Zeit sagen, daß ich dich liebe?«*

Und wir sagen zu uns selbst ja auch mehr oder weniger dasselbe: *»Ich wasche die Wäsche, ich koche, ich versorge die Kinder. Wie kann er auf die Idee kommen, daß ich nicht glaube, daß er etwas Besonderes ist?«*

Die Wahrheit ist: Sie können Ihrem Mann nicht oft genug sagen, daß er wunderbar ist, daß er etwas ganz Besonderes ist oder daß das, was er gerade für Sie tat, das Schönste war, was jemals jemand für Sie getan hat. (Wie es Marlene Dietrich einst ausdrückte: »Der durchschnittliche Mann interessiert sich stärker für eine Frau, die sich für ihn interessiert, als für eine Frau mit schönen Beinen.« Sie muß es ja gewußt haben.) Oder wie ist dieses alte Klischee, daß die meisten Männer Hunde mögen und die meisten Frauen Katzen, Ihrer Meinung nach sonst entstanden? Die Frauen mögen unabhängige Tiere, die – ohne sie zu sehr vermenschlichen zu wollen – wählerisch sind. Eine Katze sucht sich einen Menschen als ihren speziellen Gefährten, aber sie wedelt nicht mit dem Schwanz und ist nicht unterwürfig. Männer hingegen wollen bedingungslose Liebe und Zuneigung, von wem auch immer. Und sie sind nicht so skeptisch wie wir, was die Aufrichtigkeit oder die Tiefe dieser Liebe anbelangt. Sie nehmen sie hin als etwas, was ihnen zusteht, ohne groß nachzufragen.

Geistige Erfüllung

Das Schweigen senkt sich wie ein dicker, nasser Nebel über den Abendtisch. Die Uhr tickt. Irgendwo läutet eine Glocke. Ein Satz wird begonnen und verliert sich rasch in der Bedeutungslosigkeit.

Ist das der Beginn eines Harold-Pinter-Stücks oder die Beschreibung eines Tages in Ihrem Leben?
Wenn Sie und Ihr Mann nichts Aufregendes zu besprechen haben als das, was der kleine Jason heute im Kindergarten gemacht hat oder was in der letzten Folge Ihrer Lieblingsfernsehserie passiert ist, dann sollten bei Ihnen die Alarmglocken läuten. Männer gehen fremd, wenn sie ihren Frauen nicht mehr viel zu sagen haben. Normalerweise beginnt alles ganz unschuldig, wenn einer der Partner intellektuelle Anregung sucht. Das ist nicht der Typ, der hinausgeht und ein Callgirl anruft. Er sucht niemand Bestimmten, aber eines Tages lernt er an seinem Arbeitsplatz oder im Fitneßklub eine Frau kennen und kommt mit ihr ins Gespräch. Plötzlich bemerkt er: »Hey, das ist eine interessante Frau.« Wenn es sich um eine Berufskollegin handelt, wird sie bei der

nächsten Firmentagung ebenfalls anwesend sein. Sie werden gemeinsam zu Abend essen und sich locker unterhalten. Und was dann folgt, das wissen Sie schon … nun, das Hotelzimmer ist ja nur ein paar Etagen höher. Diese Art von Affäre ist die stärkste Bedrohung für eine Ehe, vor allem dann, wenn der Mann keinen großen männlichen Freundeskreis hat, in dem er sich geborgen fühlt und Gespräche führen kann. In diesem Fall entwickelt sich fast immer echte Intimität, da die Frau sowohl zu seiner Geliebten als auch zu seiner Vertrauten wird.

Er hat seine Identität verloren

Mein Freund Hugh erklärte mir seine Affäre so: »Meine Frau gehört zu jenen, die glauben, daß ein Ehepaar alles teilen muß. Damit meine ich wirklich *alles*. Wir sind nie ohne den anderen ausgegangen, und es gab kein Hobby und kein Interesse, das wir nicht gemeinsam hatten. Wenn ich zum Beispiel mit einem Freund ein paar Tage fischen gehen wollte, erwachte in Gina plötzlich der Wunsch, alles über das Fischen zu erfahren. Eines Tages lag ich im Bett, sah Gina an und dachte, wie attraktiv sie war – aber es war eine *intellektuelle* Art der Anerkennung, verstehst du? Ich *fühlte* sie nicht. Wir waren so sehr verschmolzen, daß es sogar beim Sex für mich so war, als liebte ich einen Teil meiner selbst. Wir waren *zu sehr* zusammengewachsen. Ich fühlte mich verloren. Ich wußte nicht mehr, wo sie endete und wo ich begann.« Intimität ist eine Sache, aber *Ersticken* ist eine andere. Das Traurige ist, daß viele Frauen den Unterschied nicht erkennen. Die meisten Menschen sind einfach nicht für die vollkommene Einheit geschaffen. Ein Mann, der in einer Beziehung sein Identitätsgefühl, sein Selbst verliert, ist gefährdet, es durch eine Affäre wiederzuentdecken.

Die (ehelichen) Spielregeln haben sich verändert

Als Sie heirateten, versicherten Sie ihm, daß Sie sich nichts stärker von ihm wünschten, als daß er seine Karriere als Schriftsteller vorantreiben sollte. Nein, Sie brauchten kein eigenes Haus. Ein gemietetes reichte völlig aus. Nein, Kinder waren für die nächste Zeit nicht vorgesehen. Nein, Sie würden ihm niemals Ihre religiösen Überzeugungen aufzwingen.

Aber nun, nach einigen Ehejahren, erkennen Sie, daß sich Ihre Bedürfnisse verändert haben, und Sie sind erstaunt, wenn nicht verärgert, daß das nicht auch bei ihm so ist. Sie wollen Kinder, und zwar *jetzt*, und Kinder kosten mehr, als ein aufstrebender Schriftsteller verdient. Sie wollen ein Heim und ein Auto, und das schaffen Sie mit Ihrem Einkommen allein nicht. Warum erkennt er nicht, wie wichtig es für ihn wäre, einen richtigen Job anzunehmen? Und wenn Sie schon dabei sind – würde es ihn umbringen, wenn er Sie von Zeit zu Zeit in die Kirche begleitete?

Mag sein, daß Ihre Wünsche und Forderungen vollkommen gerechtfertigt sind. Das Problem dabei ist, daß Sie und Ihr Mann zu Beginn Ihrer Ehe ein Abkommen getroffen haben, und wie er es sieht, brechen nun *Sie* dieses Abkommen, nicht er. Sie sind nicht fair. Außerdem wird in Tausenden kleinen Dingen deutlich, daß Sie ihn nicht so akzeptieren, wie er ist.

Bedauerlicherweise wird er höchstwahrscheinlich eine Frau finden, die das tut.

Flaute in der Karriere

Ein Mann, der gerade seinen Job verloren hat oder bei einer Beförderung übergangen wurde, ist ein Mann, der reif ist für eine Affäre. Warum? Vergessen Sie nicht: Die meisten Männer *sind* ihr Job. Und wenn sie ihn verlieren, verlieren sie sich selbst. Sie fühlen sich zutiefst verunsichert und büßen womöglich jedes Selbstwertgefühl ein. Noch schlimmer aber ist, daß sie glauben, ihr Versagen spiegle sich in den Augen ihrer Partnerin wider, vor allem dann, wenn sie zu verstehen gibt, daß sie sich große Sorgen macht.

Was er sich jetzt mehr als alles andere wünscht, ist ein Neubeginn mit jemandem, der seine Unzulänglichkeiten nicht kennt. Bei einer neuen Frau (oft einer *jüngeren* neuen Frau) kann er wieder der Held sein, der Held, der er einst für Sie war.

Unerwarteter Erfolg

Es ist nicht nur das Versagen, das einen Mann zum Fremdgehen verleiten kann. Mitunter entpuppt sich unvermitteltes Glück als ein ebenso großes Problem. Oft hat eine Ehefrau ihren ehrgeizigen, kämpferischen jungen Mann durch Jahre der Ausbildung oder der beruflichen Härten begleitet, während er die Erfolgsleiter emporkletterte. Vielleicht hat sie ihm auch finanziell geholfen. Sie kennt alle seine Fehler, und sie ist mit seinen kleinen Intrigen ebenso vertraut wie mit seinen Triumphen. Wenn er es schließlich geschafft hat, kann in ihm der Wunsch entstehen, den gesamten Ballast seiner vergangenen Kämpfe abzuschütteln – und dieser Ballast kann auch seine Familie umfassen. Darüber hinaus verspürt er möglicherweise auch das Bedürfnis, alle seine »Accessoires« aufzuwerten, was dazu führt, daß er sich eine neue Garderobe, ein neues Haus und eine neue, junge Frau als Trophäe zulegt.

Denken Sie einmal darüber nach: Wie viele Ärzte, Anwälte und Topmanager mittleren Alters kennen Sie, die immer noch mit ihrer ersten Frau verheiratet sind?

Sexuelle Langeweile

Können Sie sich noch an das »erste Mal« mit Ihrem Mann erinnern? Ihre Knie zitterten, als er Sie küßte; jede seiner Berührungen ließ Ihnen Schauer über den Rücken laufen; Sie konnten es gar nicht erwarten, daß er in Sie eindrang, und er war so aufgeregt, daß er es nicht einmal zwanzig Sekunden aushielt. Aber dann, eine halbe Stunde später, konnte er schon wieder.

Nun denken Sie an Ihren Sex in letzter Zeit (falls Sie überhaupt welchen hatten). Suchen Sie nach Entschuldigungen, um nicht zu »müssen«? Oder erklären Sie sich zwar dazu bereit, aber offensichtlich nur deshalb, weil sie ihm einen Gefallen tun wollen? (Das sprichwörtliche Auf-die-Uhr-Sehen.)

Die sexuelle Langeweile hat epidemische Ausmaße erreicht. Wo Begeisterung, Spontaneität und Leidenschaft fehlen, sind der Affäre Tür und Tor geöffnet.

Ich weiß, Sie sind es leid, das zu hören. Sie argumentieren ganz vernünftig, daß Sie nach einem langen Arbeitstag, nach dem Vorbereiten des Abendessens und nachdem Sie die Hausarbeiten Ihrer Kinder kontrolliert haben, um elf Uhr abends an alles andere, nur nicht an Sex denken. Dann beginnen Sie sich schuldig zu fühlen. Wenn Sie sich vier Tage hintereinander entziehen, fühlen Sie sich am fünften Tag verpflichtet. Und da er *weiß*, daß Sie nur um des lieben Friedens willen zustimmen, wird er versuchen, Sie nicht zu sehr zu belästigen. Das Ganze ist Ihnen etwas unangenehm, und beim nächsten Mal haben Sie noch weniger Lust. Nun, Sie sehen, wie schnell sich der Teufelskreis schließt.

Über sexuelle Langeweile redet es sich nicht leicht. In Frauenmagazinen wird uns ständig erklärt, daß wir die Kommunikationsleitung zu unserem Partner offenhalten müssen, und das stimmt auch. Aber haben Sie es schon jemals wirklich versucht? Wie sagt man einem Menschen, den man liebt: »Liebling, ich habe in letzter Zeit viel nachgedacht, und ich muß sagen, daß unser Sexualleben keinen Hund hinter dem Ofen hervorlockt. Ich würde es fast lieber ganz lassen, bevor du das Ganze möglichst schnell hinter dich bringst, damit du dich deiner nächsten Aufgabe zuwenden kannst. Ich finde, daß wir an unserer sexuellen Beziehung arbeiten müssen.« Das will Ihr Mann sicher nicht hören.

Damit er Ihnen also nicht zur Last fällt und damit er mit jemandem zusammensein kann, der das Ganze nicht als lästige Pflicht betrachtet, wird er versuchen, eine andere Frau zu finden.

Wenn eine Frau den Sex mit ihrem Mann langweilig findet, wird sie sich *vielleicht* einen Liebhaber suchen. Wahrscheinlicher aber ist, daß sie zu der Überzeugung gelangt, daß das Leben eben so sei, und sich verstärkt ihren Romanen oder anderen Ablenkungen zuwendet. Aber ein sexuell gelangweilter Mann neigt eher dazu, hinauszugehen und für Sex zu bezahlen. Seine Bedürfnisse sind klar definiert: Er möchte nicht unbedingt eine neue Beziehung, sondern er möchte nur Sex mit einer Frau, die zumindest Spaß daran zu haben *scheint*.

Unerfüllte sexuelle Bedürfnisse

Viele Frauen sagen: »Oh, unser Sexualleben ist ziemlich gut. Wir tun es ein paarmal die Woche, und wir widmen dem Sex die Aufmerksamkeit, die er verdient.« Das ist vielleicht richtig. Aber es erinnert mich an einen dieser Kommentare, die Lehrer seit jeher unter Prüfungsarbeiten schreiben, die zwar gut, aber nicht sehr gut sind: »Sehr gut, *soweit du dich mit dem Thema auseinandergesetzt hast*.«

Vielleicht ist Ihnen entgangen, daß Ihr Partner sexuelle Bedürfnisse hat, die ihm zu peinlich sind, als daß er sie Ihnen mitteilen könnte, Dinge, von denen er glaubt, Sie würden sie schmutzig oder schockierend finden.

Vielleicht würden Sie das auch wirklich, aber manchmal handelt es sich aber dabei um ganz banale Dinge wie etwa oralen Sex. (Selbst in den relativ lockeren achtziger Jahren, als ich Cachet führte, war es nichts Ungewöhnliches, daß ein Kunde zu uns kam, der in seinem Leben noch nie Oralsex gehabt hatte.) Oder vielleicht genießen Sie den Sex in einer oder zwei Positionen und verspüren daher keine Motivation, etwas anderes auszuprobieren.

Dann gibt es natürlich jede Menge Männer, die das ausprobieren wollen, was die Profis »Phantasien« nennen und was Sie wahrscheinlich als perverses Zeug empfinden. Ich ziehe eine neutrale Ausdrucksweise vor und nenne es »außergewöhnliche sexuelle Präferenzen«. Dazu gehören Fessel- und Dominanzspiele, Transvestismus, Fußfetischismus, Phantasierollen- und Sado-Maso-Spiele.

Die meisten Männer wollen ihr Macho-Image vor ihrer Frau unbedingt aufrechterhalten. Deshalb ziehen sie es vor, für diese Art von Spielen ein Callgirl anzuheuern und zu bezahlen. Eine Freundin konfrontieren sie meist nicht mit einer solchen Bitte, unter anderem deshalb, weil für eine Phantasie ein bestimmtes Maß an Realitätsferne notwendig ist. Ein Callgirl, das mit dem Alltagsleben des Kunden nichts zu tun hat, kann die Spannung der Inszenierung daher noch verstärken.

Das Bedürfnis, wieder unabhängig – und Single – zu sein

Wenn ein Mann älter wird, muß er immer mehr Rollen ausfüllen: Ehemann, Vater, Sohn, Chef, Mitarbeiter. Manch ein Mann verspürt das dringende Bedürfnis, sich von diesen Rollen, die unweigerlich Verpflichtungen mit sich bringen, loszumachen und wieder in jene Zeiten zurückzukehren, in denen der nunmehrige Vater/Ehemann/Mitarbeiter nichts weiter war als »ein Mann«, ungebunden und frei. (Dieses Bedürfnis nach Unabhängigkeit wird oft dann virulent, wenn sich einer seiner engen Freunde scheiden läßt. Einerseits tut ihm der Freund leid, andererseits beneidet er ihn aber auch, meist aus der – falschen – Vorstellung heraus, daß der geschiedene Mann nahtlos in die Freiheit seiner Jugendzeit zurückkehren kann.)

Bei einem Callgirl kann ein Mann natürlich alles sein, was er sein will. Wenn er sich im realen Leben geprügelt und geknechtet fühlt, kann er beim Callgirl (oder bei seiner Geliebten) der große Held sein. Wenn er im wirklichen Leben immer derjenige ist, der die Entscheidungen treffen und Verantwortung tragen soll, überläßt er in seinem »alternativen« Leben alle Entscheidungen der Prostituierten.

Je stärker ein Mann, der mit seinem eigenen Leben unzufrieden ist, davon überzeugt ist, daß ihn ein Callgirl oder eine Geliebte »verwandeln« kann, desto größer ist die Wahrscheinlichkeit, daß er ihre Gesellschaft sucht.

Sexuelle Unerfahrenheit

Das ist häufig der Grund, warum ein Mann fremdgeht, der seine High-School-Liebe (oder das Mädchen, mit dem er in seiner Collegezeit befreundet war) geheiratet hat. Vielleicht hatte er nur mit ihr – oder höchstens mit einer oder zwei anderen Frauen – Sex. Nun kommt ein solcher Mann in die Vierziger oder Fünfziger, hat seinen Karrierehöhepunkt überschritten, die Kinder, die er in einem Alter bekam, in dem er selbst fast noch ein Kind war, sind außer Haus, und plötzlich muß er in Zeitschriften und im Fernsehen sehen, daß sich bei den anderen neue und faszinierende Sexpartner die Türklinke in die Hand geben und daß alle viel mehr Spaß zu haben scheinen als er. Nun denkt er unweigerlich: *War das wirklich alles? Was habe ich versäumt?* Wenn der Sex zu Hause nach all den Jahren mit derselben Partnerin zur Routine geworden ist, möchte er nun in sexueller Hinsicht alles und jedes ausprobieren. Ein solcher Mann wird unweigerlich auf den Knien zu seiner Frau zurückrutschen, aber nicht bevor er auf die Jagd gegangen ist.

Er braucht mehr Sex

In dem Woody-Allen-Film *Der Stadtneurotiker* gibt es eine unvergeßliche Szene. Alvie Singer (Woody Allen) und Annie (Diane Keaton) sprechen mit ihren jeweiligen Therapeuten über ihr Sexualleben. Allens Therapeut fragt ihn, wie oft er Sex mit Keaton habe, und Allen antwortet: »Niemals. Etwa dreimal die Woche.« Keatons Therapeutin stellt ihr dieselbe Frage, und sie schnappt zurück: »Dauernd. Etwa dreimal die Woche.« Diese Diskrepanz des Verlangens ist eines der häufigsten Probleme, mit denen sich Therapeuten (und Callgirls) auseinandersetzen müssen. Vielleicht haben Sie mit Ihrem Partner zwei- oder dreimal die Woche Sex, aber er hat das Gefühl, Anspruch auf einmal – oder, wenn er noch sehr jung ist, zweimal – täglich zu haben. Dieser Typ will die Beziehung, die er mit Ihnen hat, nicht aufs Spiel setzen, und er genießt den Sex mit Ihnen. Aber er weiß, daß sich bei Ihnen Aggressionen gegen ihn aufstauen, wenn er Druck macht, um mehr zu bekommen. Es gibt auch Männer, deren Frauen krank sind und deswegen keinen Sex mit ihnen haben können. Wir hatten bei Cachet mehrere Kunden, deren Frauen an der Alzheimerschen Krankheit oder unter multipler Sklerose litten oder in der Schwangerschaft keinen Sex haben durften – neun Monate sind eine überlange Wartezeit.

Sie bezahlten für Sex, weil sie nicht an einer Beziehung interessiert waren, und deshalb wollten sie auch die Distanz zu der betreffenden Frau aufrechterhalten.

Er findet Sie sexuell nicht mehr attraktiv

Wenn ich mit Männern zu tun habe, die fremdgehen, weil sie ihre Frauen sexuell nicht mehr attraktiv finden, erinnere ich mich immer an Humbert Humbert in Nabokovs *Lolita* und die Art und Weise, wie er auf seine erste Frau reagierte. In dem verzweifelten Versuch, seine pädophilen Impulse unter Kontrolle zu halten, nimmt er sich eine Frau, die seinem Ideal einer blutjungen, verspielten, gelockten, peitschenschwingenden Gespielin am ehesten entspricht. Aber am Ende der Flitterwochen ...

Die gebleichte Locke offenbarte ihre Melaninwurzel; der Flaum auf dem rasierten Schienbein wurde zu Stacheln; der bewegliche feuchte Mund, sosehr ich ihn auch mit Liebe stopfte, enthüllte seine schmähliche Ähnlichkeit mit dem entsprechenden Teil auf einem hochverehrten Portrait ihrer krötenhaften, toten Mama; und bald hatte Humbert Humbert, statt eines blassen kleinen Gassenmädchens eine aufgedunsene, kurzbeinige, dickbrüstige und so gut wie hirnlose baba.

Eine qualvolle und trotzdem realistische Darstellung sexueller Desillusionierung.

Sie haben also zugenommen, Sie haben aufgehört, Make-up zu tragen, Ihr Haar hängt Ihnen in formlosen

Strähnen um den Kopf. Wenn eine Frau nicht mehr auf ihr Äußeres bedacht ist, sagt man, daß sie »sich gehenläßt« – eigentlich ein eigenartiger Ausdruck, wenn man darüber nachdenkt. Auf einer Ebene impliziert er eine gewisse Art von Freiheit, von Befreiung: Mit ist es schnurzegal, was die anderen von mir denken. Ich brauche der Göttin »äußeres Erscheinungsbild« nicht länger zu huldigen. Auf einer anderen Ebene ist diese Vorstellung aber mehr als abschreckend: Wir haben die Kontrolle über einen wichtigen Teil unserer selbst verloren und können sie anscheinend nicht zurückgewinnen.

Ein Mann kann Ihr mangelndes Interesse an Ihrem Aussehen aber auch noch anders interpretieren: Wenn es Ihnen nicht mehr wichtig ist, wie Sie aussehen, legen Sie auch keinen Wert mehr darauf, für *ihn* gut auszusehen, und deshalb haben Sie wohl das Interesse an seiner gesamten Person verloren.

Übrigens erfordert der Versuch, die sexuelle Attraktivität für den eigenen Mann zu verbessern, nicht unbedingt eine Gesichtsstraffung oder eine neue Garderobe. Die meisten Männer haben durchaus realistische Erwartungen. Sie brauchen nicht auszusehen wie eine Glamour Queen und ganz sicher nicht so jung wie an Ihrem Hochzeitstag. (Wahrscheinlich ist das der Grund, warum uns der liebe Gott im fortgeschrittenen Alter die Kurzsichtigkeit schenkt – damit uns nicht jede Falte und jedes graue Haar unseres Partners auffallen.) Sie brauchen nichts weiter zu tun als sich ein bißchen anzustrengen. Paradoxerweise beweist ihm ein bißchen Eitelkeit Ihrerseits, daß Sie sich bemühen – um ihn, um sich selbst und um Ihre Beziehung.

Er sucht jemanden,
der seine Interessen mit ihm teilt

Es erstaunt mich immer wieder, was Frauen im Namen der Liebe zu mögen vorgeben. Eine meiner Freundinnen, eine New Yorker Anwältin, die Tiere nicht ausstehen kann, verliebte sich Hals über Kopf in einen Tierarzt und verbringt nun ihre gesamte Zeit mit ihm und seinen vier riesigen Labrador-Hunden. Eine andere Freundin, die es kaum schaffte, in ihrem eigenen Heim Glas, Kunststoff und Zeitungen vom Restmüll zu trennen, verguckte sich in einen Umweltaktivisten. Raten Sie, was als nächstes passierte: Als ich sie wieder traf, kompostierte sie in ihrem Garten Biomüll und leistete Freiwilligenarbeit in einem Recycling-Center.

Das Problem liegt darin, daß wir uns auf lange Sicht nicht verstellen können. Ein Mann, der mit Ihnen eine Beziehung in dem guten Glauben eingeht, daß Sie seine Faszination für Muscheln *wirklich* teilen, wird mit heftiger Enttäuschung reagieren, wenn er entdeckt, daß die einzige Art von Meerestieren, für die Sie sich wirklich interessieren, gekochte Hummer sind.

Letztes Jahr kam nach einem meiner Seminare eine Frau zu mir und sagte: »Ich bin wirklich froh, daß ich hierhergekommen bin. Mir ist bewußt geworden, daß mein Mann und ich nicht mehr die Dinge tun, die wir taten, bevor wir verheiratet waren. Er ist zum Beispiel ein begeisterter Softball-Spieler. Früher habe ich ihn zu jedem Spiel begleitet. Ich brachte Sandwiches mit, und ich saß auf der Zuschauertribüne und feuerte sein Team an. Heute habe ich nicht mehr das Gefühl, daß das notwendig ist. Ich habe Besseres zu tun als meinem Mann dabei zuzusehen, wie er sein Spiel perfektioniert. Aber in letzter Zeit hat er so viel Aufhebens darum gemacht, und ich habe gar nicht verstanden, warum. Jetzt sehe ich klarer.«

Einer meiner ehemaligen Liebhaber, mit dem ich immer noch befreundet bin, verließ vor kurzem seine langjährige Freundin. Was war der Grund? »Ich dachte immer, daß wir die Leidenschaft für die Fotografie teilen würden«, erzählte er mir. Er liebt es, Fotoausstellungen zu besuchen und am Wochenende selbst zu fotografieren. In den ersten Jahren ihrer Beziehung begleitete sie ihn. Aber es war nicht ganz die Leidenschaft, die sie ihm vorgegaukelt hatte, und deshalb begann sie nach und nach, sich zurückzuziehen. So traf er an einem Wochenende, als er allein fotografierte, eine Frau, die dasselbe tat. Raten Sie, was passierte! Zuerst lud er die Frau nur deshalb ein, ihn zu begleiten, weil er nicht allein sein wollte. Aber dann verbrachten sie immer mehr Zeit miteinander, und sie unterhielten sich prächtig. Bald war sie für ihn eher eine Partnerin als seine Freundin.

Wenn Sie Ihrem Partner also jemals geschworen haben, seine Interessen zu teilen, und wenn sich diese Interessen in nichts auflösten, sobald sie ihn an Land gezogen hatten, muß er das Gefühl haben, getäuscht worden zu sein. Und damit hat er nicht ganz unrecht.

Er wünscht sich jemanden, der das Leben nicht so ernst nimmt

Viele Männer vertrauten meinen Mädchen an, daß sie wenigstens für kurze Zeit jemanden brauchten, mit dem sie auch über etwas anderes reden konnten als immer nur über Pflichten und Zwänge: die Kinder, die Rechnungen, Pater Murphys Sonntagspredigt in der Kirche. Sie wollten ein bißchen lachen und Spaß haben. Das Leben war für sie viel zu ernst geworden.

Bei solchen Männern entspinnen sich Affären auf ganz unschuldige Weise. Sie entdecken, daß ein Gespräch mit einer Frau, die sie kennenlernen, vollkommen angst- und streßfrei sein kann. Es ist einfach nur ein Gespräch – sie müssen daraufhin in keiner Weise *aktiv* werden. Da Kinder, Haushaltsfragen oder andere gemeinsame Pflichten wegfallen, kann man über Banalitäten – die Lokalpolitik oder einen neuen Witz aus dem Internet – sprechen. Ein Mann unterhält sich einfach gut mit einer Frau, die ihn amüsant findet. Und bald hat er sich in ihrem Netz gefangen.

Männer, die fremdgehen, weil es ihnen in ihrer Beziehung an Leichtigkeit mangelt, haben Affären, die nicht besonders lang dauern. Früher oder später (im allgemeinen früher) wird auch diese Affäre zu einem mit zu großer Ernsthaftigkeit befrachteten Teil ihres Lebens. Deshalb gehen diese Männer oft zu Profis, wenn sie sich ohne jede Verpflichtung einfach ein bißchen amüsieren wollen.

Die Ehe ist zu einem einzigen, großen Test geworden

Wenn Ihr Partner zu Ihnen sagt: »Du siehst in diesem Kleid heute großartig aus« – was denken Sie dann? Vielleicht: Was meint er? Habe ich gestern nicht ebensogut ausgesehen? Oder meint er, daß er dieses Kleid *heute* an mir mag, aber daß ich letztes Mal, als ich es trug, nicht so gut darin ausgesehen habe? Oder versucht er anzudeuten, daß er *dieses* Kleid mag, aber daß ich den Rest meiner Garderobe einer gemeinnützigen Organisation spenden sollte? Was will er mir sagen?

Viele Frauen stellen ihre Beziehung in den Mittelpunkt ihres Lebens, sind sich jedoch gleichzeitig der Liebe ihres Partners nicht sicher, so daß sie ständig nach Beweisen für diese Liebe suchen. Diese Frauen inszenieren ständig kleine Tests und machen die Beziehung auf diese Weise zu einem Minenfeld. »Findest du mich dick?« – »Bin ich intelligenter als deine letzte Freundin?« Jede von uns, ich selbst nicht ausgenommen, hatte zu irgendeinem Zeitpunkt ihres Lebens eine derartige Beziehung, und deshalb wissen wir, welchen Schaden ein solches Verhalten anrichten kann.

Vielleicht ist Ihr Partner ein Workaholic und hat nur wenig Zeit für Sie. Oder vielleicht haben Sie einen guten Grund für Ihre Unsicherheit, weil Sie ihn in der Vergangenheit schon einmal dabei ertappten, daß er Sie betrog. Aber selbst wenn Ihre Zweifel absolut gerechtfertigt sind, werden Sie ihn mit Ihrer Verzweiflung über Ihre Beziehung vermutlich von sich wegtreiben. Ein übergroßes Bedürfnis nach Sicherheit und Nähe kann bei einem Mann Panik auslösen. In ihm entsteht das Gefühl, daß Sie nie zufrieden sind, was immer er auch tut und wie immer er Ihre Fragen auch beantwortet. Die Folge ist, daß er sich zu einer Frau hingezogen fühlt, die nicht daran interessiert ist, die Beziehung den lieben langen Tag zu analysieren und in Frage zu stellen.

Gründe für Fremdgehen, gegen die Sie nichts tun können

Ich will in keiner Weise andeuten, daß es unbedingt an Ihnen liegen muß, wenn Ihr Mann fremdgeht, und daß Ihre Beziehung eine reine Idylle wäre, wenn Sie nicht diese und jene schrecklichen Fehler oder Unzulänglichkeiten hätten. Im nächsten Kapitel werde ich darüber sprechen, wie Sie mit den oben beschriebenen Gründen für das Fremdgehen umgehen können. Aber es gibt auch Gründe, gegen die man absolut nichts tun kann. Und damit meine ich *überhaupt nichts* – ganz gleich, wie schön und wundervoll Sie sind, ganz gleich, wie oft Sie ihn mit nichts als Reizwäsche am Körper empfangen, wenn er nach Hause kommt. Wenn Sie also zu der Erkenntnis kommen, daß Ihr Mann Sie aus einem der in folgenden angeführten Gründe betrügt, sollten Sie ernsthaft darüber nachdenken, sich privat zu verändern.

Nur zum Spaß

Diese Typen haben Affären, einfach nur, weil sie sie genießen. Für die meisten Frauen ist es schwer, das zu verstehen, weil unsere eigenen Affären fast immer einen Grund haben: Wir fühlen uns vernachlässigt, der Sex mit unseren Männern ist langweilig oder unangenehm, wir lieben unseren Partner nicht mehr. Ein Mann kann seine Frau durchaus lieben (oder zumindest nach seiner eigenen Definition), aber trotzdem das Bedürfnis haben, mit anderen Frauen zu schlafen. Er glaubt nicht an die Monogamie. Er liebt die Abwechslung, er liebt Frauen, und mit seinem Ehegelübde nimmt er es nicht allzu ernst. (Wer fällt in diese Kategorie? Männer wie Ted Kennedy, Jimmy Swaggart, Mick Jagger, Michael Douglas.)

Befriedigung seines Egos

Wenn er seine Männlichkeit primär über das definiert, was er in der Hose hat, wird ihn nichts vom Fremdgehen abhalten. Sex ist für ihn die einzige Möglichkeit, sein wackeliges Selbstwertgefühl aufzupäppeln. Die Jagd, der Wettkampf, die *tatsächliche* Verführung geben ihm das Gefühl zu leben. Oft sind das die Männer, die nur One-Night-Stands haben. Sie suchen nicht nach einer Beziehung, sondern ihnen genügt das Wissen, so attraktiv zu sein, daß sich immer eine Frau findet, die mit ihnen ins Bett steigt.

Der Wunsch nach schnellem, unkompliziertem, »schmutzigem« Sex

Ich will dieses Syndrom einmal das Hugh-Grant-Syndrom nennen. Ausgerechnet ein junger Schauspieler, der alles zu haben scheint – eine Familie, eine wunderschöne Freundin, eine Topkarriere –, wird in seinem Auto mit heruntergelassenen Hosen bei einem »Blow Job« mit einer Straßenprostituierten erwischt. Jay Lemo stellte ihm dazu die unvergeßliche Frage: »Was, zum Teufel, haben Sie sich dabei gedacht?«

Wahrscheinlich nichts Besonderes. Und schließlich und endlich sagt sein Verhalten nichts darüber aus, ob oder wie sehr er seine Freundin liebte. Grant hat einfach, wie so viele andere Männer auch, ein unkontrollierbares Verlangen nach schnellem Sex ohne Beziehungsbande (sogar ohne jede Verpflichtung zum Small talk, die er bei einer gehobeneren Prostituierten hätte) und mit einem kleinen Quentchen Gefahr. Für manche Männer hat Sex, der ihrer Meinung nach sowohl für sie selbst als auch für die betroffene Frau entwürdigend ist, etwas Aufregendes.

Der Spannung wegen

Diese Männer sind so ähnlich wie jene, die billigen, unkomplizierten Sex wollen. Es ist nicht nur die Jagd oder der neue Körper, sondern es ist die Gefahr des Erwischtwerdens, die ihr Bedürfnis fremdzugehen anfacht. Sie hinterlassen absichtlich Spuren ihres Tuns – den Lippenstift am Kragen, die Visarechnung mit den unerklärlichen Hotelspesen.

Die Männer, die auf der Jagd nach Spannung sind, kommen oft aus sexuell repressiven Verhältnissen. Können Sie sich noch an das Debakel des Fernsehpredigers Jimmy Swaggart erinnern? Auch er hatte es nicht *notwendig*, ein Mädchen an der Straßenecke aufzulesen und sie für das Blasen zu bezahlen. Er hatte genügend Geld, um seine Phantasien in einem teuren Hotel auszuleben. Aber irgendwie wünschte er sich wahrscheinlich, erwischt und für seine »Sünden« bestraft zu werden.

Wie die Männer, die Affären ohne Verpflichtung wollen, sind diese Männer oft Kunden von Massagesalons, Peep-Shows oder Straßenprostituierten.

Der Wunsch, den anderen
um eine Nasenlänge voraus zu sein

Das ist der Typ, der es genießt, mit bestimmten Dingen durchzukommen. Er schwindelt bei seiner Steuererklärung, stiehlt Süßigkeiten aus dem Tante-Emma-Laden nebenan oder versucht um die Bezahlung einer Rechnung herumzukommen, weil er beschlossen hat, daß sie ihm zu hoch erscheint. Für ihn geht es bei den alltäglichen Ereignissen des Lebens um Gewinnen oder Verlieren, und er selbst unterteilt die Leute ebenfalls in Gewinner und Verlierer. Gewinner brauchen sich den Regeln und Vorschriften, an die sich die Verlierer halten müssen, nicht zu unterwerfen. Ein solcher Mann verspürt das starke Bedürfnis, sich den »kleinen Leuten«, die ihn umgeben – auch Ihnen –, überlegen zu fühlen. (Es überrascht nicht, daß dieser Mann oft eifersüchtig auf *Ihrer* Treue besteht, ganz gleich, wie flatterhaft sein eigenes Verhalten ist. Ein Gewinner wird von seiner Frau nicht betrogen.)

Die Unfähigkeit,
sexuelle Impulse zu unterdrücken

Praktisch jeder verheiratete Mensch fühlt sich zu bestimmten Zeiten zu anderen Personen als zu seinem Partner hingezogen. Den meisten von uns sind jedoch die Konsequenzen eines Nachgebens auf diesen Impuls von vornherein klar. Wir unterdrücken unsere Wünsche, weil wir unsere Ehe, unser Haus und unseren Verstand nicht verlieren möchten.

Aber es gibt Menschen, die ihre sexuellen Bedürfnisse nicht unterdrücken können. Vielleicht rührt dieses Verhalten zum Teil noch aus ihrer High-School-Zeit, als Sex etwas so Begehrtes und so schwer Erhältliches war, daß sie immer noch meinen, ihn nicht ablehnen zu dürfen. In ihren extremeren Erscheinungsformen bezeichnen wir diese Menschen als sexsüchtig (oder weniger freundlich als Charakterschweine). Aber so wie ich den Kellner immer bitte, mir mit dem Gedeck kein Brot und keine Butter zu bringen (weil ich es einfach essen muß, wenn es einmal daliegt), gibt es Männer, die eine Frau einfach nicht abweisen können, wenn sie auch nur den geringsten Anflug von Interesse an ihnen bekundet.

Das ungeplante und spontane Erlebnis

Viele Männer sagen, daß eine Affäre »einfach passiert« sei, aber es gibt nur wenige Seitensprünge, die tatsächlich so spontan entstehen. Es gibt jedoch Fälle, in denen ein Mann auf Geschäftsreise ist. Er schaut sich um, merkt, daß ihn niemand beachtet, und kommt zu dem Schluß, daß kein Mensch von dem Seitensprung Notiz nehmen wird. Er wird diese Frau nie wiedersehen, und da ist sie und bietet sich ihm an.

In einer berühmten Episode der Fernsehserie M.A.S.H. gestand Colonel Potter (Harry Morgan), der treueste aller Ehemänner, Hawkeye (Alan Alda) einen solchen einmaligen Seitensprung ein. Die Szene ist erinnerungswürdig und bewegend, weil sich der Mann wegen eines einmaligen Fehltritts, der noch dazu dreißig Jahre zurückliegt, in Schuldgefühlen windet. Wir alle sollten einmal so viel Glück haben: Einen Ehemann, der einmal etwas falsch machte, es bereut, uns mit dem Wissen nicht belastet und es nie wieder tut.

Aus Wut

Vielleicht haben Sie einen Job angenommen, bei dem Sie viel Zeit außer Haus verbringen, vielleicht verdienen Sie mehr Geld als Ihr Mann, oder vielleicht gefällt es ihm nicht, wieviel von *seinem* Geld Sie ausgeben. Vielleicht denkt er auch, daß Sie den Kindern, Ihrer besten Freundin oder Ihren Rosen zu viel Aufmerksamkeit schenken. Wie auch immer, der Typ ist wütend, und die beste Rache, die er sich in seinem kleinen Hirn ausdenken kann, besteht darin, zu einem Callgirl zu gehen oder eine Affäre anzufangen. Dieser Mann ist ein Punktezähler: Er bespricht seinen Ärger nicht mit seiner Frau und rationalisiert seine Affäre statt dessen damit, daß ihm Unrecht geschieht und er dadurch gezwungen ist, die »Waage seiner Ehe« wieder ins rechte Lot zu bringen. Er reagiert passiv-aggressiv, indem er sich hinter Ihrem Rücken rächt; seine Einstellung läßt sich am besten umschreiben mit: »Ich werde es ihr schon zeigen.«

Wenn Sie Glück haben, wählt dieser Typ für seinen Seitensprung eine Prostituierte, und nicht eine Freundin oder Geliebte, und reagiert seine Wut in einer Situation ab, die emotional nicht befrachtet ist.

Er möchte die Ehe beenden – aber erst, wenn er eine andere Frau gefunden hat

Zu irgendeinem Zeitpunkt unseres Lebens – meist in unserer Jugend – haben wir es praktisch alle getan. Der Grund? Angst vor dem Alleinsein. Für einen Mann, der an die ständige Zweisamkeit der Ehe gewöhnt ist (auch wenn es eine *schlechte* Ehe ist), ist der Bruch weniger beängstigend, wenn er eine neue Freundin oder Geliebte an seiner Seite weiß.

Er durchlebt seine Midlife-Krise

In diese Kategorie fallen oft Männer, die in jungen Jahren geheiratet und dann ihre Zwanziger und Dreißiger mit Arbeit und Kindererziehung verbracht haben. Wenn die Kinder nun außer Haus sind, fällt ihnen plötzlich ein: »*Um Gottes willen, ich bin ja erst fünfundvierzig. Die Kinder sind weg, und ich bin mit meiner Frau allein im Haus. So gut kenne ich sie eigentlich gar nicht mehr. Soll das für den Rest meines Lebens alles gewesen sein?*«

Bis jetzt ist es in der Karriere dieses Mannes stetig vorwärtsgegangen. Jüngere Frauen sehen seine Macht und seinen Einfluß, nur seine eigene Frau betrachtet ihn immer noch als den grünen, unsicheren Jungen, den sie an der Universität kennengelernt hat. Nun möchte er unbedingt herausfinden, ob er für andere Frauen immer noch attraktiv ist, und deshalb beginnt er plötzlich, nicht nur seine Sterblichkeit, sondern auch seine sexuelle Potenz auf die Probe zu stellen.

Sie kennen sicher den Spruch: »Angst spürt man zum ersten Mal, wenn man es kein zweites Mal tun kann. Und Panik kommt dann auf, wenn man es zum zweiten Mal nicht einmal mehr einmal schafft.« Nun, Männer nehmen diese Art von Dingen *ungeheuer* ernst. Mit zunehmendem Alter haben sie bisweilen mit Impotenz zu kämpfen, oder vielleicht brauchen sie einfach länger, um zum Orgasmus zu kommen – eigentlich ein natürlicher Teil des Alterungsprozesses. Von diesen Veränderungen alarmiert, schieben sie die Schuld rasch ihrer Partnerin zu und fühlen sich dann bemüßigt, ihre Potenz bei einer anderen Frau unter Beweis zu stellen.

(Wenn Sie nicht sicher sind, ob Ihr Mann eine Midlife-Krise durchlebt, stellen Sie sich folgende Frage: Ist er über zweiundzwanzig und fährt eine Corvette? Wenn ja, hat er eine Midlife-Krise. Nicht weil das Auto sexy ist, sondern weil es ein Auto ist, das sexy und *schlecht* ist: nur Firlefanz, keine Substanz. Der gesunde Menschenverstand wurde hier vom Testosteron überlistet.)

Wenn die Ehe im großen und ganzen intakt ist, wird dieser Typ einfach hinausgehen und sich irgendein kommerzielles Sexabenteuer suchen, weil er in Wirklichkeit weder seine Frau verlassen noch seine Familie aufs Spiel setzen möchte. Er möchte einfach nur wissen, was ihm in den letzten zwanzig Jahren entgangen ist.

Angst vor dem Altwerden

Das ist eine Stufe schlimmer als die Midlife-Krise. Ein Mann, der Angst vor dem Altern hat, möchte plötzlich mit Mädchen ausgehen, die seine Töchter sein könnten, weil er irgendwie das Gefühl hat, mit einer jüngeren Frau an seiner Seite die eigene Jugend wieder zum Leben erwecken zu können. Und natürlich wird diese Vorstellung von den Botschaften über Männer und Älterwerden, die uns die Medien vermitteln, noch verstärkt. Auf jedes Hollywood-Paar, das etwa im gleichen Alter ist (Paul Newman und Joanne Woodward), kommen Dutzende von Paaren mit enormen Altersunterschieden. Und während eine ältere Frau mit einem jüngeren Mann eine absolute Seltenheit ist, sind Männer um die Fünfundfünfzig, die sich mit einer Frau um die Fünfundzwanzig schmücken, auch auf der Leinwand durchaus an der Tagesordnung.

Ein sechzigjähriger, dreimal geschiedener Mann mit einer fünfundzwanzigjährigen Freundin erklärte mir, was ihn an jungen Frauen so anzieht: »Manchmal frage ich mich, was ich mit diesem Mädchen überhaupt reden soll. Als Kennedy erschossen wurde, war sie noch nicht einmal geboren. Aber ich fühle mich nur dann wie sechzig, wenn ich in den Spiegel schaue. Wenn ich mit ihr und ihren Freunden zusammen bin, bin ich so alt wie sie. Ich habe wirklich das Gefühl, daß mir ein zweites Leben geschenkt wurde.«

Er glaubt, nicht mehr verliebt zu sein

Manche Männer haben unrealistische Erwartungen, was die Leidenschaft angeht. Sie glauben, daß etwas Grundlegendes an der Beziehung nicht stimmt, nur weil das Verlangen und die elektrische Spannung, die sie am Anfang empfanden, ein bißchen abgenommen haben. Deshalb kommen sie zu dem Schluß, nicht mehr »verliebt« zu sein, ohne auch nur im geringsten zu verstehen, daß die Gefühle in einer Beziehung reifen und daß sie sich verändern.

Er ist insgeheim bi- oder homosexuell

In unserer Kultur ist es schwierig, bi- oder homosexuell zu sein. Deshalb ist es eigentlich nicht überraschend, daß relativ viele von diesen Männern zu irgendeinem Zeitpunkt ihres Lebens heiraten. Wenn Sie erkennen, daß Sie mit einem solchen Mann verheiratet sind, *den-*

ken Sie keine Sekunde lang, daß Sie etwas hätten tun können, um sein Verhalten zu ändern. Die Homosexualität ist für ihn so etwas Natürliches – und Unwiderstehliches –, wie die Heterosexualität es für Sie ist. Natürlich sind Sie vielleicht (zu Recht) wütend, erfahren zu müssen, daß Ihr Partner Sie über einen wichtigen Bestandteil seines Wesens belogen hat. Aber verschwenden Sie keinen Augenblick Ihres – oder seines – Lebens mit Schuldzuweisungen oder Vorwürfen. Ohne Zweifel würde er sich mehr als alles andere wünschen, heterosexuell zu sein, sonst hätte er Sie nicht geheiratet. Und ohne Zweifel liebte er Sie auch.

Zum Glück gibt es eine wachsende Zahl von Selbsthilfegruppen für Frauen, die entdecken, daß sie mit einem schwulen Mann verheiratet sind. Vielleicht wäre es gut, sich an eine Homosexuellenorganisation in Ihrer Umgebung zu wenden, wo Sie mehr Informationen bekommen.

Was können Sie tun, wenn Ihr Mann bereits fremdgegangen ist? Das ist das Thema unseres nächsten Kapitels.

5

Wenn Sie von Ihrem Mann und vom Schicksal betrogen werden: Was Sie dagegen tun können

Dummerweise ist diese Welt voller Menschen, die gleich das Schlimmste annehmen, wenn sie sehen, wie sich ein Mann mitten in der Nacht aus dem falschen Schlafzimmer stiehlt.

Will Cuppy

Vor kurzem stellte ich zehn meiner glücklich verheirateten Freundinnen eine Frage. Mit welcher Nachricht könntest du dich leichter abfinden: daß dein Mann eine Affäre hat oder daß er tot ist? Acht von zehn der Befragten entschieden sich für die Witwenschaft.

»Schau«, sagte meine Freundin Abigail, »wenn er tot ist, tut es weh. Man spürt den Schmerz, den Verlust, vielleicht auch ein bißchen Zorn, verlassen worden zu sein. Aber man ist nie mit dem großen Fragezeichen konfrontiert, vor dem jede Frau steht, deren Mann eine Affäre hat: Was stimmt nicht mit mir?«

Ich weiß nicht, ob meine Freundinnen eine repräsentative Gruppe sind. Ich weiß nicht einmal, ob sie sich, wenn sie wirklich vor die Wahl gestellt wären, tatsächlich so entscheiden würden. Aber eines weiß ich mit Sicherheit: Die Angst vor sexueller Untreue ist eine unserer größten Ängste. Mit dem Verstand mögen wir wissen, daß unser Mann uns immer noch liebt. Vielleicht kennen wir auch einige der Gründe für sein Fremdgehen, die von sexueller Unverträglichkeit (eine Unverträglichkeit, die wir bis dahin schlicht ignoriert haben) über seine persönliche Unsicherheit bis hin zu seiner Jagdleidenschaft (ein Mann ist und bleibt ein Jäger und Eroberer) reichen können.

Für uns Frauen hingegen bedeutet Untreue nur eines: sexuelle Treulosigkeit. Aber so schwer das für uns auch zu verstehen ist: Sexuelle Treue ist für einen Mann nur eine Art von Treue und oft gar nicht der wichtigste Maßstab für seine Gefühle.

Bedenken Sie: Wenn er eine Affäre hat, so ist das für ihn vielleicht eine Möglichkeit, all seine Bedürfnisse erfüllt zu bekommen und *trotzdem mit Ihnen verheiratet zu bleiben*. Aus seiner Sicht ist er weiterhin treu, weil er Ihnen sein Geld gibt, den Großteil seiner Freizeit mit den Kindern verbringt und sein Leben und seine Zukunft als mit Ihrer Person verknüpft betrachtet. Möglicherweise sieht er die Ehe mit Ihnen als Vertrag, und er versucht, seinen Teil dieses Vertrags zu erfüllen – jedenfalls den größten Teil.

Aber was Ihnen Ihr Verstand auch über seine Motive sagt – Ihr Selbstbewußtsein und Ihr Ego sind bis in die Grundfesten erschüttert. Sie wurden betrogen. Dieses Band des Vertrauens – Ihrem Mann in die Augen zu blicken und zu wissen, er gehört *Ihnen* – wurde zerrissen.

Aber ist es unwiderruflich zerrissen? Das hängt natürlich von vielerlei Faktoren ab. Betrügt er Sie mit einem Callgirl, einer Geliebten oder einer Freundin? Handelt es sich um einen momentanen Seitensprung, der ihm große Gewissensbisse verursacht, oder um ein ganzes Netz von Täuschungen, das ihm kaum Schuldgefühle bereitet? Will er versuchen, die Beziehung zu Ihnen wieder in Ordnung zu bringen? Und, was am wichtigsten ist: Möchten *Sie* mit *ihm* zusammenbleiben? Dieses Kapitel soll Ihnen dabei helfen, diese Fragen zu klären.

Ich bin die letzte, die dafür eintreten würde, eine Beziehung um jeden Preis zu retten. Ganz im Gegenteil: Ich habe zwar immer fest an die Monogamie geglaubt und sie auch praktiziert, aber ich bin davon überzeugt, daß die Forderung »bis daß der Tod euch scheidet« eine ganze Menge Unheil verursacht. Vielleicht ist das Tier Mensch wirklich nicht dafür geschaffen, das ganze Leben mit ein und demselben Partner zu verbringen. Schließlich ist der Mann, der uns mit zwanzig als idealer Liebhaber erscheint, kaum noch der Held unserer Träume, wenn wir dreißig, geschweige denn vierzig, fünfzig oder sechzig sind.

Veränderung ist die einzige Konstante in unserem Leben. Wie groß ist die Wahrscheinlichkeit, daß sich die Wünsche und Bedürfnisse zweier Menschen in dieselbe Richtung verändern? Und wie groß ist im Gegensatz dazu die Wahrscheinlichkeit, daß sie sich in entgegengesetzte Richtungen verändern?

Ich sage also nicht, daß es Ihre Ehe um jeden Preis überleben muß, wenn Ihr Partner fremdgeht. Falls Sie sich aber für das Bleiben entscheiden, will ich Ihnen einige Mittel an die Hand geben, um Ihnen die Sache zu erleichtern.

Tut er's, oder tut er's nicht?
Verdächtige Hinweise, daß er fremdgeht

Vor kurzem hatte ich das Vergnügen, mich mit einem der führenden Privatdetektive New Yorks zu unterhalten. Er ist auf zwei Dinge spezialisiert: Überwachung und Gegenüberwachung sowie Ertappen fremdgehender Ehemänner. Er sagte mir folgendes: »Nur etwa 10 Prozent der Leute, die glauben, überwacht zu werden, werden tatsächlich überwacht. Andererseits liegen volle 90 Prozent derjenigen, die ihren Partner verdächtigen, eine Affäre zu haben, mit ihrem Verdacht richtig.«

Im Normalfall ist eine Affäre nichts, was aus heiterem Himmel passiert. Sie hat meistens einen Grund. Wahrscheinlich versucht Ihr Partner nicht bewußt, Sie zu verletzen. Trotzdem gibt es Dinge in Ihrer Partnerschaft, mit denen er Sie nicht gern konfrontieren möchte.

Auf welche Zeichen gilt es also zu achten? Es handelt sich nicht nur um ein oder zwei kleine Dinge, sondern um ein *umfassendes Muster der Veränderung* in seinem alltäglichen Verhalten. Wenn Sie eines oder zwei dieser Zeichen bemerken, sollten Sie ihm nicht gleich an die Gurgel springen. Normalerweise sind an einem fremdgehenden Mann mehr als zwei dieser Zeichen zu beobachten. Wenn Sie ihn tatsächlich mit Ihrem Verdacht konfrontieren wollen, ist es besser zu warten, bis Sie ausreichende, unwiderlegbare Beweise gesammelt haben. Wenn Sie schon auf das erste verdächtige Anzeichen anspringen, wird er beim nächsten Mal vorsichtiger sein und seine Spuren besser verwischen.

Es folgt eine Liste der dezenten (und weniger dezenten) Zeichen, auf die Sie achten sollten. Sie sind leichter wahrzunehmen, wenn Sie es sind, die für die Familienfinanzen verantwortlich sind.

Aber selbst wenn Sie das nicht sind – ein Mann, der eine Affäre hat, kann sein Geheimnis kaum über längere Zeit wahren, es sei denn, seine Partnerin entschließt sich, die Augen zuzumachen und das Unübersehbare zu ignorieren.

Unerklärte Abwesenheiten

Das ist natürlich der deutlichste Hinweis. Plötzliches Verschwinden am Wochenende für einige Stunden, lange Überstunden im Büro, wo er nie erreichbar ist (»Oh, tut mir leid, ich habe den Computer eines Kollegen benutzt«). Wenn er öfter auf Geschäftsreise geht als bisher oder wenn er Sie auf Reisen, auf die Sie ihn früher zu begleiten pflegten, nicht mehr mitnimmt, sollten Sie sich fragen, was los ist.

Das Muster seiner Anrufe

Hat sich das Muster seiner Anrufe verändert, wenn er nicht zu Hause ist (auf einer Reise oder auch im Büro)? Hat er entweder aufgehört, Sie anzurufen, oder ruft er dauernd an, in dem erfolglosen Versuch, Ihren Verdacht zu zerstreuen?

Oder haben sich die Zeiten seiner Anrufe geändert? Vielleicht pflegte er Sie früher, wenn er auf Geschäftsreise war, anzurufen, kurz bevor er zu Bett ging. Nun ruft er gleich nach seiner Ankunft im Hotel an, scheint aber spät in der Nacht nie in der Nähe seines Telefons zu sein.

Ist er nicht dort, wo er nach eigenen Angaben sein müßte, oder ist er immer »unerreichbar«, wenn Sie ihn dort anrufen, wo Sie ihn von Rechts wegen vermuten? Vielleicht rufen Sie ihn zu später Stunde im Büro an, und niemand hebt ab, und mysteriöserweise ruft er dann nach ein paar Minuten zurück und sagt, daß er nur für einige Minuten aus dem Zimmer gegangen sei. (Vielleicht ist in seinem Büro jemand, der seine Gespräche nicht hören soll, und er ruft deshalb von einem anderen Telefon aus zurück.) Passieren Ihnen solche Dinge mit zunehmender Häufigkeit?

Geld verschwindet

Eigenartig. Auf Ihrem gemeinsamen Konto pflegten jeden Monat 1000 Dollar für Haushaltsausgaben einzugehen. Jetzt sind es nur noch 500. Was ist mit dem Rest des Geldes passiert? Und was ist mit der Kassette in Ihrer Wäscheschublade, in der er Geld für die Urlaubskasse zurücklegt? Trotz der Tatsache, daß er eine kleine Gehaltserhöhung erhalten hat und die Ausgaben nicht gestiegen sind, sagt er, daß das Geld nun weniger wert sei als früher und daß Sie Ihre Ausgaben zurückschrauben müßten ...

Die außerplanmäßigen Aktivitäten Ihres Partners kosten aller Wahrscheinlichkeit nach Geld, und wenn er sich eine Geliebte hält, möglicherweise sogar *viel* Geld. Wenn Sie ein Loch in Ihrem Geldsäckel bemerken, das früher nicht da war, muß es jemanden geben, dem der daraus sickernde Geldstrom zufließt. Den Pferderennplatz, den Barkeeper seiner Lieblingsbar oder – *sie*. Vielleicht ist es jetzt an der Zeit, Kreditkarten- und Telefonrechnung genau nach Ausgaben zu durchforsten, die mit Ihrem Leben nicht im Zusammenhang zu stehen scheinen.

Die Spur aus Papier

Ungewöhnliche Kreditkartenrechnungen, Posten auf Telefonrechnungen, die Ihnen nicht klar sind, eine Bestätigung über die Mietverlängerung eines Postfachs, von dessen Existenz Sie nichts wußten, Korrespondenz über Vermögenswerte, die Ihnen verborgen waren – das sind die Dinge, die einen Mann verraten, der zu Callgirls geht. Seine Frau bemerkt eine ungewöhnliche Veränderung auf der Kreditkartenrechnung, forscht das rechnungstellende Unternehmen aus und entdeckt, daß Cachet Temporary Personnel ihrem Mann mit temporärer Hilfe ganz besonderer Art unter die Arme greift! Werden öfter Bargeldschecks ausgestellt als früher? Werden regelmäßig Schecks an Personen oder Unternehmen ausgestellt, die Ihnen unbekannt sind? Finden Sie in seinen Sachen Rechnungen von Hotels *in Ihrer Nähe*? Weist die Telefonrechnung zahlreiche Telefonate an einen bestimmten Ort zu ungewöhnlichen Zeiten aus? Eine meiner Bekannten fand heraus, daß ihr Mann eine Geliebte hatte, als sie zufällig über seine Korrespondenz mit der Bank stolperte, in der es um eine Hypothek ging, die er insgeheim auf die Wohnung seiner Geliebten aufgenommen hatte.

Geheimniskrämerei

Legt er beim Telefonieren schnell den Hörer auf, wenn Sie ins Zimmer kommen? Oder springt er auf, wenn das Telefon läutet, packt den Apparat und rennt damit in ein anderes Zimmer? Vielleicht verbringt er Stunden am Computer, und wenn Sie sich nähern, schaltet er rasch auf Ruhezustand, damit Sie nicht sehen, was er schreibt. (E-Mail ist für fremdgehende Eheleute auf der ganzen Welt zum Postillon d'amour geworden: keine verräterisch herumliegenden Liebesbriefe mehr!)

Überausführliche Erklärungen seiner Reiseroute

Früher pflegte er Ihnen eine rasche, rudimentäre Zusammenfassung seines Tages zu geben. Heute legt er über jede Minute seiner Aktivitäten Rechenschaft ab. Könnte es sein, daß er Ihren Verdacht zu zerstreuen sucht, indem er seine Abwesenheiten und seine Unerreichbarkeit minutiös erklärt?

Eigenartige Telefonphänomene

Wenn Sie den Hörer abheben, klickt es, oder am anderen Ende der Leitung ist nur Atmen zu hören. Oder Sie bemerken irgendeine Art von Telefonsignal (wie zum Beispiel einmal Klingeln – Stille – nochmaliges Klingeln). Muß er nach solchen Anrufen plötzlich mit den Hund spazierengehen oder die Zeitung holen?

Geruchssignale

Das Parfum einer anderen Frau (oder, was noch schlimmer ist – ihre intimeren Düfte) sind deutliche Zeichen. Und wenn er duscht, sobald er nach Hause kommt, oder an vielen Tagen, wenn er aus dem Büro kommt, einen frisch gewaschenen und geduschten Eindruck macht (und wenn Sie aufgrund seiner gleichbleibenden Körperverfassung ausschließen können, daß er im Fitneßklub war), sollten Sie ebenfalls die Antennen ausfahren.

Emotionale Unausgeglichenheit

Ihr einst sanftmütiger Ehemann hat sich plötzlich in eine emotionale Berg-und-Tal-Bahn verwandelt, die nichts mit Ihrem gemeinsamen Leben zu tun zu haben scheint. Da er Schuld- und Angstgefühle hat und es vielleicht nicht wagt, diese Gefühle an Ihnen auszulassen, brüllt er statt dessen wegen jeder Kleinigkeit die Kinder an und überschüttet sie in der nächsten Minute mit Aufmerksamkeit und Geschenken. Vielleicht versucht er überzukompensieren, indem er mehr Zeit mit Ihnen verbringt als gewöhnlich oder viel weniger Zeit als üblich, weil er mit der neuen Situation nicht zurechtkommt.

Veränderungen seiner Eß- oder Schlafgewohnheiten

Es gibt nur wenige Menschen, die ein Doppelleben führen können, ohne Anzeichen emotionaler oder physischer Belastung zu zeigen.

Ißt er nicht mehr so oft zu Hause wie früher? (Vielleicht

ißt er gemeinsam mit ihr.) Ißt er jetzt Speisen, die er noch nie mochte? Weiß er alles über Sushi, obwohl er gemeinsam mit Ihnen noch nie in einem japanischen Restaurant war?

Wenn er nervös ist, kann er vielleicht nicht schlafen. Oder er verwendet seine Müdigkeit als Ausrede, um zwölf Stunden ohne Unterbrechung zu schlafen. Er verliert den Appetit und scheint nur noch von Luft zu leben, oder er leidet unter Freßanfällen. Wenn er sich auch nur die kleinste Erkältung zuzieht, nimmt er ein großes Gezeter an und möchte sich von Ihnen bemuttern lassen, um festzustellen, ob Sie ihn retten, wenn es ihm schlechtgeht. So stellt er nicht nur Ihre Gefühle ihm gegenüber auf die Probe, sondern prüft auch, was er aufgeben würde, falls er Sie verlassen sollte.

Er läßt sich »runderneuern«

Plötzlich achtet der Mann, den Sie fast dazu zwingen mußten, sich die Haare schneiden zu lassen oder am Wochenende den Pyjama auszuziehen, sehr auf sein Aussehen. Sein Haar ist ordentlich, vielleicht hat er auch seine Garderobe modernisiert, und er schwitzt jeden Tag auf dem Heimtrainer, den Sie ihm vor drei Jahren geschenkt haben, um seinen Bierbauch zu bekämpfen. Vielleicht stellen Sie auch eine ungeahnte Vervielfachung der Kosmetikartikel für Männer in Ihrem Bad fest (z.B. Haargel, Armani-Rasierwasser, Feuchtigkeitscreme). Er kann an keinem Spiegel vorübergehen, ohne einen Blick auf sein Ebenbild zu werfen.

Das Auto

Das plötzliche Interesse an seinem äußeren Erscheinungsbild erstreckt sich möglicherweise auch auf seinen fahrbaren Untersatz. Bisher war er mit seinem Volvo Kombi immer zufrieden, aber jetzt spricht er plötzlich davon, einen schneidigen Sportwagen anzuschaffen! Oder vielleicht sagt Ihnen ein Blick auf den Kilometerzähler, daß er viel mehr fährt als sonst. Sehen Sie nach, ob Sie im Handschuhfach, in den Türfächern oder unter der Fußmatte Spuren *ihrer* Anwesenheit finden. Ist das Radio auf einen ungewöhnlichen Sender eingestellt? Befindet sich der Beifahrersitz oft in einer anderen Position als in der von Ihnen eingestellten? Ist der Gurt straffer oder loser als sonst? Läßt er sich seine Autotelefonrechnung seit neuestem ins Büro anstatt nach Hause schicken?

Geschenke aus schlechtem Gewissen

Der Komiker George Burns erzählt eine wunderbare Geschichte über das eine Mal (das sagt er jedenfalls), als er seine geliebte Gracie betrog. Er war so angewidert von sich selbst und schämte sich so sehr, daß er sofort zum nächsten Juwelier lief und ihr das hübscheste Diamantenhalsband kaufte, das er finden konnte. Gracie war sich ziemlich sicher, daß etwas nicht stimmte, aber sie nahm das Halsband an und sagte nichts. So vergingen einige Jahre. Eines Abends, als George und sie in einem Restaurant zu Abend aßen, machte ihr ein Bekannter ein Kompliment über ihr hübsches Halsband. In Gegenwart des entgeisterten George antwortete sie: »Vielen Dank. Ich wünschte, George würde mich wieder einmal betrügen, damit ich auch die passenden Ohrringe bekomme.«

Männer müssen ihre Schuldgefühle irgendwie zum Schweigen bringen, und viele meinen, das mindeste, was sie tun könnten, sei, für ihre »Sünde« zu bezahlen – mit Juwelen, einem Urlaub, einem Einkaufsbummel, einem neuen Auto usw. Irgendwie, so reden sie sich ein, erfüllen sie damit zumindest einen Teil ihrer ehelichen Pflichten, auch wenn sie einen anderen vernachlässigen. Wie es die amerikanische Komikerin Molly McGee ausdrückte: »Wenn ein Mann seiner Frau grundlos Blumen bringt, dann hat er ganz sicher einen Grund dafür.«

Veränderungen
in seinen sexuellen Gewohnheiten

Da liegt er also, da unten, und erregt Sie mit der Zunge, und irgendwie ist es so … anders. Vielleicht ist es eine winzige Kleinigkeit wie der Druck seiner Zunge, vielleicht ist es aber auch etwas Offensichtlicheres – wie zum Beispiel, daß er es zum ersten Mal *richtig* macht. Oder vielleicht ist er seit neuestem an sexuellen Experimenten mit Ihnen interessiert, oder er bringt neue Sexualtechniken in Ihre gewohnten Praktiken ein. (Ein Callgirl bringt einem Mann nur sehr selten bei, ein besserer Liebhaber zu sein – Sie wissen ja, es geht nicht um ihr Vergnügen –, aber es ist möglich, daß sie ihm eine Stellung zeigt, die er davor noch nicht kannte und die er jetzt mit Ihnen ausprobieren möchte.) Wie auch immer – Sie wissen, daß sich etwas verändert hat und daß Sie mit dieser Veränderung nichts zu tun haben.

Aber es kann auch Veränderungen in der Häufigkeit der

sexuellen Kontakte geben. Ein Mann, der fremdgeht, hat mit seiner Partnerin oft viel weniger Sex, aber häufig auch viel mehr. Er möchte nicht deswegen erwischt werden, daß er Sie vernachlässigt, oder vielleicht hat der Nervenkitzel des Fremdgehens seine Libido gestärkt. So oder so – es gibt fast immer irgendeine Veränderung in seinen Sexualgewohnheiten.

(Eine Warnung: Ziehen Sie nicht den voreiligen Schluß, daß Ihr Mann fremdgeht, nur weil er versucht, Sie aus einer sexuellen Talsohle herauszuholen. Vielleicht haben Sie fünf Kilo abgenommen und sehen sexy aus. Der Wunsch nach sexuellen Experimenten allein ist noch kein Zeichen für Untreue!)

Er steckt Sie mit einer Geschlechtskrankheit an

In diesem Fall liegen die Dinge klar. Wenn Sie plötzlich etwa eine Pilzinfektion bekommen, obwohl Sie mit keinem anderen Mann geschlafen haben, könnte die Infektion von einer anderen Person kommen. Aber Sie sollten auf jeden Fall mit Ihrem Arzt sprechen, bevor Sie zum Scheidungsanwalt gehen. Es gibt auch bestimmte Medikamente, die vaginale Störungen verursachen, und es kommt vor, daß eine solche Ansteckung auch andere Ursachen hat.

Verhalten in der Öffentlichkeit

Meidet er, wenn Sie zusammen ausgehen, Orte, die Sie früher gemeinsam zu besuchen pflegten? Oder, noch schlimmer: Geht er überhaupt nicht mehr mit Ihnen aus? (Wenn er mit seiner Freundin die Stadt unsicher gemacht hat, möchte er nun nicht mit einer »neuen«

Frau an seiner Seite erscheinen.) Bei öffentlichen Veran-
staltungen ist er entweder übermäßig liebevoll (schon
wieder das schlechte Gewissen), oder er behandelt Sie
wie eine völlig Fremde.

Seine Freunde verhalten sich eigenartig oder gehen Ihnen aus dem Weg

Wenn die Freunde etwas wissen, was Sie nicht wissen,
empfinden sie möglicherweise ihm gegenüber Abscheu
oder Ihnen gegenüber Mitleid, aber in ihrer Verlegen-
heit (*Was soll ich sagen? Was tun, wenn sie mich direkt
fragt?*) gehen sie Ihnen lieber aus dem Weg. Die Frauen
seiner Freunde haben sich vielleicht geschworen zu
schweigen, aber sie machen andauernd kleine Andeutungen oder verhalten sich eigenartig. Sind Ihre Gespräche in letzter Zeit steifer und künstlicher geworden?
Versuchen die Freundinnen das Thema zu wechseln,
wenn Sie auf Ihren Mann zu sprechen kommen? Die
Peinlichkeit wird noch verstärkt durch die Fragen, die
sie sich unweigerlich stellen: *Mit wem bin ich nun eigentlich befreundet? Wenn Sally und Sam sich scheiden
lassen, soll ich dann gegenüber Sally oder gegenüber Sam
loyal bleiben? Wenn ich Sally wäre, wollte ich dann nicht,
daß mir jemand die Wahrheit sagt?*

Er wirkt geistesabwesend oder isoliert

Er scheint Ihnen nicht so gut zuzuhören wie sonst. Er
vermeidet es, zur selben Zeit ins Bett zu gehen wie Sie.
Irgendwie macht er einen traurigen, fast *einsamen* Eindruck. (Er ahnt das Ende seiner Ehe voraus, das macht
ihn innerlich fertig.) Je mehr Täuschungsmanöver er

sich ausdenkt, desto stärker fühlt er sich von Ihnen und vielleicht auch von den Kindern isoliert. Und da er auch zu seiner Freundin oder Geliebten nicht hundertprozentig ehrlich ist – ein Mann, der eine Affäre hat, muß sowohl seine Frau als auch seine Geliebte belügen –, kann ihn das Gefühl überwältigen, daß ihn niemand versteht oder auch nur wirklich *kennt*. (Er braucht Ihnen trotzdem nicht allzu leid zu tun. Schließlich hat er das Problem ja selbst verursacht.)

Lassen Sie mich nochmals betonen: Verfallen Sie nicht in Panik, wenn Sie im Verhalten Ihres Partners eine oder zwei kleine Veränderungen feststellen. Wir *alle* verändern uns zu bestimmten Zeiten unseres Lebens. Betrachten Sie statt dessen das Gesamtbild. Wenn es sich zu einer signifikanten Veränderung seines allgemeinen Verhaltens zusammenfügt, kann es sein, daß Sie ein Problem haben.

Identifizieren Sie den Feind: Freundin, Geliebte oder Callgirl?

Manchmal erscheinen mir verheiratete Frauen wie Boa-Constrictor-Schlangen, die soeben ein Schaf verschluckt haben: Sie haben sich ein opulentes, sättigendes Festmahl einverleibt, und nun können sie es sich leisten, einige Stunden in der Sonne zu dösen und ihre Beute gemächlich zu verdauen. Kein Wunder, daß es so leicht ist, sie in diesem schläfrigen, ahnungslosen Zustand zu überraschen. Ihre Rivalin dagegen – die Freundin, Geliebte oder Prostituierte – ist hellwach und hungrig. Und sie wartet nur darauf, ihre Beute (Ihren Ehemann) in die Falle zu locken.

Wenn sich ein Mann zum Fremdgehen verleiten läßt, wird seine Wahl meist stärker vom verfügbaren Angebot als von seinem Idealbild einer perfekten Frau bestimmt. Wenn eine Frau entdeckt, daß ihr Mann eine Freundin oder eine Geliebte hat, ist sie oft überrascht, daß diese Frau alles andere als eine Göttin ist. Viele Frauen haben schon zu mir gesagt: »Weißt du, Sydney, sie war irgendwie unattraktiv und ziemlich dick«, als ob die Wahl einer Frau, die weniger attraktiv war als sie selbst, die Beleidigung noch verstärkte. (Noch verunsichernder ist die Tatsache, daß viele Geliebte wie eine jüngere Version der Ehefrau aussehen. Marla Maples ist das beste Beispiel für dieses Phänomen.)

Nehmen wir mal an, Sie sind sicher, daß Ihr Mann fremdgeht. Bevor Sie ihn nun mit Ihrem Verdacht konfrontieren, sollten Sie sich überlegen, mit wem er Sie wohl betrügt. Handelt es sich um eine Freundin, eine Geliebte oder um ein Callgirl? Das Wissen, um welche Kategorie es sich handelt, gibt Ihnen einige Anhaltspunkte dafür, wie Sie am besten vorgehen.

Die Freundin

Auch wenn er ihr dann und wann großzügige Geschenke macht, will sie nicht sein Geld. Sie will den *Mann.* Deshalb stellt die Freundin das größte Problem für die Ehefrau dar. Die Freundin harrt stundenlang am Telefon aus, fährt heimlich mit auf seine Geschäftsreisen und weint, wenn er Weihnachten oder seinen Geburtstag zu Hause bei seiner Familie verbringt. Oft sagt sie sich vor, um wieviel glücklicher er an ihrer Seite wäre (und wahrscheinlich sagt auch *er* ihr das). Schließlich könnte sie seinem Leben eine neue Wendung geben, weil sie es ist, die ihn wirklich versteht.

Wenn sie Oscar Wilde gelesen hat, hat sie wahrscheinlich das folgende Zitat aus *Eine Frau ohne Bedeutung* im Nachtkästchen liegen: *»Die Männer wollen immer die erste Liebe einer Frau sein. Das ist ihre plumpe Eitelkeit. Wir Frauen haben in den Dingen einen viel feineren Instinkt. Wir möchten gern der letzte Roman eines Mannes sein.«*

Tatsächlich interessiert sich ein Mann, der eine Freundin hat, nicht nur für Sex oder einen neuen, jungen Körper. Dieser Mann sucht Romantik, Gespräche, Aufmerksamkeit, Spaß, Abenteuer – kurz gesagt das, was er seiner Meinung nach bei Ihnen nicht mehr bekommt. Und die Freundin gibt ihm all das mit Begeisterung.

Vielleicht ist sie eine der vielen, die einen Mann nicht für tabu halten, nur weil er verheiratet ist. Sie weiß, daß ihre Fähigkeit, seine Aufmerksamkeit wie eine wärmegesteuerte Rakete auf sich zu lenken, etwas ist, was eine Ehefrau, die im *realen* Zusammenleben mit dem Ehemann mit verschiedensten Ablenkungen zu kämpfen hat, oft nicht bieten kann.

Manche Frauen, die verheiratete Männer vorziehen, haben Bindungsprobleme. Ein verheirateter Mann ist nicht verfügbar und daher sicherer. Oder vielleicht können sie nicht genügend Interesse oder auch Freizeit für eine Vollzeitbeziehung erübrigen. Bei einem verheirateten Mann kann man sichergehen, daß er nicht zu viele Forderungen stellt.

Aber die meisten Frauen in der Rolle einer Freundin ziehen verheiratete Männer nicht von vornherein vor. Die meisten verlieben sich einfach und sind genauso unglücklich über die Situation wie Sie. Sie wünschen sich eine ausschließliche Beziehung zu ihm, eine Beziehung mit Zukunft, und sehr oft leiden sie unter seinen Täuschungsmanövern ebensosehr wie Sie. (Ja, es stimmt: Die meisten Männer mit Freundinnen schwören beim Leben ihrer Mutter, daß sie *nie* mehr mit ihren Frauen schlafen. Oft klammert sich die Freundin an diese Aussage als Beweis dafür, daß das, was sie tut, doch nicht so schlecht ist.)

Die Geliebte

Eine außerordentlich umfangreiche Studie des Off the Wall Street Journal (1982) *über 18 845 Geliebte ergab, daß ganze 75 Prozent von ihnen unter demselben Maß an Streß, Spannung oder erhöhter Anfälligkeit für Herzattacken, Krebs und Selbstmord leiden wie die hochrangigen Führungskräfte, die sie sich leisten. Ebenso leiden sie unter der sogenannten Visaphobie, der Angst vor der abrupten Sperrung ihres Kreditkartenkontos. Überraschenderweise gaben mehr als drei Viertel aller befragten Geliebten an, diese Art der Beziehung als anregend, ehrlich, emotional befriedigend, finanziell lohnend und in jeder Weise besser als die Ehe zu finden, obwohl sie andererseits in*

*Sekundenschnelle zuschlagen würden, wenn ihnen
ihr Topmanager einen Heiratsantrag machen
würde ...*

Vielleicht ist sie in Ihren Mann verliebt oder auch nicht,
vielleicht ist sie in sexueller Hinsicht wirklich zufrieden
mit ihm oder auch nicht. Wie auch immer – in dieser
Beziehung spielt Geld eine Rolle. Mag sein, daß es nicht
viel Geld ist: Auf jede Klischeegeliebte, die sich in einer
Penthouse-Suite räkelt und mit Juwelen und Pelzen
überschüttet wird, kommen Hunderte von Mädchen,
die nur einen kleinen Zuschuß zur Miete bekommen.
Wenn Ihr Mann eine Frau unterstützt, um sie an sich zu
binden, so geht es ihm vor allem um zwei Dinge: Status
und Macht. Selbst wenn ihm die Beziehung zu einer
anderen Frau Schuldgefühle verursacht (je nach der
Kultur, in der er aufwuchs), ist er vielleicht davon überzeugt, daß eine Geliebte etwas ist, was jeder erfolgreiche Mann haben muß, etwa wie eine Rolex oder ein elegantes Büro. Seine Fähigkeit, mehr als eine Frau zu
finanzieren, betrachtet er als Zeichen seiner Virilität, so
wie er es mit achtzehn als Beweis für seine Männlichkeit
betrachtete, ein Mädchen ins Bett zu bekommen.
Es sind nicht nur die verheirateten Männer, die Geliebte
haben. Sie würden nicht glauben, wie viele *alleinstehende* Männer sich in derselben Weise eine Frau »halten«.
Das gibt ihnen das Gefühl, die Sache unter Kontrolle zu
haben. So mancher alleinstehende Mann zieht ein solches Arrangement vor, weil die Möglichkeiten der Geliebten, ihn zu kritisieren oder Aufmerksamkeit von ihm
zu verlangen, relativ schwach sind, sobald sie sein An-

gebot einmal akzeptiert hat. Es ist auch praktischer für ihn, eine Geliebte zu haben als eine Ehefrau. Wenn er bezahlt, muß sie sich nach seinen Bedürfnissen richten. Wenn er Zeit hat, muß sie ebenfalls parat stehen. Jemanden zu bezahlen erlaubt es einem auch, allfällige Gespräche über die Zukunft auf ein Minimum zu beschränken; im allgemeinen gehen beide Partner ja stillschweigend davon aus, daß eine gemeinsame Zukunft eher unwahrscheinlich ist.

(Die meisten Geliebten ziehen einen verheirateten Mann bei weitem vor. Sie wissen, daß sie von seinen Schuldgefühlen wegen der Affäre aller Wahrscheinlichkeit nach profitieren werden.)

Das bedeutet, daß eine Geliebte ihrem »Herrn« in unterschiedlichem Ausmaß (je nach der Höhe der finanziellen Unterstützung, die er ihr zukommen läßt) verpflichtet ist. Vielleicht hat er nicht viel Zeit für sie, aber wenn er dann kommt, tut sie gut daran, ebenfalls bereit zu sein. Und wenn sie klug ist, empfängt sie ihn an der Wohnungstür mit einem Glas Martini und bringt Kerzenlicht, Musik und bittersüße Romantik in sein Leben – das Leben eines Mannes, der ständig unter dem Zeitdruck seiner Termine ächzt. Auch in sexueller Hinsicht ist eine gute Geliebte immer bereit. Sie ist meistens sehr gepflegt, körperlich fit und gut gekleidet, und sie hat genügend Zeit zum Enthaaren, zur Maniküre und zur Gesichtspflege. Wenn man bedenkt, wieviel Zeit und Mühe sie in die Pflege ihres Äußeren investiert, kann man sicher sein, daß sie es auch einsetzen wird. Sie hat auch den Vorteil, sich rar machen zu können: Selbst wenn sie nicht das schönste und exotischste Geschöpf der Welt ist (und die Wahrscheinlichkeit, daß sie das nicht ist, ist groß), ist der Sex mit ihr besonders aufregend, weil er etwas Besonderes ist.

Unbelastet von den Pflichten des Haushalts und der Kinder hat eine Geliebte für gewöhnlich jene Zeit und Energie für romantische Inszenierungen, die Ihnen fehlt. Und selbst wenn es sich um eine geschiedene Frau mit eigenem Haushalt und mit Kindern handelt, stehen diese Dinge bei ihr meist ein bißchen im Hintergrund. In dem Leben, das sie mit Ihrem Mann teilt, spielen sie keine Rolle, denn ihre Aufgabe ist es, ihm eine Erholung von seinem Alltag zu bieten, anstatt ihn einfach mit einer anderen Version davon zu konfrontieren.

Obwohl die Geliebte emotional durchaus beteiligt sein kann, wahrt sie wahrscheinlich eine größere Distanz als die Freundin, denn sie weiß, daß ihr Geliebter das, was er ihr an Zeit oder an stürmischen Liebesbeweisen nicht bieten kann, mit Geld wettmachen wird. Wenn die Geliebte auch keine so starke Bedrohung für Ihre Ehe ist wie die Freundin, stellt sie doch eine Belastung für die Gefühle und die Finanzen Ihres Mannes dar, die beide von Rechts wegen Ihnen zustehen.

Das Callgirl

Keine Frau freut sich, wenn sie bemerkt, daß ihr Mann fremdgeht. Aber wenn Sie entdecken, daß er zu Prostituierten geht, sind Sie in einer etwas besseren Situation als eine Frau, deren Ehemann eine Freundin oder Geliebte hat. Welche Gründe er für sein Fremdgehen auch haben mag – er ist offensichtlich nicht an einer emotionalen Bindung interessiert. Da er seinen außerehelichen

Sex mit einer professionellen Prostituierten hat, hat er wahrscheinlich nicht einmal das Gefühl, fremdzugehen. Die meisten Männer glauben, sie würden ihre Frau nicht richtig betrügen, wenn sie für Sex bezahlen. In ihren Augen handelt es sich dabei eher um eine geschäftliche Transaktion. Es sind keine Gefühle im Spiel, und die Beziehung ist nicht gefährdet, da es äußerst unwahrscheinlich ist, daß sie dasselbe Mädchen öfter als einmal treffen. (Männer gehen zu Callgirls, weil sie die Abwechslung lieben. Es kommt kaum vor, daß sie dasselbe Mädchen mehrmals treffen.)

Männer gehen zu Callgirls, weil sie sich nicht mit der Realität auseinandersetzen wollen. Hier haben sie die Garantie, daß das Mädchen nicht mehr von ihnen verlangt, als sie zu geben bereit sind. Woraus sie diese Garantie ableiten? Nun, eben daraus, daß sie für den Sex bezahlen. Eine Ehefrau oder eine Freundin hat einen Anspruch darauf zu erfahren, wo sich ihr Partner aufhält, was er tut und welche Gefühle er ihr gegenüber hat. Eine Frau, die für ihre Dienste bezahlt wird, hat ihr Recht, solche Forderungen zu stellen, gegen Geld aufgegeben. Das bedeutet, daß das Callgirl alles bewundert, was der Typ tut – zumindest für die paar Stunden, die er in ihrer Gesellschaft verbringt. Sie ist perfekt frisiert, hübsch gekleidet und bereit, alles zu tun, was er sich wünscht (sie verlangt sogar von ihm, ihre Schuhe zu lecken, wenn es *das* ist, was er will). Sie hat nur eine einzige Aufgabe: ihm Vergnügen zu bereiten.

Männer wissen natürlich, daß das eine reine Phantasie ist. Und das wollen sie auch. Die meisten von ihnen finden nichts wirklich Schlimmes daran – und das sollten

Sie auch nicht. Natürlich regen Sie sich auf, wenn Sie bemerken, daß Ihr Mann zu Callgirls geht. Aber Sie sollten sich zugleich bewußt machen, daß dies die emotional ungefährlichste Art des Fremdgehens ist.

Die große Frage:
Wollen Sie die Beziehung aufrechterhalten?

Wenn Sie guten Grund zu der Annahme haben, daß Ihr Mann fremdgeht, müssen Sie sich folgende Frage stellen: Möchte ich die Beziehung aufrechterhalten, oder möchte ich mich aus ihr lösen? Da diese Frage nicht leicht zu beantworten ist, sollten Sie vielleicht die Hilfe eines Eheberaters oder eines Therapeuten in Anspruch nehmen, um zu einer klaren Antwort zu kommen. Es gibt auch Bücher, die Ihnen bei der Beantwortung der vielen Fragen helfen, die sich in einer Beziehungskrise ergeben.

Natürlich besteht auch die Möglichkeit, daß Sie Ihre Ehe aufrechterhalten wollen, nachdem Sie Ihren Mann der Untreue überführt haben. Wie bereits gesagt, gibt es unzählige mögliche Gründe, warum ein Mann fremdgeht, und wenn klar ist, daß Vertrauen und Liebe noch vorhanden sind *und* Ihr Mann aufrichtig entschlossen ist, die Ehe zu retten, sollten auch Sie alles in Ihrer Macht Stehende tun.

Lassen Sie mich folgendes von vornherein sagen: Ich finde, daß sich eine Frau, die entdeckt, daß ihr Mann zu Prostituierten geht, niemals für die Beendigung der Ehe entscheiden sollte (natürlich vorausgesetzt, daß der

Mann ihre Gesundheit geschützt und bei seinen einschlägigen Aktivitäten Kondome verwendet hat; heute bestehen alle Callgirls darauf).

Ja, er ist fremdgegangen. Aber indem er seine Sexualpartnerschaften auf geschäftliche Transaktionen reduziert hat, hat er die bewußte Entscheidung getroffen, die emotionale Beziehung, die er zu Ihnen hat, nicht aufs Spiel zu setzen. Vielleicht hatte er das Gefühl, Ihnen seine wahren sexuellen Bedürfnisse nicht mitteilen zu können, oder vielleicht hatte er den Eindruck, daß Sie in letzter Zeit emotional distanziert waren. Wie auch immer, er möchte nicht darauf verzichten, Sie in seinem Leben zu haben. Wenn dem nicht so wäre, würde er nach einer anderen Frau Ausschau halten, mit der er eine richtige Beziehung eingehen könnte.

Jedenfalls müssen Sie Ihren Mann, wenn er sich mit einem Callgirl, einer Geliebten oder einer Freundin eingelassen hat, mit seiner Untreue konfrontieren. Was geschieht, wenn Sie das nicht tun? Selbst wenn er diese eine Affäre beendet, wird wahrscheinlich eine zweite folgen und dann eine dritte. Sie werden nie gemeinsam herausfinden, was es war, das ihn in die Arme einer anderen Frau getrieben hat. Irgendwo möchte er sogar, daß Sie ihn stellen, weil der Druck eines Doppellebens für ihn eine enorme emotionale Belastung bedeutet. Wenn Sie ihn nicht mit seinem Verhalten konfrontieren, werden Sie in einem permanenten Zustand der Angst nebeneinanderher leben.

Die Art und Weise, wie Sie an diese Konfrontation herangehen, hat große Auswirkungen auf Ihre Zukunft. Mit Scheidung zu drohen ist vollkommen kontraproduktiv, wenn Sie eigentlich lieber mit ihm zusammenbleiben möchten. Sie verhindern dadurch nur, sich bewußt zu machen, was in Ihrer Ehe wirklich nicht stimmt.

Mit einer eigenen Affäre zu kontern ist ebenfalls keine gute Idee. Sie verschaffen ihm dadurch nur eine Rechtfertigung für sein eigenes Fehlverhalten.

Ultimaten sind ebenso nutzlos – aus zwei Gründen: Erstens könnten Sie ihn damit in Panik versetzen (»Um Gottes willen, ich werde kein Zuhause mehr haben«) und auf diese Weise der anderen Frau die Chance verschaffen, ihn voller Verständnis bei sich aufzunehmen. Und zweitens, wenn er sich innerhalb der Frist, die Sie ihm eingeräumt haben, nicht zwischen Ihnen und der anderen Frau entscheiden kann und Sie dann (wie so viele Frauen) klein beigeben und ihm eine »Fristverlängerung« gewähren, weil Sie ihn in Wirklichkeit unbedingt behalten möchten, wird er Ihre Ultimaten nie wieder ernst nehmen.

Statt dessen müssen Sie sich die Chance geben, ohne Hysterie darüber zu sprechen, was er getan hat und *warum*. Wie sehr es Sie auch schmerzen mag, Ehrlichkeit ist an diesem Punkt ein absolutes Muß. Der beste Schauplatz für derartige Diskussionen ist natürlich die Praxis eines Eheberaters.

Die Kunst, sich unentbehrlich zu machen: Schreiben Sie Ihre gemeinsame Geschichte

Viele Frauen geben in einer Ehekrise freiwillig die wirkungsvollste Waffe aus der Hand, die ihnen zur Verfügung steht, um die Ehe aufrechtzuerhalten: ihre gemeinsame Geschichte. Sie blieben beide die ganze Nacht auf, als sich die kranken Kinder die Lunge aus dem Leib husteten. Er fuhr mit der ganzen Familie im Urlaub nach Disneyland, und auf sein Konto gingen die vierundzwanzigstündigen Sexmarathons zu Beginn Ihrer Beziehung. Sie hatten ein gemeinsames Leben – ob es nun glücklich war oder nicht. Und sich von einem Stück gemeinsamen Lebens zu verabschieden ist enorm schwierig.

Den meisten Männern fällt es nicht leicht, sich aus einer langjährigen, engen Beziehung zu lösen. Selbst wenn Ihre Ehe nicht glücklich war, hat sich Ihr Mann an Sie und Ihren Lebensstil, an das Haus und an den Alltag mit Ihnen gewöhnt. Und natürlich liebt er die Kinder. Bedenken Sie, daß Männer keine Veränderungen mögen, und Sie sind eine bekannte Größe. Was immer dort draußen an aufregenden Dingen auf ihn wartet, weckt nicht nur sein Interesse, sondern macht ihm auch angst. Hier kommt aber noch ein anderer Faktor ins Spiel: Wenn ein Mann in eine Ehe investiert hat, fühlt er sich verpflichtet, an seiner Investition festzuhalten, es sei denn, sie hat sich als so schlecht erwiesen, daß er die Situation nicht länger erträgt. Viele Männer, die meine Mädchen buchten, erzählten uns, daß sie in ihrer Ehe unglücklich waren. Aber sie lösten sich nicht aus ihr, weil sie der Ansicht waren, einen Vertrag geschlossen zu haben. Ihr Ehemann hat sich nicht nur Ihnen, sondern auch Ihren Kindern und dem weiteren Familienkreis gegenüber verpflichtet.

Wenn Ihre Beziehung derzeit also in einer Krise steckt, sollten Sie sich bewußtmachen, daß Sie geradezu aktiv daran *arbeiten* müssen, wenn Sie wollen, daß er tatsächlich geht. Die meisten Männer bleiben lieber bei dem, was sie kennen, statt sich auf unbekanntes Terrain vorzuwagen.

(Sind Sie die Geliebte eines verheirateten Mannes, der Ihnen andauernd erzählt, daß er seine Frau verlassen wird, sobald die Kinder ihre Ausbildung abgeschlossen haben oder wenn sich seine Frau einen Job gesucht hat ...? Nun, solchen Aussagen sollten Sie nicht leichtfertig Glauben schenken. Weniger als 20 Prozent der fremdgehenden Männer verlassen ihre Partnerin.)

Es liegt an Ihnen, an der gemeinsamen Geschichte zu bauen. Vielleicht tun Sie das bereits, wenn auch unbewußt. Vielleicht kommen zu Ostern alle Verwandten zu Ihnen nach Hause. Vielleicht veranstalten Sie ein traditionelles Sommerpicknick für Freunde und Nachbarn. Vielleicht engagieren Sie sich sehr stark für Ihr gemeinsames Gesellschaftsleben. Während er die Planung Ihrer Reisen übernimmt, sind Sie es, die daran denkt, die Kamera einzupacken und sich mit der Geschichte Ihres Reiseziels vertraut zu machen. Schaffen Sie Rituale, auch wenn sie so einfach sind, wie etwa darauf zu bestehen, daß sich die ganze Familie jeden Freitagabend zusammensetzt und gemeinsam zu Abend ißt.

Wichtig ist, daß Ihr Mann und Sie einen ständig wachsenden Schatz gemeinsamer Erlebnisse teilen, an die Sie beide gern zurückdenken. Machen Sie viele Fotos, und bewahren Sie die Alben im Bücherregal im Wohnzimmer auf. Wenn Sie ein Gast über ein Souvenir oder ein Kunstobjekt befragt, das Sie von einer Ihrer gemeinsamen Reisen mitgebracht haben, erzählen Sie kurz von der Reise, und sorgen Sie dafür, daß auch Ihr Partner in der Geschichte vorkommt. Vielleicht sollten Sie ihm auch ein paar Bilder von sich und den Kindern (samt passenden Rahmen) geben, die er in seinem Büro aufstellen kann. Sorgen Sie dafür, daß bestimmte Insignien Ihres gemeinsamen Lebens (wie der Aschenbecher, den Ihre Tochter im Sommerlager getöpfert hat, oder der Pokal, den das Basketballteam Ihres Sohnes im letzten Sommer gewann) für alle sichtbar aufgestellt werden. Alle diese Dinge (sogar Erinnerungen an traurige Ereignisse) sorgen dafür, daß Sie als Paar wahrgenommen werden. Wenn nun also eine Krise naht und er denkt: *Guter Gott, nichts wie raus hier*, ist er gezwungen innezuhalten und auch zu denken: Ich würde nicht nur die Ehe aufgeben. Ich würde mein ganzes Leben aufgeben.

Problem: *Er ist in Versuchung fremdzugehen, weil er sich langweilt.*
Lösung: *Bringen Sie Spannung und Abenteuer in Ihr gemeinsames Leben.*
Eine der häufigsten Klagen, die meine Mädchen von den Kunden zu hören bekamen, lautete: »Sobald ich verheiratet war, wurde mein Leben so vorhersagbar und so langweilig.« Die Tatsache, daß Männer über den Alltagstrott jammern, bedeutet noch lange nicht, daß

sie selbst aktiv werden, um etwas zu verändern. Normalerweise bleibt es der Frau überlassen, etwas zu unternehmen, um neuen Schwung in ihr Leben zu bringen. Ich verlange nicht von Ihnen, daß Sie sich eines Abends im Bett Ihrem Mann zuwenden und ihm vorschlagen: »Liebling, ich finde, wir sollten Tiefseetauchen lernen.« Abenteuer müssen nicht lebensgefährlich sein, um Spaß zu machen. Sie brauchen nichts weiter als ein bißchen Unternehmungsgeist. Vielleicht finden Sie unter den folgenden Vorschlägen etwas, was Ihnen Spaß machen könnte?

Das Rockefeller-Abenteuer. Sie können so tun, als wären Sie reich, ohne daß Sie dafür finanzielle Opfer bringen müssen. Besuchen Sie eine Bootsausstellung, und lassen Sie sich ein Angebot für die teuerste Jacht vorlegen. Wenn Ihr Mann das nächste Mal sehnsüchtige Blicke auf einen Ferrari wirft, schlagen Sie ihm vor, zu einem Ferrari-Händler zu gehen und einen Wagen probezufahren. Suchen Sie sich die eleganteste Villa in Ihrer Umgebung, und bekunden Sie ernsthaftes Interesse an einem Kauf. Gehen Sie zu Tiffany's, und machen Sie Ihrem Mann, der da ernsthaft zögert, Ihnen den 300 000 Dollar schweren Smaragd- und Diamantklunker zu kaufen oder den makellosen Rubinring für lächerliche 400 000 Dollar, eine Szene. (Zugegeben, letzteres ist *Ihre* Phantasie, aber mit etwas Glück findet auch er Gefallen daran.)

Das Reiseabenteuer. Sie können sich also keinen Urlaub auf den Galapagosinseln leisten? Wie wäre es statt dessen mit einem Urlaubswochenende, das *Sie* planen, über dessen Ziel Sie ihn aber bis zur Ankunft im ungewissen lassen? Viele Luxushotels in großen Städten bieten spezielle Wochenendtarife an. Oder vielleicht zieht er ein »dirty weekend« in einem verschwiegenen Motel mit einschlägigen Filmen und einem herzförmigen Whirlpool vor? Wenn er gern spielt, könnten Sie einen Casinobesuch planen oder einfach beim Pferderennen wetten. Vielleicht braucht sein »inneres Kind« ein Wochenende in Disney World. Oder verspürt sein »innerer Cowboy« das dringende Bedürfnis nach einem Urlaub auf einer Abenteuerranch? Romantische Frühstückspensionen, lokale Messen und Ausstellungen oder ein schneller Abstecher in ein tolles Freizeitzentrum – Grenzen setzt Ihnen nur Ihre Phantasie.

Problem: Er ist in Versuchung fremdzugehen, weil er das Gefühl hat, nicht geschätzt zu werden.
Lösung: Überschütten Sie ihn mit Anerkennung.
Ich kann schon hören, wie Sie sagen: »Sydney, der Mann ist schließlich fünfundvierzig Jahre alt. Man sollte meinen, er sei alt genug, daß ich nicht die ganze Zeit so viel Aufhebens um ihn machen muß.« FALSCH! Das bringt uns wieder zu der alten Wahrheit, daß alle Männer in ihrem Inneren kleine Jungen sind, die das Gefühl brauchen, etwas Besonderes zu sein, jenes Gefühl, das ihnen ihre Mutter in der Kindheit vermittelt hat. Und wenn er siebzig ist: So wie wir es nie müde werden zu hören, wie hübsch wir sind, wird er es nie müde zu hören, was für ein toller Kerl er ist.
Ich will nicht sagen, daß Sie nun unbedingt lügen oder ihn für Eigenschaften loben müssen, die er schlicht nicht besitzt. Aber es muß doch etwas geben, was an ihm be-

wundernswert ist – schließlich haben Sie ihn ja geheiratet, oder? Versuchen Sie Dinge zu finden, die Sie als selbstverständlich betrachten, und diese Dinge besonders hervorzuheben. Selbst wenn Ihr Lob nicht ganz so aufrichtig ist wie vor zwanzig Jahren, ist es sehr unwahrscheinlich, daß er Ihnen auf die Schliche kommt.

Ihr Mann wünscht sich nicht nur Anerkennung für das, was er für Sie tut, sondern auch für das, was er für sich selbst leistet. Loben Sie ihn, wenn er Überstunden macht, damit Sie sich die fällige Dachreparatur oder einen schönen Urlaub leisten können. Sie freuen sich ja wirklich darüber, und das sollten Sie ihm auch sagen. Aber es gibt noch andere Dinge, die er tut und die Sie als Selbstverständlichkeit hinnehmen, weil sie Ihnen nicht so wichtig sind wie ihm. Nehmen wir an, daß er am vergangenen Samstag drei Stunden lang den Wagen gewaschen, poliert und sogar den Innenraum gereinigt hat. Nun kommt er mit stolzgeschwellter Brust ins Haus, um Ihnen von seiner Heldentat zu berichten, und Sie sagen so ganz beiläufig: »Fein, Liebling. Kannst du uns jetzt eine Pizza zum Abendessen holen?«

Jetzt ist er am Boden zerstört. Er hat gerade drei Stunden seiner wertvollen Zeit geopfert, damit Sie den glänzendsten Wagen der ganzen Nachbarschaft fahren, und nun wollen Sie ihn dafür nicht einmal loben!

Vielleicht sollten Sie einmal überlegen, mit welchen Aktivitäten er seine Zeit verbringt – all die Dinge, die für ihn offensichtlich sehr wichtig sind, wenn sie Ihnen auch banal erscheinen mögen. Loben Sie ihn für das, was er tut! Der Ehemann meiner Freundin Melanie pflegte am Wochenende nach Hause zu kommen und routinemäßig kleine Mängel und Defekte im Haushalt zu ignorieren, wie zum Beispiel, daß die Schiebetür klemmte oder ähnliche Dinge. Dafür verbrachte er aber fünf Stunden mit seinem Sohn und half ihm, seinen Modellhubschrauber zusammenzubauen. Melanie lief Sturm gegen diese Rangordnung seiner Prioritäten, bis ihr eines Tages klar wurde, daß ihr Protest sinnlos war. Sie konnte jemanden mit der Reparatur der Schiebetür beauftragen, aber sie konnte die Vaterpflichten nicht an jemand anderen delegieren. Also begann sie ihn für sein Verhalten zu loben: »Ich finde es unglaublich, wie du all diese winzigen Stücke so perfekt zusammensetzen kannst ...« – »Und«, so erzählte mir Melanie, »Ken strahlte wie ein Honigkuchenpferd.«

Je mehr Anerkennung Sie ihm schenken, desto größer ist die Wahrscheinlichkeit, daß Sie auch Anerkennung zurückbekommen.

Versuchen Sie außerdem herauszufinden, bei welchen Aktivitäten er sich Ihnen am nächsten fühlt. Der Freund einer meiner Freundinnen liebt es, gemeinsam mit ihr Ausflüge mit seinem Boot zu unternehmen. In Wirklichkeit haßt meine Freundin das Boot: sie würde lieber die Möbel neu polstern oder im Warenhaus nach Sonderangeboten stöbern. Aber trotzdem überwindet sie sich jeden Sommer ein paarmal und verbringt eine Nacht auf dem verdammten Ding. Er freut sich das ganze Jahr auf diese Ausflüge, und sie tut es für ihn.

Vielleicht möchte er, daß Sie etwas mit ihm teilen, das für ihn eine ganz spezielle Bedeutung hat, das Sie aber immer vor sich hergeschoben haben, weil es Ihnen längst nicht so wichtig ist wie ihm. Es wird Sie nicht umbringen, seinen Wünschen dann und wann nachzugeben, einfach um ihm eine Freude zu machen. Sie haben dann außerdem auch etwas in der Hand, wenn Sie ihn überreden wollen, etwas für Sie zu tun, das bei ihm nicht gerade Begeisterungsstürme auslöst.

Anerkennung bedeutet nicht, daß Sie allem, was er sagt oder tut, blind zustimmen müssen. Natürlich sollten Sie ihm mitteilen, wenn Sie mit ihm nicht einer Meinung sind oder wenn Ihnen die Art seines Umgangs mit einer Sache problematisch erscheint. Sagen Sie es ihm – aber nicht öffentlich.

Ich meine auch nicht, daß Sie ihm in politischen Dingen oder in anderen Fragen nichtpersönlicher Natur nicht widersprechen sollten, wenn es nötig ist. Aber bei den persönlicheren Dingen sollten Sie mit Kritik sehr sparsam umgehen. Wenn er erzählt, wie er sich gegenüber Tom mit seiner Marketingstrategie durchgesetzt hat, schnappen Sie nicht: »Ich dachte, du hättest mir erzählt, daß der Chef Toms Strategie besser fand.« Ein Partner – ganz gleich ob Mann oder Frau – empfindet es als den ärgsten Verrat, wenn er oder sie öffentlich kritisiert wird. Seien Sie in der Öffentlichkeit immer sein größter Fan, sein lautester PR-Aktivist. Möglicherweise ist es ihm peinlich, seine eigenen Qualitäten lautstark zu preisen, aber er wird begeistert sein, wenn Sie es tun.

Problem: Er ist in Versuchung fremdzugehen, weil er nach geistiger Anregung sucht.
Antwort: Lernen Sie, eine intellektuelle Herausforderung für ihn zu sein.
Überlegen Sie einmal: Wenn ein Mann zu einer Prosti-

tuierten geht, bleibt er durchschnittlich zwei Stunden
lang. Der Sex nimmt ganze fünf Minuten von dieser
Zeit in Anspruch. Einige meiner Freundinnen, die Geliebte waren, erzählten mir, daß ihre Freunde sie oft besuchten, ohne mit ihnen schlafen zu wollen. Sie saßen
einfach da und redeten. Glauben Sie also nicht, daß
Männer nur deshalb fremdgehen, weil sie zu Hause
nicht genug Sex bekommen. Meist ist das nicht der
Grund, warum sie ihre Frauen betrügen. Etwa 65 Prozent der Männer tun es, weil sie das Gefühl haben,
nichts mehr mit ihrer Partnerin gemeinsam zu haben.
Es klingt so selbstverständlich, aber ich kann es nicht
genug betonen: Es ist wichtig, daß Sie sich etwas zu sagen haben und wissen, was in der Welt rund um Sie vor
sich geht. Damit meine ich nicht, daß Sie unbedingt
über die neuesten Folgen Ihrer Lieblingsseifenoper Bescheid wissen oder genauestens über den Scheidungs-
skandal irgendeines Leinwandstars informiert sein
müßten. (Bitte verstehen Sie mich aber da nicht falsch:
Viele Männer mögen ein bißchen trivialen Tratsch genauso wie Frauen.) Wie dem auch sei – Sie müssen zumindest eine gewisse Vorstellung von dem haben, was
in der Welt vor sich geht.
Ich verlangte zum Beispiel von meinen Mädchen, daß
sie regelmäßig ein politisches Wochenmagazin wie *Time*
oder *Newsweek* lasen, sich die Fernsehnachrichten ansa-
hen oder sich Nachrichtenmagazine im Radio anhörten.
Das ist eine *Mindestforderung*. Wenn Sie während der
Woche keine Zeit haben, sich die Nachrichten anzusehen, sollten Sie das wenigstens am Wochenende nach-
holen und sich auch politische Talk-Shows ansehen.

Männer reden gern über *Themen*, nicht nur darüber, was die Kinder gerade machen oder ob der Mann vom technischen Kundendienst heute morgen vorbeigekommen ist und die Waschmaschine repariert hat. Und wenn Ihr Mann Freunde mit geistigen Interessen hat, ist es ein wenig peinlich für ihn, wenn Sie beispielsweise gemeinsam zum Abendessen ausgehen und Sie bei der Konversation nicht mithalten können. (Natürlich haben viele Frauen auch genau das entgegengesetzte Problem: Sie sind es, die mit ihren Männern gern über anspruchsvollere Themen sprechen möchten als über das, was die lieben Kleinen gerade so treiben.)

Wenn Politik nicht die Leidenschaft Ihres Mannes ist, sollten Sie herausfinden, wo seine Interessen liegen. Dann informieren Sie sich in groben Zügen über das betreffende Thema, selbst wenn es sich um einen Sport handelt, der Sie zu Tode langweilt. Wenn Ihr Mann ein Hockeyfan ist, brauchen Sie sich trotzdem nicht alle Gewinner des Stanley Cup von 1954 bis heute zu merken. Aber Sie sollten wissen, was ein Puck und welche Mannschaft sein Lieblingsteam ist. Anders ausgedrückt: Bekunden Sie Interesse an seinem Leben. Das taten Sie doch, bevor Sie heirateten, und Sie sollten es auch jetzt tun.

Auf diese Weise schmieden Sie nicht nur engere Bande zwischen Ihnen und Ihrem Mann, sondern Sie tun ihm auch insofern einen Gefallen, als Sie *ihm* eine Fülle an Informationen und Erkenntnissen vermitteln, über die er mit seinen Freunden sprechen kann. Jedesmal, wenn Sie ihn mit einer Geschichte amüsieren, die Sie in CNN gesehen haben, oder wenn Sie ihm das Neueste über den letzten Sportskandal berichten, schenken Sie ihm etwas, mit dem er seine Gespräche mit seinem Chef oder seinen Arbeitskollegen würzen kann. Sie werden überrascht sein, wie oft er von diesen Beiträgen und Anregungen Gebrauch macht. Vergessen Sie nicht: Wenn Ihnen jemals der Gesprächsstoff mit Ihrem Partner ausgeht, dann gibt es immer noch ein todsicheres Thema, das ihn ganz bestimmt interessiert: er selbst, seine Ideen und Vorstellungen, seine Interessen, sein Job. Fast alle Männer interessieren sich jederzeit und zu jeder Gelegenheit für sich selbst.

Problem: *Er ist in Versuchung fremdzugehen, weil er Sie nicht mehr attraktiv findet.*
Lösung: *Zeit für eine »Generalüberholung«.*
Ich habe wirklich nicht die Absicht, die Neurosen der Frauen über ihr Aussehen noch mehr anzuheizen, als dies allenthalben geschieht. Wahrscheinlich sehen Sie sich selbst weitaus kritischer, als dies Ihr Partner tut. All die kleinen Falten und Unebenheiten Ihres Körpers, die Sie in schiere Panik versetzen, hat er aller Wahrscheinlichkeit nach noch nicht einmal bemerkt. (Meiner Meinung nach ist es auch günstig, einen stark kurzsichtigen Partner zu haben.)
Falls sich Ihr Aussehen aber im Lauf der letzten Jahre deutlich verschlechtert hat – Sie haben stark zugenommen oder sind in der Körperpflege schlampig geworden –, sollten Sie sich am Riemen reißen und beginnen, etwas für sich zu tun, und zwar *sofort*. Treten Sie einem Fitneßklub bei, machen Sie bei einem Hallensportteam mit, oder gehen Sie einfach jeden zweiten Tag eine

Stunde joggen. (Neuere Studien haben gezeigt, daß körperliche Betätigung Ihnen nicht nur hilft, abzunehmen und den Muskeltonus zu stärken, sondern daß sie auch Ihre Orgasmusfähigkeit steigert!)

Ich möchte Ihnen auch keine Vorträge über Ernährung halten. Sie wissen ja, was zu tun ist, wenn Sie dafür sorgen wollen, daß Ihr Gewicht auf die richtigen Stellen verteilt ist. Aber vielleicht sollten Sie, während Sie beim Abnehmen sind, auch Ihre Garderobe unter die Lupe nehmen.

Wann haben Sie Ihren Mann das letzte Mal in etwas anderem begrüßt als in einem Sweatshirt?

Natürlich würde ich zu Hause auch nicht mit Pantöffelchen mit Bleistiftabsätzen und Marabu-Besatz und einem figurbetonten Chiffonmorgenmantel herumlaufen, wie sie die Kinostars der vierziger Jahre in den allseits bekannten Filmkomödien trugen. Aber vielleicht fällt Ihnen trotzdem eine Alternative zu diesen zeltartigen Sackkleidern oder dem fleckigen mittelbraunen Bademantel ein. Denken Sie zum Beispiel an hautenge (aber trotzdem bequeme) Leggins, an Feuchtigkeitscreme und nur einen Hauch Rouge und Lipgloss anstelle von gar nichts. Schweren Schmuck können Sie durch winzige Ohrstecker ersetzen, die Sie überhaupt nicht stören. Wenn Ihnen Mützen oder Tücher stehen, halten Sie für Tage, an denen Ihr Haar nicht so gut sitzt, eine Kollektion davon bereit.

Und die Unterwäsche? Werfen Sie alles weg, was aussieht wie ein Nageknochen für Ihren Hund.

Achten Sie vor allem auf Reinlichkeit: frisch gewaschenes Haar, reiner Atem, saubere Fingernägel und taufrische Haut, vielleicht mit einem Hauch Lotion in seiner Lieblingsduftnote.

Problem: *Er ist in Versuchung fremdzugehen, weil er das Gefühl hat, daß Sie ihm seine Identität nehmen.*

Lösung: *Sorgen Sie dafür, daß er sich seiner eigenen Identität immer bewußt ist.*

Vielleicht braucht er, um wieder zu sich selbst zu finden, nichts weiter als einen Raum im Haus, der *ausschließlich* ihm gehört und in dem er das Bier auf den Tisch stellen kann, ohne sich vor Wasserringen fürchten zu müssen. Oder vielleicht haben Sie bisher seine Kleidung für ihn ausgewählt. Lassen Sie ihn doch auf dem Golfplatz seine bunten Shorts tragen, auch wenn sie noch so lächerlich aussehen. Binden Sie ihn stärker in Entscheidungen ein, die den Haushalt betreffen. Nicht daß Sie ihn jedesmal fragen müßten, wenn Sie einen Notizmagneten für den Kühlschrank anschaffen, aber geben Sie ihm zumindest das Gefühl, daß Ihnen sein Geschmack in häuslichen Fragen wichtig ist. Und wann immer zu entscheiden ist, was die Kinder zu essen bekommen oder ob sie am Abend fernsehen dürfen, geben Sie doch einen Teil der Entscheidungsgewalt an ihn ab. Wahrscheinlich braucht er nichts weiter, um sich wieder als Herr seiner eigenen Angelegenheiten zu fühlen.

Problem: *Er ist in Versuchung fremdzugehen, weil er das Gefühl hat, an Ihrer Liebe zu ersticken.*

Lösung: *Nehmen Sie Ihr Leben selbst in die Hand!*

Viele Frauen fühlen sich verunsichert, wenn ihre Männer Interessen haben, an denen sie nicht teilhaben. Das ist ein Fehler. (Übrigens ist es auch nicht logisch: Wollen Sie wirklich, daß er mitzockelt, wenn Sie einkaufen oder zur Maniküre gehen?) Natürlich sollten Sie gemeinsame Interessensgebiete haben, aber ebenso wichtig ist es, daß Sie Ihre eigenen Interessen und Aktivitäten verfolgen und ihm auch die seinen lassen. Ermutigen Sie Ihren Mann dazu, Dinge allein zu tun!

Ich war einmal mit einem Mann befreundet, der nur sehr wenige männliche Freunde hatte. (Leider ist das ziemlich häufig. Studien haben gezeigt, daß die meisten Männer angeben, ihre Partnerin sei ihre beste Freundin, während die meisten Frauen dieses Kompliment nicht erwidern.) Wenn ich mit meinen Freundinnen ausging, saß er zu Hause und wartete auf mich, und ich hatte Schuldgefühle, weil ich ihn so einsam zu Hause sitzen ließ. Warum nahm *er* sein Leben nicht selbst in die Hand?

Es gibt viele Männer, die dasselbe Problem mit ihren Frauen haben. Da man die Fehler von Natur aus meist beim anderen sucht, glaubt eine Frau, die ihrem Mann wegen seiner Herrenabende Schuldgefühle macht, nicht, daß sie sich unvernünftig verhält. Wir rationalisieren diese Dinge gern, weil wir schließlich ebenso wie unser Liebster berufstätig sind und weil uns ohnehin wenig gemeinsame Zeit bleibt. Wenn das Wochenende kommt, sollten wir doch gemeinsam etwas unternehmen, nicht wahr?

Ich will damit nicht sagen, daß Sie keine Gemeinsamkeiten haben sollten. Natürlich sollen Sie das. Aber Sie können nicht erwarten, daß er alles gemeinsam mit Ihnen macht. Wenn es Ihnen gelingt, sich Ihre Angst vor der Selbständigkeit bewußtzumachen und sie zu besiegen, garantiere ich Ihnen, daß Sie sich befreit fühlen werden, ganz gleich, was in Ihrer Beziehung vor sich geht. Sie werden immer noch gelegentlich einsam sein und bisweilen Probleme mit Ihrem Partner haben. Aber von nun an werden Sie *Ihr* Leben leben und nicht das seine.

6

Ein wenig Weiterbildung in Sachen Sex kann Wunder wirken

Einer der in unserer Kultur am stärksten verankerten Mythen besagt, daß Sex immer Spaß machen und immer spontan sein muß. In Wahrheit verhält es sich mit gutem Sex in etwa wie mit einer Urlaubsreise. Urlaub macht Spaß – vorausgesetzt, daß er gut geplant ist. Bevor Sie losfahren, müssen Sie die Reiseroute erstellen und Hotelreservierungen buchen, ein Auto mieten, die Post- und Zeitungszustellung abbestellen und all die kleinen Haushaltspflichten delegieren, so daß Sie mit ruhigem Gewissen wegfahren können. Beim Sex profitieren Sie ebenso wie beim Urlaub am meisten, wenn Sie nicht müde werden zu forschen und bereit sind, kleine Risiken in Kauf zu nehmen. Und auch beim Sex müssen Sie ebenso wie im Urlaub gelegentliche Enttäuschungen mit Humor nehmen: Bisweilen steht man eben an der Tür zum Paradies, und dann regnet es! Anders ausgedrückt: Wenn Sie Spaß haben wollen (gleich ob an einem langen, sinnlichen Nachmittag im Bett oder am Strand), werden Sie um ein gewisses Maß an Arbeit nicht herumkommen, insbesondere nicht in einer langfristigen Beziehung.

Ich will nicht versuchen, Ihnen hier einen Bären aufzubinden. Es wäre unrealistisch zu sagen, daß Sex mit einem Partner, mit dem Sie seit Jahren zusammen sind, den Sie mit allen möglichen Unpäßlichkeiten haben kämpfen sehen und den Sie so gut kennen wie Ihre Handtasche, so aufregend und spontan sein wird wie im ersten Jahr Ihres Zusammenseins. Es ist auch unwahrscheinlich, daß Ihr Partner *genau* dieselbe Spannung verspürt wie damals, als er Sie das erste Mal küßte. (Im allgemeinen können Frauen diese Tatsache leichter verstehen und akzeptieren als Männer. Manche Männer gehen fremd, weil sie nicht reif genug sind zu verstehen, daß das Abflauen der sexuellen Gefühle etwas Unvermeidliches ist. Sie glauben, etwas sei nicht in Ordnung, und nun begeben sie sich auf die Suche nach diesem sexuellen »High«, was es auch kosten mag.)

Ruhiger zu werden bedeutet aber nicht, daß man sich mit etwas Geringerem zufriedenzugeben braucht. Der Sex, den Sie mit Ihrem Partner haben, kann immer noch abenteuerlich, leidenschaftlich, verspielt, zärtlich und zutiefst befriedigend sein, und zwar viel mehr als Sex mit jemandem, den Sie kaum kennen. Sie müssen nur härter daran arbeiten, als Sie das in einer neuen Beziehung tun würden, damit dieser leidenschaftliche Sex Wirklichkeit wird. (In den nächsten Kapiteln sage ich Ihnen, wie Sie es richtig machen.)

Bevor ich nun auf die sexuellen Bedürfnisse Ihres Partners eingehe, sollten Sie sich über die Ihren Gedanken machen. Über die eigenen sexuellen Wünsche Bescheid zu wissen ist die entscheidende Voraussetzung, wenn Sie eine gute Liebhaberin sein wollen.

Entdecken Sie Ihre sexuelle Persönlichkeit

Der Grund, warum mein Buch *Mayflower Madam* zu einem so durchschlagenden Erfolg wurde, liegt meiner Meinung nach darin, daß ich eher aussehe wie die Organisatorin eines Car Pools aus Greenwich, Connecticut, als wie die grelle, aufgetakelte Chefin eines Callgirl-Rings mit einschlägiger Ausdrucksweise. In all den Jahren seither habe ich mich oft gefragt, inwieweit unser nach außen zur Schau getragenes Wesen und unsere sexuelle »Persönlichkeit« übereinstimmen.

Die meisten Frauen fühlen sich irgendwann einmal beengt von dem äußeren Image, das sie sich zugelegt haben – einem Image, das ihrem wahren Selbst nicht notwendigerweise entspricht. Unsere kulturellen Gepflogenheiten erlauben es uns nicht, unsere sexuelle Persönlichkeit irgend jemand anderem als unserem Partner – allerhöchstens engen Freundinnen – zu zeigen. Und obwohl wir enorm viel Zeit damit verbringen, andere Aspekte unserer Persönlichkeit zu analysieren (alles vom Modegeschmack über religiöse Überzeugungen bis hin zur politischen Einstellung), überlegen sich nur die wenigsten Frauen, wer sie in sexueller Hinsicht sind.

Unsere sexuelle Natur ist nur ein Aspekt unserer Persönlichkeit; sie ist eine der Rollen, die wir verkörpern: Eine Persönlichkeit setzt sich aus einer Vielfalt von Rollen zusammen – Mutter, Tochter, Ehefrau, Chefin, Angestellte, Freundin. Und jede dieser Rollen stellt andere Anforderungen an uns als Person. Das Problem für viele Frauen besteht darin, daß es für die Sexualität kaum *realistische* Rollenmodelle gibt. Italiener und Franzosen schätzen die Sinnlichkeit von Ehefrauen und Müttern hoch ein – tatsächlich wird dort das sexuelle Potential einer Frau oft höher bewertet, nachdem sie diese Meilensteine im Leben passiert hat. Aber in der amerikanischen Kultur reicht es nicht aus, den jeder Schwerkraft spottenden Körper eines MTV-Girls zu haben; dort muß eine Frau, die als sexy gelten will, auch noch den Mythos verbreiten, vollkommen frei von Verantwortung und Pflichten zu sein. Eine Mutter ist in den USA per definitionem nicht sexy, denn für sie gibt es »wichtigere« Dinge, um die sie sich kümmern muß. Am meisten Sex-Appeal wird der Phantasiefrau zugeschrieben: Single, allzeit bereit, mit einem Hintern (und anderen Körperteilen) aus Stahl. Wir beten etwas an, was nicht existiert.

Wenn wir heiraten und Kinder bekommen, legen wir unsere sexuelle Persönlichkeit also oft auf Eis. Wir schlüpfen in die traditionellen Rollen: »Du bist der Papa, ich bin die Mama.« Natürlich haben wir Sex, aber er wird oft zu einer vertrauten Routine unter vielen. Da wir uns um so viele andere Dinge zu kümmern haben, kann er einfach nicht der Mittelpunkt unseres Lebens sein. Wenn Sie eine Million Pflichten haben, wenn Sie Ihre Energie auf Dutzende verschiedener Schauplätze verteilen müssen, können Sie schwerlich die Energie aufbringen, um sich ausschließlich auf Sex zu konzentrieren, und sei es auch nur für eine Stunde. So schlüpfen Sie am Abend lieber in das bequeme T-Shirt, statt Reizwäsche anzulegen.

Aber obwohl Sie so viele andere Rollen ausfüllen müssen, kann es sich als destruktiv erweisen, wenn Sie Ihre sexuelle Persönlichkeit einfach ignorieren oder verdrängen. Sie müssen genauso Liebhaberin wie Ehefrau und Mutter sein. Ein Grund für das Fremdgehen, den ich von buchstäblich Hunderten von Männern gehört habe, lautet: »Meine Freundin tut Dinge mit mir, zu denen meine Frau längst nicht mehr bereit ist.«

Sie müssen sich die Zeit nehmen, die notwendig ist, um zu Ihrem vorehelichen Sex zurückzufinden. Fragen Sie sich: Was bedeutet mir Sex? Wann fühle ich mich am attraktivsten, am lebendigsten? *Das* ist das Wesen der sexuellen Persönlichkeit.

Die sexuelle Persönlichkeit setzt sich aus drei Komponenten zusammen:

Sexuelle Überzeugungen und Einstellungen

Unsere Vorstellungen über Sex und über unsere eigene Sexualität bilden sich praktisch in dem Augenblick, in dem wir geboren werden. Sobald wir unseren Blick kontrollieren können, beobachten wir unsere Eltern. Wie gehen Sie miteinander um? Welche Einstellung haben sie zum Körper des anderen? Küssen und umarmen sie sich in der Öffentlichkeit, oder berühren sie einander kaum? Diese frühen Erfahrungen können bestimmend dafür sein, was wir angenehm oder abschreckend, wichtig oder unwichtig finden.

Trotzdem können viele Frauen zwischen dem, was ihnen über Sex beigebracht wurde, und dem, was sie tatsächlich glauben, nicht unterscheiden. Unsere Gesellschaft fördert eine Art sexuelle Schizophrenie. Wir werden ermutigt, ungeheuer viel Zeit und Geld zu investieren, um begehrenswert zu erscheinen, und trotzdem sollen wir gleichzeitig cool sein, sogar leicht distanziert, um unerwünschte und oft unspezifische männliche Avancen abzuwehren. Man sagt uns, wir sollten in der Liebe keine Spielchen spielen, aber man sagt uns gleichzeitig, wir sollten uns rar machen. Ein nettes Mädchen ist kein »leichtes« Mädchen, aber es sollte auch nicht allzu schwierig sein. Die Liste der doppelten Botschaften, die uns in bezug auf unsere Sexualität vermittelt werden, ist endlos.

Nimmt es da noch wunder, daß sich viele Frauen weigern, über Sex überhaupt nachzudenken? Das Thema ist einfach zu verwirrend und zu anstrengend.

Wenn Sie beim Thema Sex jemals eine ähnliche Angst oder Gleichgültigkeit verspürt haben, könnte es an der Zeit sein, Ihre eigenen sexuellen Überzeugungen und Einstellungen zu analysieren. Was bedeutet Sex für Sie? Ein Vergnügen oder eine Pflicht? Vielleicht gilt Sex in Ihrer Religion als etwas Sündiges, oder Ihre Mutter gab Ihnen zu verstehen, daß sie Sex nicht mochte. Vielleicht hatten Sie vor der Ehe keine oder nur wenig sexuelle Erfahrung, und Sie fühlten sich Ihrem Partner diesbezüglich unterlegen. Sind Sie unsicher hinsichtlich Ihrer Art der sexuellen Liebe? Wissen Sie nicht genau, was Sie erregt? Gibt es Dinge, die Sie oder Ihr Partner falsch oder schmutzig finden? Warum? Wäre es vielleicht gut, einige Ihrer vorgefaßten Meinungen zu überdenken?

Natürlich wird es immer *bestimmte* sexuelle Aktivitäten geben, die Ihre moralischen Grenzen überschreiten. Aber wir sollten uns trotzdem gemeinsam ansehen, ob es nicht möglich ist, Ihren Horizont ein bißchen zu erweitern.

Der Sexualtrieb

Wieviel Sex jemand will und braucht, hängt von bestimmten Faktoren ab, die zu verschiedenen Zeiten des Lebens stark variieren: vom Alter (der Sexualtrieb der Frauen verstärkt sich meist im Alter zwischen dreißig und fünfzig, während der Sexualtrieb der Männer in dieser Zeit abnimmt), vom beruflichen Druck, dem Vorhandensein von Kindern usw. Viele von uns wissen es nicht, aber unser Sexualtrieb schwankt auch mit unserem Menstruationszyklus. Man könnte meinen, er sei um die Zeit des Eisprungs am stärksten, aber in Wirklichkeit fühlen viele Frauen sich unmittelbar vor und nach der Periode sexuell am aktivsten; um die Zeit des Eisprungs wird das Verlangen schwächer. Wie eine meiner Freundinnen sagte: »Zu bestimmten Zeiten des Zyklus bin ich mehr oder weniger gleichgültig, aber es gibt auch Zeiten, in denen ich es zwei- oder dreimal täglich tun könnte.«

Natürlich sind einige Frauen *die ganze Zeit* geil, während andere, die dem Sex vielleicht ängstlicher gegenüberstehen, nie Verlangen empfinden. (Es kann natürlich auch sein, daß Ihr Partner Sie nicht oder nicht mehr anmacht oder daß Sie so beschäftigt und gestreßt sind, daß Sex das letzte ist, was Sie wollen. »Gehemmtes sexuelles Verlangen«, wie dieses Phänomen genannt wird, ist unter gestreßten berufstätigen Personen, die nie Zeit für Entspannung oder Unterhaltung haben, ein immer häufigeres Problem.) Wie Ihre persönliche Situation auch aussieht – vielleicht sollten Sie monatliche Aufzeichnungen über Ihren sexuellen Appetit führen und sich dabei Notizen über Ihre sexuellen Stimmungen, Ihre Gefühle und Phantasien machen. Die meisten Frauen erkennen dann ein Muster im Auf und Ab ihres sexuellen Interesses.

Und wie »funktioniert« Sex?

Es gibt eine Unzahl verschiedener Faktoren, die Frauen sexuell anmachen oder genau das Gegenteil bewirken. Manche Frauen assoziieren Sex einzig und allein mit Macht; andere werden nur dann richtig erregt, wenn sie das Gefühl haben, etwas Verbotenes zu tun, und viele Frauen verspüren das größte Verlangen während der Schwangerschaft (vielleicht deshalb, weil sie sich dann am meisten geliebt und am sichersten fühlen).

Obwohl die meisten Frauen mit ihren Gefühlen besser in Kontakt stehen als die Männer, kennen sie ihre sexuellen Bedürfnisse nicht so gut wie diese. Mein Freund Frank, ein Single in den Vierzigern, der sich eines nie enden wollenden Zustroms an Freundinnen erfreuen darf, ist immer wieder erstaunt darüber, wie viele Frauen nicht wissen – oder nicht sagen wollen –, was sie sich im Bett wünschen. Wenn Frank wirklich einmal eine Frau findet, die weiß, was sie will … nun, dann hat sie eine gute Chance, eine wichtige Rolle in seinem Leben zu spielen. Ihm gefallen vor allem Frauen, die keine Angst vor Experimenten haben. »Eine gute sexuelle Beziehung ist in vieler Hinsicht so, als baute man sich eine sichere Umgebung«, sagt Frank. »Ich liebe Sex, wenn er scheinbar mit einem Gefahrenelement verbunden ist. Das wesentliche Wort ist hier aber ›scheinbar‹. Vor kurzem habe ich eine Frau kennengelernt, die sich nicht scheut, die dunkleren Seiten der Sexualität zu erkunden. Aber was wir tun, ist eigentlich nichts anderes, als uns eine Umgebung zu schaffen, in der es sicher ist, gefährliche Dinge zu tun. Wahrscheinlich ist sie dazu fähig, weil sie mit ihrer eigenen sexuellen Persönlichkeit ins reine gekommen ist. Sie hat keine Angst und schämt sich daher auch nicht. Die Folge ist, daß sie mehr vom Sex hat als irgendeine andere Frau, die ich kenne.«

Eine Bekleidungskette warb einmal mit dem Slogan »Der informierte Kunde ist unser bester Kunde«. Dasselbe gilt auch für den Sex. Sie müssen sich informieren oder besser gesagt bilden (wie Sie das machen, besprechen wir weiter hinten in diesem Kapitel). Um festzustellen, was Ihnen gefällt und was nicht, müssen Sie vielleicht ein wenig experimentieren, ohne Ihren Partner mit einzubeziehen – zumindest so lange, bis Sie genug Selbstvertrauen haben, um die neuen Aktivitäten in Ihre sexuelle Partnerschaft einzuführen.

Über die Dinge, die Sie anmachen, zu lesen oder zu sprechen bedeutet nicht unbedingt, daß Sie Ihre Phantasien auch gleich ausagieren müssen oder daß Sie das auch nur wollen. Sie müssen mit Sensibilität vorgehen und Ihren gesunden Menschenverstand einsetzen. Wenn Ihr Partner gerade mit Ihnen schläft und in Ihrer Sinnlichkeit schwelgt, ist das sicher nicht der richtige Moment, ihm zu sagen, wie sehr er Sie an einen Ihrer früheren Liebhaber erinnert, oder ihm offen vorzuschwärmen, für welch einen wundervollen Liebhaber Sie Clint Eastwood halten. Es kann Ihrem Sexualleben durchaus zuträglich sein, wenn Sie Ihre Phantasien offen aussprechen, aber es kann auch als Akt der Feindseligkeit empfunden werden. Wenn Sie glauben, daß sich Ihr Partner bedroht fühlen könnte, warten Sie einen neutralen Zeitpunkt ab (wenn Sie nicht im Bett liegen), und sprechen Sie das Thema vorsichtig an. Beobachten Sie, wie er reagiert, und gehen Sie entsprechend vor.

Einige klassische Sex-»Typen«: Zu welcher Kategorie gehören Sie?

Vielleicht ist Sex für Sie und für Ihren Partner gleichermaßen wichtig, aber aus jeweils anderen Gründen.

Die Kontrollierende

Vielleicht macht es Ihnen nichts aus, wenn Ihr Mann die TV-Fernsteuerung nicht aus der Hand gibt oder Ihr Lieblingsmüsli zugunsten seiner geliebten Cornflakes verweigert. Aber Sie haben möglicherweise etwas dagegen, wenn immer er es ist, der im Bett das Sagen hat. Wäre es Ihnen lieber, wenn Sie ihm genau zeigen könnten, was Sie wollen, und es dann auch bekämen? Bei Cachet stellten wir fest, daß die Männer, die im Beruf am aggressivsten waren, sich nach sexuellen Situationen sehnten, in denen sie nicht die Initiative zu ergreifen brauchten, sondern passiv sein oder etwas mit sich geschehen lassen konnten. In ähnlicher Weise ist es nichts

Ungewöhnliches, daß eine Frau, die sich selbst als traditionelle »Ehefrau und Mutter« betrachtet, im Schlafzimmer die Führung übernehmen möchte.

Wenn es darum geht, wer beim Sex die Kontrolle übernimmt, liegt der besondere Reiz oft darin, jenen Teil der Persönlichkeit auszuagieren, der nicht dem öffentlich dargestellten Image entspricht.

Es gibt jede Menge Frauen, die nichts dabei finden, im Alltag kokett und verführerisch zu sein. Das ist auch völlig in Ordnung. Aber jenen, die ihre Sinnlichkeit nicht so leicht in der Öffentlichkeit verkörpern können, entspricht die private Atmosphäre des Schlafzimmers wahrscheinlich besser.

Eine kleine Warnung für Frauen, die gern dominant sind: Peg Bundy aus der bekannten Fernsehserie sollte nicht zu Ihrem Rollenmodell werden. Den Partner die ganze Zeit herumzukommandieren ist nicht dasselbe wie gelegentlich beim Sex die Initiative zu übernehmen. Denn es könnte passieren, daß Sie einschüchternd statt erregend wirken und daß Sie Ihrem Partner den Spaß daran verderben, selbst aktiv zu werden.

Die Gefallsüchtige

Sie sind immer hübsch und gepflegt. An Ihrem zehnten Hochzeitstag wollen sie genauso verführerisch sein wie an Ihrem ersten. Sie besitzen eine breite Auswahl an Reizwäsche, und Sie durchforsten Sexbücher nach neuen erotischen Techniken. Wenn er zum Sex bereit ist, sind Sie es auch – ganz gleich, ob Sie am nächsten Tag ein Projekt abgeben müssen oder die Kinder immer noch fernsehen, obwohl sie eigentlich schon seit zwei

Stunden im Bett sein müßten. Wenn er eine neue Position oder Praktik vorschlägt, sind Sie immer dabei, obwohl Sie eigentlich lieber etwas anderes möchten.

Der Wunsch, dem Partner zu gefallen und sich auf seine Bedürfnisse einzustellen, ist die *allerwichtigste* Voraussetzung für eine sexuell befriedigende Beziehung. Vielleicht tun Sie aber ein bißchen zuviel des Guten und lassen zu, daß Ihre gefallsüchtige Persönlichkeit Ihre eigenen Empfindungen und Wünsche unterdrückt. Manchmal haben Sie das Gefühl, einfach nicht nein sagen zu *können*.

Die Spirituelle

Sex ist für Sie hauptsächlich ein Ausdruck von Liebe. Wichtiger als die körperliche Anziehung ist für Sie das Gefühl des Friedens und der Nähe, das Sie nach dem Geschlechtsverkehr verspüren. Sie können sich Sex außerhalb der Ehe oder einer langfristigen Bindung nur schwer vorstellen – tatsächlich sind Sex und Bindung für Sie mehr oder weniger identisch. Manchmal fragen Sie sich vielleicht, warum Sie beim Sex nach noch mehr Intensität und Tiefe streben, während Ihr Mann ihn als eine Art Kontaktsport zu betrachten scheint. Für Sie wäre es wichtig zu erkennen und zu akzeptieren, daß viele Männer biologisch so programmiert sind, daß sie Sex aus anderen Gründen als der Intimität wegen suchen. Machen Sie sich keine Sorgen, wenn Ihr Partner nach dem Sex einmal nicht so anschmiegsam und gesprächig ist wie Sie. Er hat vielleicht eine andere Art, seine Liebe zu zeigen, wie zum Beispiel mit dem Hund spazierenzugehen, wenn Sie müde sind, oder die Kinder zu baden.

Die Pragmatikerin

Joan hat ein Problem, um das sie viele Frauen beneiden. Ihr Mann Steve geht mit ihr ins Bett, sobald sie ein paar freie Stunden haben. Aber genau hierin liegt das Problem. Bei drei kleinen Kindern kommt es kaum vor, daß sie ein paar aufeinanderfolgende Stunden für sich haben, und Joan, die sich selbst als »sehr sinnlich« bezeichnet, würde oft einige Quickies während der Woche dem stundenlangen Sexritual vorziehen. »Aber irgendwie kann ich ihm das einfach nicht sagen«, sagte sie. »Steve glaubt, daß Sex eine Art von spiritueller, kosmischer Vereinigung sein muß. Es gibt Zeiten, in denen mir mein eigener Orgasmus egal ist. Ich sehne mich einfach nach dem rauhen, direkten körperlichen Kontakt mit ihm.«

Unabhängig von den Lippenbekenntnissen, die sie über ihre sexuelle Freiheit ablegen, fällt es vielen Frauen schwer zuzugeben, daß sie Sex einfach deshalb mögen, weil er sich gut anfühlt, weil er Spannungen abbaut und unsere allgemeine Laune verbessert. Was spricht eigentlich dagegen, von Zeit zu Zeit Sex einfach um seiner selbst willen zu haben?

Die Perfektionistin

Während manche Frauen dem Beiwerk der Romantik so gar nichts abgewinnen können, kann sich die Romantikerin nur bei Kerzenschein, gedämpftem Licht und Cole-Porter-Musik im Hintergrund entfalten. Problematisch wird es, wenn sie ihren Ehemann verrückt macht, indem sie darauf besteht, daß auch er sich wie ein Bilderbuchliebhaber benimmt. Sie weigert sich, Sex zu haben, wenn er nicht zuerst duscht, und dann regt sie sich auf, wenn er beim Sex die »falschen« Dinge sagt.

Das Problem besteht hier darin, daß das Drumherum *perfekt* sein muß, bevor Sie sich zum Sex herablassen. Auf diese Weise entgehen Ihnen möglicherweise viele Gelegenheiten, sich Befriedigung zu verschaffen. Mangelnde Spontaneität bringt viele Männer zur Verzweiflung. Hingegen haben Frauen, denen es gelingt, die kleinen Ablenkungen des Lebens – den blinkenden Anrufbeantworter, ein paar Krümel auf dem (ansonsten für ein Zusammensein perfekt geeigneten) Sofa – auszublenden, wahrscheinlich öfter Sex.

Das brave Mädchen

Nun haben wir der *femme fatale* so viel Aufmerksamkeit gewidmet, daß wir vollkommen vergessen haben, daß nicht jede Frau eine Tigerin zu sein braucht, um ein erfüllendes Sexualleben haben zu können. Natürlich gibt es viele Frauen, die in ihrem Sexualleben nicht viel Abwechslung wollen oder brauchen. Solange Sie mehr oder weniger regelmäßig zum Orgasmus kommen, reichen Ihnen vielleicht einige wenige Positionen und ein oder zwei verschiedene Variationen. Vielleicht ist Sex für Sie eine Routinesache, aber nicht im negativen Sinn. Er wird zu einem Bestandteil eines angenehmen Lebensrhythmus, der Ihnen ein Gefühl des Friedens und der Sicherheit vermittelt.

Es gibt jedoch noch eine andere Art von »braven Mädchen«. Das sind jene unter uns, die sich von Männern angezogen fühlen, die im Bett Macht ausüben und dominant sind. Vielleicht ergreifen Sie nicht gern die Initiative oder scheuen das Risiko, von sich aus etwas auszuprobieren, was nicht ganz im Rahmen des Gewöhnlichen liegt. Sie wünschen sich einen Mann, der Sie anleitet, der Sie lehrt, einen Daddy – kurz einen Mann, der Ihnen zeigt, wo's langgeht. Sie wollen nicht »Besitzerin« Ihrer eigenen Sexualität sein; das macht Ihnen zu viel angst. Brave Mädchen suchen sich Männer, die ihnen ihre eigenen Wünsche irgendwie austreiben, manchmal sogar gegen ihren Willen.

(Aber lassen Sie uns hier ehrlich sein: Natürlich gibt es auch »brave Mädchen«, die schlicht keinen Sex mögen. Punkt. Für sie bedeutet Sex hauptsächlich, »die Augen zu schließen und an England zu denken«.)

Die größte Gefahr, die darin liegt, ein braves Mädchen zu sein, ist die Passivität. Wenn eine solche Frau keinen dominierenden Mann findet, kann es sein, daß sie Jahre ihres Lebens im sexuellen Abseits verbringt.

Die Abenteurerin

Vielleicht brauchen Sie nicht mehr als einen Mann, aber es kann sein, daß Ihnen dieses kleine Extra abgeht: ein neues Sexspielzeug, der gelegentliche Pornofilm, vielleicht ein paar Seidenschals zum Fesseln oder eine Feder.

Das Bedürfnis nach Neuem sollten Sie nicht als bedrohlich empfinden; Sie können sich in einer Beziehung sicher fühlen und trotzdem eine Vielzahl von Spielereien erkunden. Wenn Sie das, was Ihnen vorschwebt, als *Wunsch* präsentieren und nicht als etwas, was Ihnen in Ihrer Beziehung *fehlt*, haben Sie beim »Forschen« viel mehr Spielraum, als wenn sich Ihr Mann bedroht fühlt. Versuchen Sie's doch so: »Du, wäre es nicht toll, wenn ...« oder so: »Ich hatte neulich diesen Traum, daß wir ...« anstatt so: »Warum machen wir eigentlich nie ...?«

Können Sie Ihre sexuelle Persönlichkeit verändern?

Was, wenn Ihr tagtägliches Zusammenleben mit Ihrem Partner vollkommen harmonisch ist, Ihre sexuellen Persönlichkeiten aber nicht ganz übereinstimmen? Inwieweit können Sie Ihre sexuelle Persönlichkeit verändern? Manchmal sind die sexuellen Persönlichkeiten so unterschiedlich, daß es praktisch unmöglich ist, auf einen gemeinsamen Nenner zu kommen. Aber bevor Sie akzeptieren, daß sich Ihre sexuelle Beziehung im freien Fall befindet, sollten Sie die Möglichkeit in Betracht ziehen, daß Sie doch besser zusammenpassen, als Sie denken, vor allem, wenn Sie den Sex am Beginn Ihrer Beziehung als explosiv (oder zumindest als befriedigend) erlebt haben. Wann haben Sie das letzte Mal aufrichtig mit Ihrem Mann über Ihre sexuelle Persönlichkeit – oder über die seine – gesprochen?
Wenn Sex für Sie längere Zeit relativ unwichtig oder langweilig war, werden auf jeden Fall einige Gespräche, etwas Intimität, vielleicht ein Urlaub oder eine Beratung notwendig sein, damit Sie sich beide bereit fühlen, sich wieder mit Ihrem jeweiligen sexuellen Selbst vertraut zu machen. Es kann sich so viel ändern, wenn bei-

de Partner die Veränderung wirklich wünschen und sich gemeinsam weiterentwickeln wollen. Entscheidend ist in diesem Fall aber, daß *beide* Partner das wollen. Wenn sich dagegen nur einer von Ihnen beiden verändern will oder nur einer das Gefühl hat, daß eine Veränderung notwendig ist, wird sich die Kluft, die Sie derzeit empfinden, traurigerweise noch vergrößern.

Wenn Sie beide willens und bereit sind, werden Sie möglicherweise eine angenehme Überraschung erleben. So wie die Moden eines Jahrzehnts, deren Rückkehr Sie *niemals* für möglich gehalten hätten, heute wieder ein Comeback erleben, so kann sich auch Ihr Sexualleben auf mysteriöse Weise erneuern. Ein besseres Verständnis Ihrer eigenen sexuellen Identität und die Offenheit gegenüber neuen Ausdrucksformen können Reichhaltigkeit und Vielfalt in Ihr Liebesleben bringen, das Sie schon den Weg der Glockenhosen und Plateauschuhe gehen sahen.

Schluß mit dem sexuellen Analphabetentum

Nachdem Sie sich etwas Zeit genommen haben, um sich mit Ihrer sexuellen Persönlichkeit vertraut zu machen und über ihre Vor- und Nachteile nachzudenken, können Sie jetzt die beste Sexpartnerin werden, die es gibt. Der Schlüssel liegt im Lernen. Die besten Callgirls wissen nicht deshalb, wie man einem Mann Vergnügen bereitet, weil sie so viel Sex hatten (beim Sex macht Übung nicht unbedingt den Meister), sondern weil sie sich die Zeit genommen haben, um möglichst viel über

Sex zu lernen. Sie haben sich gegen das sexuelle Anal-
phabetentum entschieden – und das ist in unserer Kultur für Frauen etwas Besonderes. Kurz gesagt: Callgirls
wissen, daß tolle Liebhaberinnen gemacht und nicht geboren werden.

Ihr sexuelles Wissen zu erweitern bedeutet nicht unbedingt, daß Sie promiskuitiv werden oder Dinge tun
müssen, die Ihnen gegen die Natur gehen oder die Sie
ablehnen. (Obwohl es sein kann, daß man etwas, was einem an einem Tag unangenehm ist, am nächsten Tag
als angenehm und aufregend empfindet. Bedenken Sie:
Niemand von uns mochte Sushi von Geburt an.) Es bedeutet nichts anderes, als daß Sie wie ein Spitzenkoch,
der für seine komplizierten Gerichte eine Vielzahl von
Zutaten braucht, eine reichhaltige Palette sexueller Gedanken und Phantasien zur Verfügung haben müssen,
selbst wenn Sie sich dafür entscheiden, sie nie auszuagieren.

Wie Ihre sexuellen Präferenzen auch aussehen mögen,
ob Sie gar keinen, einen oder fünf Partner haben – je
mehr Sie über Sex und Sexualität wissen, desto größer
ist das Potential der Freude in Ihrem Leben. Sex – *guter
Sex* – ist nämlich letzten Endes nichts anderes als Freude. Und niemand kann Ihnen vorschreiben, was Ihnen
Freude macht. Das müssen Sie schon selbst für sich herausfinden.

Bücher und Videos

Manche Frauen beziehen ihre grundlegenden sexuellen
Kenntnisse aus Büchern. Jede von uns sollte die beiden
aktualisierten Klassiker dieses Genres – nämlich *Joy of*

Sex von Alex Comfort, und *Unser Körper, unser Leben* vom Boston Women's Health Collective – im Regal haben. Es gibt auch verschiedene neue Bücher auf dem Markt, die einen anderen Ansatz vertreten. Ein Beispiel ist *Love and Sex* von Miriam Stoppard. In diesem Buch werden grundlegende und fortgeschrittene Sexualtechniken sowohl aus der männlichen als auch aus der weiblichen Perspektive dargestellt. So finden Sie zum Beispiel unter der Überschrift »Phantasien« die beliebtesten Phantasien von Männern und Frauen getrennt aufgelistet. (Die Phantasie Nummer eins bei Männern – Gruppensex – steht bei den Frauen erst an sechster Stelle. Andererseits kommt zumindest eine bei den Frauen relativ häufigere Phantasie – sexuelle Aktivitäten mit einem Tier – in den Top neunzehn der Männer überhaupt nicht vor.)

Für die MTV-Generation, die über Sex lieber Filme sieht als Bücher liest, gibt es Dutzende von lehrreichen Videos. Die meisten sind als erotische Videos eingestuft. Mag sein, daß Sie mit dieser Bewertung nicht einverstanden sind, weil manche von ihnen klinisch »sauber« oder in irgendeiner Weise unappetitlich sind. Lehrreich können sie aber trotzdem sein.

Herrenmagazine

Magazine wie *Playboy, Penthouse* und ihre schärferen Pendants wie *Hustler* oder *Screw* sind eine leicht zugängliche und enorm nützliche Informationsquelle, wenn Sie herausfinden wollen, was Männer anmacht. Wie viele Bilder rasierter Frauen, die einander lecken, kann ein einzelner Typ verkraften? Die Antwort lautet:

JEDE MENGE. Ihnen mag nicht immer gefallen, was Sie sehen (ich kann Ihnen sogar garantieren, daß es das nicht wird), aber versuchen Sie das Ganze weniger als Hochglanzbilder nackter Frauen zu betrachten, sondern eher als Leitfaden der männlichen Psyche.

Wenn Ihr Mann etwa die erotische Briefecke in *Penthouse* liest, fragt er sich vielleicht, warum diese wilden Dreier und diese Szenen mit nackten Anhalterinnen nie ihm passieren, sondern immer anderen Männern. (Daß es sich dabei fast immer um Phantasien handelt, die von Redakteuren aufgebauscht werden, die ihre Schreibtische kaum je verlassen, tut hier nichts zur Sache.) Wenn Sie also diese Magazine lesen, gewinnen Sie vielleicht einige Ideen und können ein paar seiner Phantasien Wirklichkeit werden lassen! Hier erfahren Sie, was möglich ist. Es sind die Bausteine, die Sie verwenden können, um Ihr eigenes Sexualleben weiterzuentwickeln.

Sexshops

Wenn man einer Frau vorschlägt, in einen Sexshop zu gehen, fragt sie wahrscheinlich als erstes: »Und wie komme ich am schnellsten zu einer Sonnenbrille und einem Regenmantel mit hohem Kragen?« In Wirklichkeit ist es heute so, daß viele Sexshops ganz normale Männer und Frauen zu ihrer Klientel zählen, die bestimmte Sexutensilien mit derselben Selbstverständlichkeit einkaufen, mit der sie neue Lautsprecher für die Stereoanlage anschaffen würden. In manchen Städten gibt es auch Geschäfte, deren Hauptzielgruppe Frauen sind. In New York City gibt es zum Beispiel Eve's Garden, ein gemütliches, hell erleuchtetes Geschäft, das es sich zum

Ziel gesetzt hat, »eine sichere Umgebung für Frauen« zu schaffen. Männer dürfen das Geschäft nur zu bestimmten Zeiten betreten und dann auch nur, wenn sie in Begleitung einer Frau sind. Eve's Garden führt keine männerspezifischen Sexartikel, die Frauen als beleidigend empfinden können, wie zum Beispiel aufblasbare Puppen, aber ansonsten ist der Laden vollgestopft mit Büchern, Massageölen, Vibratoren und anderem Spielzeug. (Adresse: 119 West, 57. Straße, Telefon 212-757-8651)

Sexseminare

Wenn Sie direktere Erfahrungen suchen, könnten Sie an einem Sexseminar oder an einem Workshop teilnehmen. Solche Kurse werden zum Beispiel von Volkshochschulen angeboten. Das Angebot reicht von den unschuldigsten Frage-und-Antwort-Spielen bis hin zu direkteren Kontakten wie Masturbationsworkshops, bei denen die Teilnehmer manchmal nackt sind.

Heute sind Tantrakurse sehr modern. Wie eine alte Weisheit sagt, kommt alles Alte wieder – und nichts ist älter als tantrische Liebe. Tantra ist ein Teil des alten hinduistischen Werks Kamasutra, das die Details der Liebe vermittelte. Die Betonung liegt auf dem Zusammenhang zwischen Körper und Geist. Wer tantrischen Sex praktiziert, ist davon überzeugt, daß Sex ein Weg zur spirituellen Transzendenz ist.

Cybersex

Eine relativ neue Methode, sich Informationen über Sex zu verschaffen, erfreut sich zunehmender Beliebtheit: der Computer. Datenbanken wie CompuServe bieten Foren an, bei denen es ausschließlich um Sex und Sexualität geht. Sie können nicht nur via Modem anspruchsvolle »Diskussionen« mit Gleichgesinnten über alle Themen von Travestie über Nacktheit in der Öffentlichkeit bis hin zu Leistungsstreß führen, sondern Sie können sich auch Ihre intimsten Fragen von einer Vielzahl von Sexualtherapeuten (darunter Dr. Ruth Westheimer, Dr. Joyce Brothers und Masters und Johnson) anonym beantworten lassen. Schlagen Sie einfach Ihre Frage auf dem elektronischen Bulletin Board, einer Art elektronischer Anschlagtafel, an, und ein kompetenter Experte wird antworten.

Im Schutz der Anonymität stellen Menschen Fragen zu Themen, an die Sie wahrscheinlich noch nie gedacht haben und an die Sie möglicherweise auch nie denken würden. Ein Mann schrieb vor kurzem, es errege ihn sexuell, einer Frau das Haar zu schneiden, und er könne nicht verstehen, warum seine Frau eifersüchtig werde, wenn er seiner Nachbarin das Haar schneiden wolle. (Die Therapeutin antwortete, daß das Haareschneiden für diesen Mann ähnlich sei wie eine Affäre zu haben, und er solle es sich gut überlegen, bevor er zur Schere greife.)

»Aber ich bin einfach nie in der Stimmung«

Was ist, wenn Sie trotz aller Bemühungen einfach jegliches Interesse am Sex verloren haben? In den letzten Jahren meldeten die Therapeuten einen starken Anstieg jener Fälle, für die sie das Kürzel ISD (Inhibited Sexual

Desire – vermindertes sexuelles Verlangen) prägten. Und es sind nicht nur Frauen, die darunter leiden, sondern das Problem betrifft durchaus auch Männer.

Es gibt Dutzende von Gründen, warum Sex mit einem langjährigen Sexualpartner nicht mehr so aufregend ist wie früher. Vielleicht vermuten Sie, daß er Sie betrügt, oder Sie haben Angst, sich mit einer Geschlechtskrankheit anzustecken, vielleicht sogar mit Aids. Vielleicht empfinden Sie Ihrem Partner gegenüber eine tiefsitzende Wut und Erbitterung, und diese Gefühle verleiden Ihnen das sexuelle Interesse an ihm. Oder vielleicht hatten Sie einfach seit jeher einen unterschiedlichen sexuellen Stil, und Ihre Sexualbedürfnisse waren seit jeher unvereinbar; das war früher vielleicht nicht besonders wichtig, aber jetzt können Sie es nicht mehr ignorieren.

Wenn das sexuelle Verlangen nicht nur abnimmt, sondern vollkommen verschwindet, rationalisieren viele Paare, indem sie beschließen, daß Sex kein wichtiger Bestandteil ihrer Beziehung mehr sein *sollte.* Sie sagen sich: *Schließlich sind wir gute Kameraden. Wir vertragen uns gut. Die Tatsache, daß Sex für uns keine Priorität mehr hat, zeigt nur, daß wir reifer werden.*

Nun, wenn Sex keine Rolle mehr spielt, kann es passieren, daß Sie direkt aus Ihrer Ehe »hinausreifen«. Machen Sie sich nichts vor, indem Sie sich sagen, daß sich das Problem von selbst erledigen wird oder daß Sex ohnehin nicht mehr wichtig ist.

Wenn die Vorstellung von Sex für Sie oder für Ihren Partner etwa so verlockend ist wie ein Saunabesuch in der Sahara an einem Sommertag, ist es an der Zeit, professionelle Hilfe in Anspruch zu nehmen. Sexualtherapeuten arbeiten im allgemeinen mit einer Reihe von Phantasie- oder Visualisierungstechniken, auch mit Hypnose, um ihren Patienten zu helfen, ihr Interesse am Sex im allgemeinen und ihr sexuelles Interesse aneinander im besonderen wiederzufinden.

Vielleicht gelangen Sie zu der Erkenntnis, daß ein bißchen Bildung in Sachen Sex Wunder wirken kann. Wenn Sie Ihren sexuellen Eintopf um ein paar ausgefallene Zutaten bereichern, wird nicht nur ein völlig anderes Gericht entstehen, sondern es wird auch mit Sicherheit viel besser schmecken.

7

Verführen Sie Ihren Mann

Männer, die Frauen keine Avancen machen, laufen Gefahr, die Opfer von Frauen zu werden, die ihnen Avancen machen.

Walter Bagehot

Denken Sie an die verführerischsten Filmszenen, an Augenblicke, die vor erotischer Spannung vibrieren. Lauren Bacall, wie sie Humphrey Bogart in *Haben und nicht haben* umgarnt; Fred Astaire, der mit Audrey Hepburn in *Ein süßer Fratz* tanzt; Kelly McGillis, die in *Der einzige Zeuge* im Stall mit Harrison Ford tanzt; Kevin Costner, der in *Annies Männer* Susan Sarandons Zehen bemalt. Verführung ist wie Selbstentzündung – eine langsame Erhitzung, oft gefolgt von einer mächtigen Explosion.

Natürlich ist es richtig, daß Vertrautheit der Feind der Verführung ist. Denn es mindert die Spannung, wenn man das Ergebnis der Verführung schon kennt. Aber selbst langjährig verheiratete Paare können zu Meistern (und Meisterinnen) der Verführung werden – mit etwas Übung und der Bereitschaft, hier und da einmal dumm dazustehen. Bei der Verführung geht es mehr als bei allen anderen Dingen um Spiel. Das Besondere daran ist nur, daß es sich hier um ein Spiel für Erwachsene handelt.

Einer der Gründe dafür, daß Sex zur Routine wird und die Partner sich zu langweilen beginnen, liegt darin, daß Sex meist jenen Tageszeiten vorbehalten ist, an denen Sie für alles andere zu müde sind. Wenn Sie an die Anfangszeiten Ihrer Beziehung zurückdenken, als Sex noch der Höhepunkt Ihres Zusammenseins war, werden Sie erkennen, daß er jetzt an die letzte Stelle gerückt ist. Die meisten Paare denken etwa so: *»Laß uns sehen, was im Fernsehen ist. Aha, eine Dokumentation, die Hitparade und ein paar Serien, gähn ... Ich weiß was, Liebling: Laß uns ins Bett gehen!«*

Wie ich bereits im letzten Kapitel sagte, ist Sex wie alles andere im Leben: Man muß Zeit investieren, damit er gut wird. Im Laufe einer Woche verwenden die meisten Frauen wahrscheinlich mehr Zeit auf ihr Haar als auf Gedanken an Sex (oder auf die tatsächliche Praxis).

Ich kann nicht oft genug sagen, wie wichtig in langfristigen Beziehungen das Ausgehen ist. Im Idealfall sollten Sie und Ihr Mann einen Abend pro Woche für sich haben – vier bis sechs Stunden, die Sie miteinander verbringen können. Die Grundregel lautet: Sie können über alles sprechen und alles tun, solange es nicht Ihren Alltag betrifft. (Ja, natürlich ist es verboten, alle zwei Stunden zu Hause anzurufen und den Babysitter zu fragen, ob alles in Ordnung ist.)

Was unternahmen Sie beide gemeinsam, bevor die Kinder kamen? Oder bevor Sie heirateten? Manchmal kann es sein, daß Sie sich diese Privatzeit für Sie beide nicht zugestehen wollen, und Sie haben das Gefühl der Gezwungenheit und der Unaufrichtigkeit. *Tun Sie's trotzdem!* Sie werden es mehr genießen, als Sie glauben.

Sie müssen in dieser Zeit nicht unbedingt Sex haben. Sex zu einer Pflicht zu machen ist der Libido ebenso abträglich wie überhaupt keinen Sex zu haben. Aber wenn Sie Zeit als Paar verbringen, ergibt sich der Sex oft von selbst. Und selbst wenn er das nicht tut, bauen Sie in diesen Stunden an einer warmen, liebevollen Beziehung mit viel Nähe.

Denken Sie daran: Wenn Sie aufhören, ein Liebespaar zu sein, werden Sie auch aufhören, einander körperlich zu lieben.

Werden Sie zur Verführerin

Beim Thema Verführung gibt es ein wichtiges Grundprinzip zu beachten: Männer sind im Grunde sehr, sehr einfache Geschöpfe, während Frauen die Feinheiten in der Romantik zu schätzen wissen. Radclyff Hall hat die weiblichen Empfindungen sehr gut beschrieben:

Angela ging noch einen Schritt auf Stephen zu, dann noch einen, bis sich ihre Hände berührten. Und dann verschmolz in diesem einen Augenblick alles, was sie war, alles, was sie je gewesen war, und alles, was sie je sein würde, zu einem mächtigen Impuls, einem zwingenden Bedürfnis, und dieses Bedürfnis hieß Stephen.

Die Einstellung der meisten Männer zur Romantik ließe sich hingegen etwa so wiedergeben:

Was für ein steiler Zahn ...! Junge, ich kann es nicht erwarten, sie in mein Bett zu bekommen und sie so richtig durchzuf ...!

Ich übertreibe vielleicht etwas, aber nicht sehr. Allerdings gereicht uns die simple Natur der Männer ausgesprochen zum Vorteil. Wenn Ihnen also einige meiner Vorschläge abgedroschen und banal erscheinen – wie zum Beispiel, sich in Frischhaltefolie zu hüllen oder ihn in Reizwäsche zu begrüßen –, dann frage ich Sie: Wie viele Frauen haben das *überhaupt* schon jemals getan? Wir haben alle schon einmal davon gehört und gelacht, aber tatsächlich loszugehen, jede Menge Frischhaltefolie zu kaufen und es wirklich zu tun? (Verzichten Sie darauf, wenn Ihr Mann Umweltaktivist ist.) Nun, er hat wahrscheinlich auch davon gehört, und wahrscheinlich hat er Freunde, die behaupten, daß die eine oder andere Frau es für sie getan hätte. (Wahrscheinlich lügen sie.) Er liest über Frauen, die zum Beispiel einen Pelzmantel mit nichts darunter tragen, und fragt sich: *Wer sind die Leute, die diese Dinge wirklich tun? Warum hat das noch nie eine Frau für mich getan?*
Warum sollten nicht Sie diese Frau sein?
Männer lieben solches Zeug. Sie brauchen es nicht ständig zu tun – vielleicht einmal im Monat, vielleicht nur an seinem Geburtstag oder zu Ihrem Hochzeitstag. Es ist etwas, was bleibt, was sich in ihrem Gedächtnis festsetzt. Solche Dinge passieren im Film und in Magazi-

nen – aber niemals *ihnen selbst*. Sie brauchen nichts weiter als eine Flasche Champagner und ein bißchen Schaumbad, und schon sind Sie Julia Roberts und Richard Gere in *Pretty Woman*. (Na ja, gut, die dazugehörige Einkaufstour wird Ihnen wahrscheinlich nicht beschieden sein.)

Wenn Ihr Mann älter wird und seine Potenz nicht mehr ganz so überzeugend ist wie in früheren Jahren, sollten Sie daran denken, daß Ihre Verführungskünste ein bestimmtes Maß an Vorbereitung voraussetzen. Sagen Sie ihm im voraus, daß Sie »etwas« planen. Beginnen Sie am Mittwoch, indem Sie vielsagend andeuten, daß er sich am Freitag hoffentlich gut fühlen wird, weil ... und sagen Sie sonst nichts. Am Donnerstag servieren Sie ihm eine kohlenhydratreiche Mahlzeit, weil »du morgen deine Kräfte brauchen wirst«. Am Freitagmorgen stecken Sie ihm ein kleines Zettelchen zu, auf dem Sie ihn daran erinnern, pünktlich um sieben Uhr abends zu Hause zu sein. So sorgen Sie dafür, daß seine Vorstellungskraft Überstunden macht, um herauszufinden, was Sie vorhaben.

Wenn Sie sich darauf vorbereiten, einen älteren Mann zu verführen, sollten Sie ihn nicht überfallen. Wenn er erschöpft von einem langen Arbeitstag nach Hause kommt, dann ist es sein absolut letzter Wunsch zu sehen, wie Sie sich in einem engen Catsuit auf dem Bett räkeln.

Er soll erregt werden und nicht das Gefühl haben, eine Prüfung bestehen zu müssen. Bei einem Mann über vierzig kann eine unvorhergesehene Überraschung dazu führen, daß er meint, seine Männlichkeit stehe auf dem Prüfstand – so kann das Vergnügen zur Pflicht werden.

Welche Art von Verführung Sie auch planen – bedenken Sie eines: Sie werden einander nahekommen, und es wird sehr persönlich werden. Sorgen Sie dafür, daß Sie eine Augenweide sind und auch eine Freude für seinen Tast- und Geruchssinn.

Schlafzimmerkosmetik

Das auffallende Make-up, das im Restaurant seine tolle Wirkung nicht verfehlt, sieht aus einer Entfernung von fünf Zentimetern längst nicht mehr so attraktiv aus. Intime Stunden sind nicht der richtige Zeitpunkt für volle Kriegsbemalung. Erstens kann sie verschmieren und auf die Bettwäsche abfärben. Zweitens besteht das Risiko, daß starkes Make-up, wenn Sie über dreißig sind, Sie aus der Nahperspektive viel älter erscheinen läßt.

Vor kurzem las ich ein Interview mit der Komikerin Joy Behar, die behauptete, sie fühle sich unter kurzsichtigen Männern am wohlsten. Ihr Ideal sei ein Mann, der praktisch blind sei. Aber nehmen wir trotzdem an, daß Ihr Mann einigermaßen gut sieht. Wenn Sie sich Gedanken darüber machen, wie Sie gewisse Fehler und Falten verbergen können, dann habe ich einen kleinen Trick für Sie, den ich auch selbst anwende. Ich creme mich mit Feuchtigkeitscreme ein (Sie können eine getönte verwenden, wenn Sie wollen) und trage dann einen losen Gesichtspuder namens Lucidity von Estee Lauder auf. Der Unterschied zwischen Lucidity und den meisten anderen Gesichtspudern ist die Art, wie der Puder vermahlen ist. Die meisten Puderpartikel, wenn man sie unter dem Mikroskop betrachtet, haben unregelmäßige Kanten. Deshalb prallt das Licht, wenn es auf Ihr Gesicht trifft, irgendwie ab, anstatt absorbiert zu werden. Ihre Haut sieht mit Lucidity glatter, ebenmäßiger und ganz natürlich aus – vielleicht nicht ganz so glatt, als ob Sie eine Grundierung verwendet hätten, aber Grundierung wirkt aus der Nähe meist alles andere als natürlich. Außerdem reflektiert sie das Licht ebenfalls von all diesen kleinen Falten und Linien weg.

Wenn Sie Eyeliner und Rouge verwenden, sollten Sie gedeckte und natürliche Farbtöne wählen. Es geht Ihnen ja schließlich nicht darum, auf dem Laufsteg zu brillieren.

Um sogenannte »Waschbärenaugen« zu vermeiden, tragen Sie eine ganz leichte Schicht Mascara auf und lassen sie gut trocknen. Dann tragen Sie noch zwei Schichten durchsichtigen Mascara auf (Max Factor ist eine ausgezeichnete Marke), um die dunkle Schicht zu fixieren. Wasserfesten Mascara sollten Sie nur verwenden, wenn Sie beabsichtigen, Sex in der Badewanne oder unter der Dusche zu haben. Es stimmt schon, daß er sich mit einer ölhaltigen Reinigungsmilch entfernen läßt, aber wenn Sie beim Sex schwitzen und eine Weile im Bett herumgerollt sind, werden die natürlichen Öle Ihrer Haut wie eine Reinigungscreme auf Ölbasis wirken, und plötzlich sehen Sie aus wie Tammy Faye Bakker.

Damit sich der Lippenstift nicht verschmiert, kaufen Sie sich einen Konturenstift, der der Farbe Ihrer Lippen möglichst weitgehend entspricht (oder, für farbige

Frauen, eine etwas dunklere Nuance). Ziehen Sie Ihre Lippen nach, und füllen Sie sie mit dem Konturenstift aus. Dann decken Sie das Ganze mit ein bißchen Lip Gloss oder Labello ab. So wird die Farbe vielleicht blasser, aber sie verschmiert nicht. (Haben Sie sich schon einmal gefragt, warum manche Frauen eine ganze Mahlzeit essen und ihre Lippenfarbe trotzdem intakt bleibt? Das ist ihr Geheimnis. Sie malen ihre Lippen mit Konturenstift aus und tragen dann den Lippenstift darüber auf.)

Wäsche

Da unser Ziel darin bestand, für unsere Kunden eine »Callgirl-Phantasie« Wirklichkeit werden zu lassen, war eines unserer Markenzeichen bei Cachet die Qualität und Schönheit der Unterwäsche, die unsere Mädchen trugen. Unter ihren eleganten, damenhaften Kleidern trugen sie immer ein zusammenpassendes Set aus BH, Höschen, Strumpfgürtel und Strümpfen. Tatsächlich genossen viele Kunden den Sex mehr, wenn die Mädchen ihre Unterwäsche *anließen*.

Manche Frauen können es sich einfach nicht vorstellen, in Wonderbras und winzigen Höschen herumzulaufen. »Wissen Sie, wie ich darin aussehen würde, mit meinen dicken Hüften, meinem Bauch, mit meiner flachen Brust und …?«

Nun, nur die Tatsache, daß Callgirls knappe, rassige Sachen tragen, bedeutet nicht, daß Sie es ihnen gleichtun müssen. Wenn Sie sich vorstellen, Reizwäsche zu tragen, dann sollten Sie an etwas denken, worin *Sie* sich sexy fühlen. Wenn Sie sich in einem bodenlangen Nachthemd mit langen Ärmeln am wohlsten fühlen, tragen Sie es. Wenn Sie sich darin nicht wohl fühlen, werden Sie sich auch nicht sexy fühlen. Machen Sie sich keine Sorgen, daß er Sie nicht sexy findet, weil Sie nicht viel Haut zeigen. Er wird Sie begehrenswert finden, weil Sie etwas besonders Hübsches nur für ihn tragen. Auch ein langes Nachthemd kann einen tiefen Ausschnitt haben oder Schlitze an den Seiten. Wenn Sie ein hübsches Dekolleté oder lange, schlanke Beine haben, wunderbar. Wie bei anderer Kleidung auch, sollten Sie nach dem Ausschau halten, was Ihnen am besten steht.

Kennen Sie Ihr Publikum?

Bevor Sie ein Vermögen für Reizwäsche ausgeben, sollten Sie wissen, daß manche Männer sich von einer »Ausrüstung« aus Strumpfgürtel, Strümpfen und Wonderbra abgestoßen fühlen. Ihnen wurde eingebleut, daß nur Schlampen und Huren solche Dinge tragen. Oder sie finden sie einschüchternd. Sie glauben, die Botschaft herauszuhören: »Okay, Junge, nun, wo ich dieses Zeug anhabe, solltest du ihn besser hochkriegen.« Kaufen Sie also die Wäsche, die *Ihrem* Mann gefällt.

Als ich eine Beratungskolumne in einer Zeitung leitete, schrieb mir eine Leserin von einem interessanten Dilemma. Eines Tages, als sie nach Hause kam, empfing sie ihr neuer Freund mit einem Geschenk aus der Wäscheboutique. Entzückt öffnete sie die Schachtel und war dann ganz entsetzt, als ihr ein eleganter Herrenpyjama entgegenfiel. Zum Glück, so fand sie, paßte der

Pyjama nicht, und so kehrte sie am nächsten Tag in die Boutique zurück und kaufte einen schwarzen Spitzenteddy. Als ihr Mann am nächsten Abend, als sie in ihrem Teddy im Bett lag, ins Zimmer kam, konnte sie nicht umhin, die Enttäuschung in seinem Gesicht zu lesen. »Er *wollte*, daß ich einen solchen Pyjama trug«, sagte sie. »Dabei sah er wie etwas aus, was sein Vater zu tragen pflegte. Was stimmt Ihrer Meinung nach nicht mit ihm?«

Ich versicherte ihr, daß alles in Ordnung sei. Aus irgendeinem Grund konnte er sich eine Frau in nichts Erotischerem vorstellen als in einem Herrenpyjama. Vielen Männern gefällt zum Beispiel der jungfrauenhafte Kleine-Mädchen-Look besser – weich fließende weiße Baumwolle mit Spitzenbesatz. Und anderen gefällt ihre Frau *tatsächlich* im T-Shirt am besten.

Die meisten Männer lieben aber auch Strümpfe und Strumpfgürtel, und für wirklich spezielle Gelegenheiten ein Bustier oder ein Mieder (ein Bustier endet an der Taille, ein Mieder ist länger und hat Strumpfbänder). Vielleicht hat es mit all diesen alten Westernschinken zu tun, in denen die Brüste des Barmädchens aus ihrem engen Bustier quellen. Wie auch immer – Bustiers und Mieder scheinen sich allgemeiner Beliebtheit zu erfreuen. Und ganz egal, welche Konfektionsgröße Sie tragen, in diesen Wäschestücken sehen Sie immer sexy aus. Ich möchte nicht hören, daß Sie sie in Ihrer Größe nicht finden können. Wenn sie in Größen hergestellt werden, die Drag Queens passen, dann sollten auch Sie eine Größe finden, die Ihnen paßt. Am leichtesten sind sie in der Zeit um den Valentinstag zu bekommen, wenn Geschäfte und Versandhäuser ihre Bestände auffüllen.

Die Farben, die Sie für Ihre Oberbekleidung bevorzugen, sind für Unterwäsche nicht unbedingt optimal. Die meisten weißen Frauen sehen am besten in Pastelltönen aus, während farbigen Frauen bunte, strahlende Farben am besten stehen. Weiß und Knallrot machen sich auf heller Haut meist nicht besonders gut – sie lassen den Teint blasser Frauen schmutzig und verwaschen aussehen. Und während viele Männer schwarz als sexy empfinden, sehen viele weiße Frauen in schwarzer Unterwäsche aus, als wären sie Kandidatinnen für das Leichenschauhaus. (Natürlich sind das Verallgemeinerungen. Probieren Sie verschiedene Farben aus, um herauszufinden, welche Ihnen am besten stehen.)

Material

Selbstverständlich sollten Sie ein angenehmes, seidiges und weiches Material wählen. Nicht unbedingt echte Seide, weil die künstlich gereinigt oder von Hand gewaschen und gebügelt werden muß. Wer will das schon? Ein weiteres Problem mit Seide ist, daß sie vollkommen verknittert aussieht, nachdem Sie darin geschlafen haben. Es ist schlimmer als bei Leinen. Am besten wählen Sie pflegeleichte Synthetics. Und Spitze kann zwar sehr hübsch und sexy sein, aber sie kann auch kratzen. Hüten Sie sich auch vor Perlenbesatz. Perlen sehen hübsch aus, aber sie graben sich in die Haut ein, wenn Sie umarmt werden.

Es ist nichts dagegen einzuwenden, wenn Sie ein oder zwei schwer zu pflegende Wäschestücke in Ihrer Garderobe haben, aber bedenken Sie, daß Sie ein Wäschestück um so seltener verwenden werden, je schwerer es zu pflegen ist. Wenn es wirklich wunderhübsch ist, werden Sie es für eine besondere Gelegenheit »aufsparen« und es vielleicht nur einmal im Jahr tragen. Kaufen Sie lieber ein paar hübsche Sachen, die Sie öfter tragen und einfach in der Waschmaschine waschen können.

Und nun noch eine gute Geschenkidee für den Valentinstag oder für Ihren Hochzeitstag: Besorgen Sie sich einige Wäschekataloge, und lassen Sie Ihren Mann ein Geschenk für Sie aussuchen (auch wenn es eigentlich ein Geschenk für *ihn* ist). Versprechen Sie ihm, alles zu tragen, was er für Sie aussucht, ganz gleich, was es ist! (Wenn Sie schon dabei sind, könnten Sie auch ein erotisches Stück für ihn aussuchen – Boxershorts aus Seide, einen String-Tanga oder eine seidene Smokingjacke.)

Wäsche und mehr: Verkleidungen

Kennen Sie den Ausspruch »Kleider machen Leute«? Nun, sie können sie nicht nur machen, sondern auch verunstalten. Bestimmte Kleidungsstücke können es Ihnen ermöglichen, sich so zu verhalten, wie Sie es normalerweise nicht tun würden. Und im Schlafzimmer ist diese Freiheit eine wunderbare Sache.

Meine Freundin Joan erzählte mir, wie sie vor zwanzig Jahren zum ersten Mal einen Katalog des Versandhauses Frederick's aus Hollywood sah: »Neben all diesen gepolsterten BHs und Höschen, die ich weiß Gott nicht brauchte, hatten sie auch dieses Outfit eines französischen Zimmermädchens. Du weißt schon: kleines, herzförmiges Top, gestärkte Spitzenschürze vorne, Tanga hinten, kleine Puffärmel, Federstaubwedel. Nun, normalerweise bin ich so verklemmt wie andere Leute auch, also frag mich nicht, welcher Teufel mich ritt, daß ich dieses lächerliche Ding bestellte. Aber ich sage dir, ich hatte darin mehr Spaß als mit irgend etwas sonst. Ich schaltete auf meinen französischen Akzent um und begann meinen Freund mit dem Staubwedel zu bearbeiten … Sobald ich es anzog, war ich schon eine vollkommen andere Person. Und glaub mir, ich bin keine große Schauspielerin.«

Eine andere meiner Freundinnen kaufte sich auf ihrer Hochzeitsreise in Hawaii einen Hula-Rock. Eines Abends war sie in der richtigen Stimmung; sie nahm ihn aus dem Schrank, zog ein Bikinioberteil an und spielte für ihren Mann ein Hula-Mädchen. Es begann als Scherz, aber sie erzählte mir, daß dieser Rock *oft* zum Einsatz kam. Ihr Mann und sie spielten, sie seien auf einer einsamen Insel gestrandet, oder er sei Pirat und sie seine hilflose Gefangene … Eine andere Freundin, eine Reiterin, kam eines Abends nur mit ihren ledernen Beinschützern und sonst nichts ins Schlafzimmer. Ihr Mann geriet ganz außer sich.

Mit diesen Geschichten will ich sagen, daß Dinge, die auf dem Papier ein bißchen lächerlich klingen, in Wirklichkeit viel Spaß machen und viel Spannung und Erotik ins Schlafzimmer bringen können.

Übernehmen Sie beim Sex die Initiative

Wenn ich Frauen empfehle, sie sollten sexuell aggressiver sein, verfallen sie in Panik, so als verlangte ich von ihnen, sie sollten ihren Mann überfallen wie ein Vampir, der nach einer Blutmahlzeit giert. Im Bett die Führung zu übernehmen ist etwas, was den meisten Frauen fremd ist. »Aggressiv« bedeutet aber meiner Meinung nach nichts weiter, als ihm zu verstehen zu geben, daß Sie interessiert sind, noch bevor ihm bewußt ist, daß er es ist. Vielleicht wollen Sie es Vorausplanung nennen, er würde wahrscheinlich Initiative dazu sagen. Wie immer Sie es nennen – Männer mögen es.
Und es geht so leicht.

Ziehen Sie sich etwas Erotisches an,
wenn er nach Hause kommt

Dorothy Parker sagte einmal: »Das Wesen der Reizwäsche liegt in ihrer Direktheit.« Und so ist es: Wenn Sie Reizwäsche tragen, können Sie Ihrem Partner mühelos vermitteln, worauf Sie aus sind. Es muß nichts Ausgefallenes sein, nur ein kleines erotisches, verführerisches Etwas, das Sie nicht jeden Tag tragen. So zeigen Sie ihm, daß Sie daran gedacht haben, wie begehrenswert er ist.
Wenn Sie Kinder haben und nicht in etwas so augenscheinlich Verführerischem herumlaufen wollen, könnten Sie ihm ins Ohr flüstern, er möge doch in der obersten Lade Ihres Wäscheschranks nachsehen, wo Ihr hübschestes Nachthemd dekorativ zurechtgelegt ist, daneben vielleicht eine Flasche Massageöl. Das Schlimm-

ste, was Ihnen passieren kann, ist, daß er zu müde ist und die Sache verschieben will. Aber dann weiß er, was Sie für den nächsten Abend im Sinn haben.

Besondere Bettwäsche

Frisches Leinen und kühle, weiche Baumwolle sind für einen Mann genauso erotisch wie für Sie. Und manche Menschen finden Satin ganz besonders sinnlich. Zugegeben, es schläft sich nicht so leicht darauf – alles rutscht herum, und die Decke gleitet mitten in der Nacht vom Bett. (Die einfache Lösung: Lassen Sie unter der Satinbettwäsche Ihre normale Bettwäsche aufgezogen, und ziehen Sie sie einfach schnell ab, wenn Sie müde sind und schlafen wollen.) Wählen Sie Farben, die Ihrer Haut schmeicheln (Pfirsichtöne, Pastellfarben, Ecru oder Weiß, wenn Sie dunkelhäutig sind), vermeiden Sie dunkle Farben und Grün oder Blau (es gibt nur wenige Frauen, zu deren Haut Grün oder Blau paßt). Während manche mutige Frauen Tierdrucke mögen, sind geometrische Muster im allgemeinen zu unruhig und maskulin. Welche Wirkung wollen Sie erzielen? Sanft und beruhigend – ein himmlisches Bett, kein Kampfplatz. (Wenn Sie sich Sorgen machen, daß Ihre Bettwäsche zu »feminin« ist und auf Ihren Partner abstoßend wirken könnte, kann ich Sie trösten: Eine neuere Studie eines Bettwäscheherstellers ergab, daß Männer im allgemeinen zwar keine Bettwäsche in Pastellfarben oder mit Blümchenmuster *kaufen*, aber daß sie ihnen im Bett – in *Ihrem* Bett – recht gut gefällt!)

Kerzen

Nicht nur eine oder zwei, sondern gleich sechs oder acht, je nach der Größe des Raums. Ich hatte einmal einen Freund, der sämtliche Kerzen im Schlafzimmer anzündete, um mir auf diese Weise mitzuteilen, daß er in Stimmung war.

Duftkerzen und -lichter

So gut wie jeder New-Age-Laden führt heute Duftringe oder Duftlampen. Sie können sie um die Glühbirne Ihres Schlafzimmers legen und einige Tropfen Ihres Lieblingsduftöls in die dafür vorgesehene Rinne träufeln. Die Wärme der Glühbirne bewirkt ein gleichmäßiges Verdampfen des Duftöls, und so wird die Luft des Raums dezent parfümiert. Folgende Düfte haben eine entspannende Wirkung: Jasmin, Kamille, Geranie, Majoran, Lavendel und Rose. Diese hier wirken gegen Streß: Vanille, Nachthyazinthe, Muskatnuß, Fichte, Wacholder und Orange. Eine aphrodisierende Wirkung haben angeblich Sandelholz, Ilang-Ilang und Salbei. Achten Sie darauf, daß Ihr Partner gegen den von Ihnen gewählten Duft nicht allergisch ist. Sie wollen ja nicht, daß er für den Rest des Abends nur niest!

»Ihr« Spezialdrink

Den Mädchen von Cachet war es verboten, bei Wein oder Champagner gleich eine Flasche zu verlangen, wenn sie von einem Kunden gefragt wurden, was sie trinken wollten. Sie sagten: »Oh, etwas Wein oder Champagner wäre wunderbar« und überließen ihm die Entscheidung über die Menge. (Allerdings erinnere ich mich an einen Kunden, den ich anrufen mußte, um ihm zu sagen, daß er wenigstens *etwas* zu trinken zu Hause haben sollte, wenn ihn das Mädchen besuchte. Dieser Kunde war ein vielbeschäftigter junger Börsenmakler, und er hatte nichts Trinkbares im Haus außer Leitungswasser, serviert in Plastikbechern!)

In Ihrem eigenen Heim sind Ihnen natürlich keine derartigen Grenzen gesetzt! Kaufen Sie einen speziellen Champagner oder Wein, den Sie beide lieben, und benutzen Sie die Gläser, die nur bei besonderen Anlässen verwendet werden. Wenn Sie keinen Alkohol trinken, besorgen Sie sich einen hübschen Krug, und kreieren Sie Ihr eigenes nichtalkoholisches Getränk, mit Passionsfrucht oder was immer. (Diejenigen unter Ihnen, die schon einmal ein Problem mit Alkohol hatten, sollten Weingläser und Karaffen meiden – die Assoziation mit Alkohol kann zu stark sein. Aber Sie finden sicher trotzdem Gläser und Krüge, die hübsch und festlich anzusehen sind.)

Bereiten Sie ihm ein Bad

Jene meiner Mädchen, die die dicksten Trinkgelder bekamen, trugen in ihren Aktentaschen immer kleine Aufmerksamkeiten für die Männer bei sich: Kleine runde Kerzen waren sehr beliebt, oder Fläschchen mit Schaumbad. Die Mädchen säumten die Badewanne mit Kerzen ein, ließen ein Schaumbad ein – et voilà! Sofort war die Stimmung da.

Es ist nicht schwer zu begreifen, welche Wirkung ein warmes Bad in unserer streßgeplagten Welt von heute hat: Schweben Sie einmal schwerelos zwanzig Minuten lang in warmem Wasser, ganz auf Ihre eigenen Gedanken und auf das Tropfen des Wasserhahns konzentriert, und Sie werden wissen, was ich meine.

Das ist das Geheimnis der entspannenden Wirkung, die ein warmes Bad auf den Körper hat: Wasser verdrängt Gewicht, Sie fühlen sich leicht, und während sich Ihre Kapillargefäße durch die Wärme ausdehnen, sinkt Ihr Blutdruck nach und nach. (Ist es ein Wunder, daß so viele große Geister ihre Inspiration in der Badewanne fanden? Benjamin Franklin schrieb viele seiner größten Werke in der Wanne, und Winston Churchill pflegte sich dort zu entspannen, während er seine Reden probte.)

Bevor es losgeht, könnten Sie Ihren Partner genüßlich mit einem weichen Schwamm waschen. Ein solches spezielles Bad reinigt nicht nur vom Schmutz des Tages, sondern es hilft ihm auch, sich zu entspannen, und inspiriert ihn ein bißchen für den vor Ihnen liegenden gemeinsamen Abend.

Geschäfte wie etwa Body Shop bieten wundervolle Badesalze, Kräutermischung und Öle an, die Sie als besonderes Extra verwenden können. Und wenn Sie *wirklich* etwas Besonderes tun wollen, können Sie sich Ihre eigene Badekomposition zusammenstellen. Alle Zutaten der untenstehenden Mischung können Sie in der Apotheke oder im Bioladen kaufen.

Zur Entspannung

6 g Kamille
6 g Ringelblumenblüten (gut für gereizte Haut)

6 g Limettenblüten
3 g Hopfen (wirkt entspannend und beruhigend)
3 g Katzenminze
6 g Zitronenschale (für frischen Duft)

Um ihn munter zu machen

3 g Orangenblüten
3 g Ringelblumenblüten
6 g Kamillenblüten
6 g Zitronenverbene
3 g Sandelholzspäne
1,5 g Lorbeerblätter
1,5 g Salbeiblätter
5 Tropfen Zitronengrasöl
5 Tropfen Pimentöl
2 Tropfen Veilchenwurzelöl

Füllen Sie die Mischung in einen Mullbeutel. Dann binden Sie das obere Ende mit einem Bindfaden zu und hängen das Säckchen ins Wasser.
In meinem Seminar empfehle ich auch, ein gemeinsames Champagnerperlenbad zu nehmen. Das ist nicht, wie eine meiner Seminarteilnehmerinnen annahm, ein Bad *in* Champagner (obwohl die Schauspielerin Sarah Bernhardt behauptete, daß Champagnerbäder Wunder für ihre Haut wirkten). Es ist nichts weiter als ein Schaumbad mit einem Schuß Ihres Lieblingschampagners darin. Schlürfen Sie ein Gläschen, während Sie einander den Schaum ins Gesicht blasen.
Vielleicht wollen Sie auch die folgenden Varianten aus-

probieren, die von den Badeschönheiten früherer Zeiten als so wohltuend für Körper und Geist empfunden wurden.

Calpurnia, die Gattin Julius Caesars, erfand das erste Früchtebad: 20 Pfund zerdrückte Erdbeeren, vermischt mit 2 Pfund zerdrückten Himbeeren. (Jene unter Ihnen, die sich nicht dafür erwärmen können, den ganzen Tag über mit einem rosa Ganzkörperheiligenschein herumzulaufen, können sich vielleicht für Aprikosen-, Orangen- oder Papayaschaumbäder begeistern. Früchte haben eine adstringierende Wirkung auf die Haut.)

Obwohl Kleopatra für ihre Milchbäder berühmt war, war es Neros Gemahlin Poppea, die Milchbäder regelrecht zur Kunstform entwickelte. Sie reiste mit einer Herde Esel, um sich ihre täglichen Waschungen zu sichern. (Die Milchsäure in der Milch bewirkt, daß sich die Haut glatt und seidig anfühlt.)

In dem Film *The Barbarian* füllte Myrna Loy ihre Badewanne mit Blütenblättern.

Die sinnliche Kopfmassage

Die meisten Frauen haben ihre eigene spezielle Körpermassagetechnik, aber wie viele gibt es, die ihre Bemühungen schon bei der Halslinie einstellen?

Bitten Sie Ihren Partner tief zu atmen, während sein Kopf in Ihrem Schoß liegt. Drücken Sie mit Ihren Fingerspitzen gegen seine Kopfhaut, und arbeiten Sie sich in langsamen Kreisen von seiner Stirn zu seinem Nacken vor. Dann, während Ihre Hände immer noch seinen Hinterkopf umfassen, legen Sie Ihre Daumen an den Übergang zwischen Kopf und Hals und bewegen sie methodisch von der Mitte seines Kopfes bis zu den Ohren, immer in kleinen Kreisen. Lassen Sie Ihre Finger ein paarmal an der Rückseite seiner Ohren entlangwandern. Dann drücken Sie Ihre Fingerspitzen in seine Wangen, und machen Sie tiefe Kreisbewegungen.

Sorgen sie dafür, daß das Schlafzimmer ein Ort der Intimität bleibt

Wenn Sie kleine Kinder haben, können Sie natürlich nicht mit Ihrem Partner schlafen, wann oder wo immer Sie wollen. Das heißt, daß Ihr Schlafzimmer ein geheiligter Ort sein muß. Die Eisenbahn der Kinder ist in Ihrem Schlafzimmer aufgebaut, weil es der größte Raum des Hauses ist? Verbannen Sie sie *sofort*. Dasselbe gilt für den Wäschekorb der Familie, die alten Spielsachen der Kinder, den Computer und das große TV-Gerät (die Familie kann in jedem Raum des Hauses fernsehen, nur nicht in Ihrem). Bringen Sie ein Schloß an der Tür an, das Sie allerdings nur im Notfall verwenden sollten. Aber bringen Sie den Kindern bei, sobald sie alt genug dafür sind, daß man *anklopft*, bevor man ein Zimmer betritt. (Gehen Sie mit gutem Beispiel voran, indem Sie auch bei ihnen anklopfen, bevor Sie eintreten.) Ihr Schlafzimmer muß der Romantik vorbehalten bleiben, es darf auf keinen Fall zum Schauplatz irgendwelcher Familienversammlungen werden!

Rezepte der Verführung:
Das köstliche Dutzend

Ist Ihnen schon einmal aufgefallen, daß die Frauen in den Filmen offensichtlich imstande sind, jederzeit und überall einen Orgasmus zu bekommen? Gegen eine Wand gelehnt, über einen Schreibtisch gebeugt, unter einem Wasserfall, im Whirlpool ... Hatten *Sie* je Sex in einem Whirlpool? Sie schwitzen, das Chlor sticht auf der Haut, und das Wasser wirkt im Inneren Ihres Körpers wie Sandpapier, ganz zu schweigen davon, was der Dampf mit Ihrem Haar anstellt ... (Und er bekommt ihn vielleicht gar nicht hoch – das Wasser ist einfach so verdammt heiß!) Trotzdem möchten Sie Dutzende von schrillen, heißen Filmszenen glauben machen, daß Sex mit Mr. Big in einem Whirlpool eine zutiefst befriedigende Sache ist – und eine ganz schnelle dazu. Warum wird uns in Filmen immer ein derartiges Frauenbild vorgegaukelt? Weil die Männer, die diese Filme machen, tatsächlich in der Lage sind, *überall* zum Höhepunkt zu kommen.

Damit will ich sagen: Wenn Sie sich interessante Verführungsszenen ausdenken, ist der Komfort dabei nicht immer optimal. Aller Wahrscheinlichkeit nach ist eine solche Inszenierung für Ihren Partner körperlich befriedigender als für Sie – es sei denn, Sie sind eine dieser seltenen Frauen, die praktisch überall und jederzeit einen Orgasmus bekommen können. Aber solche Inszenierungen machen Sie ja nicht oft. Wenn Sie sich ein paarmal im Jahr dazu entschließen, können Sie (oder Ihr Mann) wahrscheinlich lang genug davon zehren.

Die Schatzsuche

Dieser Tip eignet sich am besten für jene, die Andeutungen und Versprechungen lieben. Zuerst hinterlassen Sie in seiner Jackentasche oder auf dem Anrufbeantworter an seinem Arbeitsplatz eine kleine Nachricht, die ihm sagt, daß Sie eine Überraschung für ihn haben, daß er aber »arbeiten« muß, um sie zu bekommen. Außerdem muß er bis dann und dann zu Hause sein. Schicken Sie ihn mit dieser Botschaft zuerst in sein Lieblingsweingeschäft, wo Sie bereits einen Wein bestellt haben, den Sie beide lieben. (Sie können in dem Geschäft die Anweisung geben, die Flasche zu verpacken und einzukühlen.) Bitten Sie den Besitzer des Geschäfts, Ihrem Mann eine weitere kleine Nachricht zuzustecken. Diesmal könnten Sie ihn zu einer Feinkosthandlung lotsen, in der Sie bereits eine Auswahl von Köstlichkeiten bestellt haben. (Natürlich können Sie diese Dinge selbst im voraus bezahlen; es hängt davon ab, wie locker Ihnen die Brieftasche an diesem Tag sitzt und um welchen Anlaß es sich handelt.) Der Feinkosthändler überreicht ihm dann eine Nachricht, die ihn in ein Wäschegeschäft lockt, wo Sie etwas Hübsches und Verführerisches ausgesucht haben, und vielleicht auch etwas für ihn. (Lassen Sie das Geschenk auf jeden Fall verpacken, damit er es nicht sieht.) Dieses Spielchen können Sie weiterführen, solange Sie wollen. Ein kleiner Abstecher zum Blumengeschäft könnte auch eine nette Geste sein ...
Schließlich, bei der letzten Station, ist es Zeit für eine Nachricht, die etwa folgendes besagt: »Wo bleibst du so lange? Ich kann es nicht erwarten. Ich brauche dich *jetzt*.« An der Haustür empfängt ihn dann eine weitere

Nachricht, die ihn anweist, hereinzukommen und alles in die Küche zu stellen. Die Nachricht in der Küche bittet ihn, ins Badezimmer zu gehen. Eine kleine Notiz, die an einer verpackten Schachtel seiner Lieblingsseife angebracht ist, weist ihn an zu duschen und dann das anzuziehen, was über der Tür hängt. (Eine gute Idee ist es auch, ein gekühltes Glas mit seinem Lieblingsaperitif auf das Waschbecken zu stellen.) Während er duscht, können Sie die Blumen arrangieren, die Delikatessen auspacken und das erotische Etwas anziehen, das er zuvor in dem Wäschegeschäft abgeholt hat.

Klingt nach Arbeit? Ja, sicher. Etwas, woran er sich noch lange erinnern wird? Auf jeden Fall. (Gebrauchen Sie aber Ihren gesunden Menschenverstand. Überfallen Sie ihn mit diesem ausgefeilten Verführungsszenario nicht ausgerechnet dann, wenn er großen beruflichen Streß hat oder wenn alle Kinder im Haus gerade die Masern haben.) Sie werden überrascht sein, wieviel Spaß Ihnen die Vorbereitungen machen. Und seien Sie phantasievoll. Sie brauchen ihn nicht in Ihr Bett zu dirigieren. Sie können das Ganze ebensogut in einem Hotel, auf seinem Boot, am Pool oder an einem anderen verschwiegenen Ort stattfinden lassen.

Die Sexmaschine

Suchen Sie sich aus dem Branchenverzeichnis einen Autohändler heraus, der tageweise Luxusautos vermietet. Wählen Sie sein Traumauto aus, und mieten Sie es für einen Tag oder für ein ganzes Wochenende. Lassen Sie es sich am Samstagmorgen vorbeibringen, damit es schon in der Auffahrt steht, wenn er erwacht. Ziehen

Sie sich dem Anlaß entsprechend an – ein langer, cremefarbener Seidenschal und Sonnenbrille machen sich gut –, und fahren Sie den ganzen Tag herum, soviel er mag. Und wenn er genug hat vom Fahren ... nun, viele dieser Autos sind wegen ihres Sex-Appeals so gefragt. Warum nicht erkunden, wie es ist, in einem solchen Wagen Sex zu haben? (Ich weiß, ich weiß, man muß Verrenkungskünstler sein, um es in einem Jaguar XJS zu tun. Aber wie ich bereits sagte, geht es hier nicht primär um die Bequemlichkeit.)

Suchen Sie sich den Ort Ihres intimen Rendezvous genau aus. Eine meiner Freundinnen hatte einen Landrover gemietet, und ihr Mann und sie hatten in einem nahe gelegenen Naturschutzpark Zuflucht gefunden. Die Umgebung war wunderbar friedlich und verlassen – so verlassen, daß kleine Häschen und Vögelchen begonnen hatten, sich vor dem Auto zu versammeln, als befänden sie sich in einer nicht jugendfreien Version von *Schneeweißchen und Rosenrot*. Sie war soeben auf den Rücksitz geklettert, und er lag schon auf ihr, als ihr großer Zeh den Alarm auf dem Türgriff auslöste. Plötzlich, wie aus dem Nichts, stand ein Parkwächter vor ihnen. Meine Freundin hatte die Autopapiere vergessen, und so kam es, daß die beiden einigen Erklärungsbedarf hatten.

Varianten des Reisethemas: Segelboote (die Schaukelbewegung kann seinen Mast tatsächlich aufrichten), lange Zugfahrten (können Sie sich an den Film *Lockere Geschäfte* erinnern?) und natürlich Flugzeuge. Wie hat man Sex auf der Flugzeugtoilette? Die Frau setzt sich auf die Kante des Waschbeckens und stützt ihre Beine an der

Wand ab. Ihr Partner steht zwischen ihren Beinen, und die beiden haben ihre Gesichter einander zugewandt. Versuchen Sie es nicht von hinten, weil sich auf diese Weise mindestens einer von Ihnen verletzt. Diese kleinen Toiletten haben jede Menge scharfer Kanten.

Liebe im Restaurant

Die Verführung im Restaurant hat eine lange und stolze Geschichte. Denken Sie nur an die Szene in *Portnoys Beschwerden*, wo Alexander Portnoys Freundin ihn verrückt macht, indem sie ihre Hände zwischen ihren Beinen reibt und sie ihm dann ganz beiläufig unter die Nase hält, während er ißt! Und eine der tollsten Verführungsszenen der achtziger Jahre war in einem der dümmsten Filme, *Flashdance*, zu sehen. In dieser Szene schält Jennifer Beals – die als Schweißerin, die eine Karriere als Tänzerin anstrebt, einen unheimlich glaubwürdigen Part hatte – langsam und genüßlich mit ihrer Zunge das Fleisch eines Hummers heraus, während sie gleichzeitig mit ihrem Fuß die Schrittgegend ihres Freundes massiert.

Das mit dem Hummer würde ich nicht empfehlen. Bei *ihr* sah es sexy aus, aber die durchschnittliche Frau würde einfach wie eine Schlampe aussehen, aus deren Mund Bestandteile eines sehr teuren Essens hängen. Trotzdem lag Jennifer Beals richtig. Suchen Sie sich ein Restaurant mit langen Tischtüchern (damit niemand sehen kann, was Sie tun), und während Sie sich angeregt unterhalten, arbeiten Sie sich mit Ihren Zehen ganz beiläufig zu seiner empfindlichsten Stelle vor. (Ja, *natürlich* müssen Sie vorher die Schuhe ausziehen.)

Flüstern Sie ihm ins Ohr, was Sie später mit ihm vorhaben. Verzichten Sie auf Unterwäsche, und lassen Sie sich von ihm berühren, aber nur ein bißchen. Lassen Sie Ihre Serviette unter den Tisch fallen, tauchen Sie hinunter, und berühren Sie ihn mit Ihrer Hand ganz leicht – gerade genug, um ihn ein bißchen nervös zu machen, so daß er nicht weiß, was Ihnen sonst noch einfallen könnte. Mehr als das würde ich nicht tun, weil es wahrscheinlich auch nicht gerade Ihr Traum ist, an einem netten Abend aus einem eleganten Restaurant geworfen zu werden.

Der Voyeur

Diese Variante ist nicht für jeden geeignet. Ich kenne viele Frauen, die Pornofilme für zu abstoßend oder für zu langweilig halten, um bis zum Ende auszuharren. Aber wenn Sie nicht zu diesen Frauen zählen, überraschen Sie Ihren Mann mit einer Auswahl von Pornofilmchen und Kerzenbeleuchtung. (Wenn Sie zufällig diese phallischen Kerzen zu Hause haben, die man in Erotikboutiquen bekommt, um so besser.) Was immer die Frau im Film mit ihrem Partner macht, das tun Sie auch. Wahrscheinlich wird er sich nicht besonders lang auf das Video konzentrieren.

Der Audiophile

Manche Männer fühlen sich von Erotika auf Tonträgern genauso angetörnt wie von Bildern. Wenn Ihr Mann zu dieser Gruppe gehört, nehmen Sie einfach eine Ihrer nächsten Liebesnächte auf Kassette auf. Beim nächsten Mal erzählen Sie Ihrem Mann, Ihnen sei da dieses wilde

Tonband mit der Post zugeschickt worden, und Sie glauben, daß es von einer Ihrer Freundinnen stammt. Wissen Sie eigentlich, daß Ihre eigene Stimme immer fremd klingt, wenn sie auf Band aufgenommen ist?

Nun, ebenso ist es mit den Geräuschen, die man beim Sex von sich gibt. Wenn er sich noch nie auf Band gehört hat, wird er weder seine eigene Stimme noch die Ihre sofort erkennen. Zuerst wird ihn die Vorstellung anmachen, jemand anderem zuzuhören. Aber Sie werden sehen, wie es ihn dann erregt zu erkennen, daß es sich um Sie beide handelt! (Warum Sie es ihm nicht gleich am Anfang sagen sollen? Vielen Männern ist es ein bißchen peinlich, sich selbst zuzuhören. Er wird dieses Seufzen und Stöhnen wahrscheinlich eher als sexy empfinden, wenn er anfangs glaubt, daß es *nicht* von ihm stammt.)

Empfang nach längerer Abwesenheit

Wenn er einige Tage lang unterwegs war, sorgen Sie dafür, daß die Kinder von Verwandten oder von einem Babysitter beaufsichtigt werden. Packen Sie eine Flasche Wein ein. Empfangen Sie ihn am Flughafen oder am Bahnhof, in einem langen Mantel (vorzugsweise einem Pelzmantel, aber nur, wenn er kein aktiver Tierschützer ist), Strümpfen und Strumpfgürtel, hohen Absätzen – und sonst nichts. Stoßen Sie am Flughafen auf seine Rückkehr an. Auf dem Heimweg reizen Sie ihn ein bißchen. Küssen Sie ihn, binden Sie seine Krawatte auf, streicheln Sie ihn durch den Stoff seiner Hose. Wenn Sie ein Taxi benutzen, dann brauchen Sie sich keine Sorgen zu machen, daß der Fahrer etwas merken könnte. Glauben Sie mir, er hat schon Schlimmeres gesehen.

Der Naturfreak

Wenn er am Morgen amouröse Gefühle gezeigt hat, rufen Sie ihn in der Arbeit an, und sagen Sie ihm, daß Sie das Zelt im Hof aufgeschlagen haben und daß Sie ihn dort erwarten werden, wenn er nach Hause kommt. Bereiten Sie das Ereignis vor: eine Flasche Wein, ein paar Kerzen, einen CD-Player, eine leichte Decke und eine Luftmatratze, wenn Sie nicht wollen, daß Gras an Ihrem Rücken klebenbleibt. Begrüßen Sie ihn im Zelt – splitternackt. (In der Mückensaison ist davon allerdings eher abzuraten.)

Wenn Sie kein Zelt haben – wie wäre es damit, gemeinsam eine Hängematte einzuweihen? Oder wenn Sie das Glück haben, über eine Scheune zu verfügen, gibt es dort sicher einen Heuboden. Wenn Sie in der Stadt leben, könnten Sie ein einsames Flachdach ins Auge fassen. Tragen Sie lockere Kleidung und einen Rock, der sich leicht hochschieben läßt. Was macht es schon, wenn tatsächlich ein paar Leute ihren Operngucker auf Sie richten? Das ist Teil des Vergnügens. Immer noch skeptisch? Dann kaufen Sie sich eine hübsche Maske mit Federschmuck.

Den Abend unter ein Motto stellen

Es kann alles sein – von venezianischen Masken (Sie in einer phantasievollen Maske und malerischen Gewändern) bis zur Fiesta mexicana (Margaritas, Taco Chips, Avocado-Dip, Mariachi-Band und Sie selbst – nackt bis auf einem Sombrero). Bei dieser Idee geht es darum, daß Sie sich selbst und damit auch die Stimmung für eine Nacht verändern. Die Karnevalszeit eignet sich für solche Vorhaben besonders gut. Mieten Sie ein Hotelzimmer, und überraschen Sie einander mit verschiedenen Kostümen. Je aufwendiger das Kostüm, desto besser. Versuchen Sie dann den ganzen Abend lang die Person zu bleiben, die Sie gewählt haben – wenn möglich, nehmen Sie Ihre Maske nicht ab.

Die Wassernixe

Dieses Szenario ist so einfach und doch so wirkungsvoll! Es funktioniert aber nur, wenn Sie kein Fenster in Ihrem Badezimmer haben. Wenn er nach Hause kommt, dann sagen Sie ihm, daß Sie zur Entspannung kurz duschen wollen. Sie haben soeben dieses wundervoll duftende Badegel gekauft, und nun wollen Sie es unbedingt ausprobieren. Wenn Sie unter der Dusche stehen, rufen Sie ihn. Sie brauchen jemanden, der Ihnen den Rücken an einer Stelle schrubbt, die Sie nicht erreichen können. Vielleicht ist es besser, wenn er sich auszieht, damit er nicht naß wird. Reichen Sie ihm das Badegel. Nun drehen Sie das Licht ab. Sie sind beide naß, und es ist stockfinster. Finden Sie einander in der Dunkelheit!

Die Ablenkung

Warten Sie, bis Ihr Mann mit seinem Chef, seiner Mutter oder dem Pfarrer telefoniert. Knien Sie nieder. Zippen Sie seine Hose auf. Und nun blasen Sie ihm einen … so langsam und genüßlich, wie Sie nur können.

Warten Sie ab, wie lange es dauert, bis er den Hörer auflegt.

Die lukullische Phantasie

Das ist eine der naheliegendsten Arten der Verführung – und eine der wirkungsvollsten. Denken Sie an alle Klischees über aphrodisierende Speisen, die Sie je gehört haben – Austern, Granatäpfel, Spargel –, und dann bereiten Sie eine dieser Speisen zu. Wenn er es zuläßt, können Sie ihn mit Ihren Fingern füttern. Das Dessert könnte in einer Schokoladencreme mit Sahne bestehen – die Sie von seinem Körper lecken. (Für alle, die gerade eine Diät machen: Es gibt auch köstliche Diätschokoladencremes!) Vergessen Sie nicht die Kerzen und die romantische Musik.

Der Quickie

Hier geht es weder um Sinnlichkeit noch um erhabene Liebesgefühle noch um ein ausführliches Vorspiel, sondern einfach um »Steck-ihn-rein-danke-das-war's«. Warten Sie, bis Sie *wissen*, daß er geil ist. Dann lenken Sie seine Aufmerksamkeit auf sich, am besten, ganz knapp bevor Sie zu einer Party aufbrechen müssen oder er auf den Flughafen muß.

Die beste Verführung von allen

Das ist eine Verführung nach dem Geschmack Ihres Liebsten, die Ihrer Phantasie entsprungen ist.

8

Was ein Callgirl kennt und Sie nicht: Ihren Mann und sein Sexualleben

>*Und dann war es ... wir küßten uns, und es war genau wie diese Szene in Casablanca, in der sich Ingrid Bergman und Humphrey Bogart in die Arme fallen, und wir konnten einfach nicht voneinander lassen. Oh, wenn ich daran denke, wie unsere Hände den Körper des anderen erforschten, Zentimeter für Zentimeter ...*«

>*Ja! Es war gut. Echt gut. Wirklich super.*«

Quizfrage: Welche dieser Beschreibungen stammt von einer Frau und welche von einem Mann? Jede Frau auf der Welt weiß das instinktiv. Im allgemeinen fällt es uns Frauen viel leichter, unsere Gefühle über unsere Sexualität auszudrücken, zumindest, wenn wir unter uns sind. Aber die Männer? Vielleicht mit Ausnahme von Literaturprofessoren und Siebzehnjährigen, die es zum ersten Mal tun, sind Männer kaum gesprächig, wenn es darum geht, den Akt zu beschreiben oder die Gefühle, die sie dabei empfinden. Aber die Tatsache, daß sie nicht Stunden mit Gesprächen über Sex zubringen, bedeutet nicht, daß er ihnen weniger wichtig ist oder daß sie ihn als weniger erfüllend empfinden als wir.

Wenn Sie also beide denselben Wert auf ein gutes Sexualleben legen, wie kommt es dann, daß der Sex so oft langweilig und zur Routine wird? Wie ich schon sagte, haben viele von uns den Sex in ihrer Prioritätenliste ganz nach hinten geschoben. Wir heben ihn uns zum Beispiel bis zum späten Abend auf, wenn wir zu müde sind, um noch etwas zu lesen oder auch nur fernzusehen. Wenn wir darüber nachdenken, ist es eigentlich erstaunlich. Wir arbeiten an so vielen anderen Dingen in unserem Leben – beim Garten angefangen bis zur Pflege von Freundschaften. Aber Sex? Viele von uns wenden mehr Zeit für ihr Haar auf, als sie im Bett mit ihrem Partner verbringen. Denken Sie einmal darüber nach: Sie vereinbaren einen Termin beim Friseur, Sie nehmen sich die Zeit, und Sie geraten in helle Verzweiflung, wenn Ihre gewohnte Friseurin auf Urlaub ist. Wie viele von uns haben zum Sex dieselbe Einstellung? Das Schlüsselwort lautet hier *Priorität*.

Mit dem Sex ist es wie mit allem anderen, was wir auf dieser Welt tun: Wir müssen Zeit investieren, damit er gut wird. Es braucht *Engagement, Planung, Begeisterung* und *Zeit, die wir ausschließlich dem Mann widmen* – und, abgesehen vom eigentlichen Sex, ist es genau das, was ein hochklassiges Callgirl anzubieten hat.

Darf es ein bißchen mehr sein?
Wie Sie im Bett bekommen, was Sie
sich wünschen

Durchschnittlich dauert es drei Minuten, bis ein Mann zum Orgasmus kommt (ausgenommen beim Oralsex) – so gut sollte es uns einmal gehen. Eine Frau braucht achtzehn Minuten. Mutter Natur scheint einen eigenartigen Sinn für Humor zu haben.

Es überrascht also kaum, daß für einen Mann, der zu einem Callgirl geht, einer der größten Anziehungspunkte darin besteht, daß er ausschließlich an sich selbst zu denken braucht. Auch wenn er möchte, daß das Mädchen ihn mag, braucht er sich über ihren Orgasmus keine Sorgen zu machen. Er kann sich auf sein eigenes Vergnügen konzentrieren, weil ihr Vergnügen ja vermutlich darin besteht, daß sie ein hübsches Sümmchen Geld kassiert.

In einer Beziehung ist es ganz anders: Da sind die meisten Männer *extrem* darauf bedacht, daß der Sex für ihre Partnerin erfüllend ist. Oder besser gesagt sind sie mit der Mechanik vertraut: Einfach Bolzen A in Schlitz B stecken. Man braucht eine Frau nicht zu fragen, was sie mag. Er (und sein Penis) *wissen* es ganz einfach.

Im Gegensatz dazu fällt es vielen Frauen (auch mir) schwer zu sagen, was sie mögen, weil wir mit der vollkommen verblödeten Vorstellung groß geworden sind, daß »er« es wissen muß, wenn er uns wirklich liebt. Schlagen Sie nur irgendeinen Liebesroman auf, und schon stoßen Sie auf die erste Frau, die allein schon durch die Berührung eines Mannes in einen Taumel der

Ekstase verfällt. Selbst wenn sie ihn eben erst kennengelernt hat, weiß er, wie er ihr immer wieder in ungeahnter Weise Lust bereiten kann … (Tatsächlich ergab eine Studie im vergangenen Jahr, daß sich die Phantasien der Männer im allgemeinen auf die Erreichung des Orgasmus konzentrieren, ohne viel Drumherum. In den Phantasien der Frauen spielen hingegen das Was, Wie und Wo der Szene eine Rolle – die Stimmung, das Ambiente, seine Gefühle, ihre Gefühle, die Art seiner Liebkosungen usw.)

Das Ergebnis? Ein sexuelles Patt. Wenn Sie den Mut aufbringen, direkte Anweisungen zu geben, dann ist der Typ eingeschnappt. Vielleicht haben Sie gedacht, ihm nur ganz diskrete Hinweise zu geben, aber er tut so, als hätten Sie Befehle durch ein Megaphon ausgegeben. Und wenn Sie nichts sagen? Nun, viele Frauen ziehen es schließlich vor, einen Orgasmus vorzutäuschen …

Es ist natürlich nichts dagegen einzuwenden, das von Zeit zu Zeit zu tun, wenn Sie müde sind oder die Sache einfach zu einem Ende bringen wollen oder wenn Sie ihm eine Freude machen möchten und einfach nicht in der Stimmung für einen Orgasmus sind. (Ich pflegte den Mädchen, die für mich arbeiteten, jedoch im allgemeinen davon abzuraten, einen Orgasmus vorzutäuschen. Diese Männer waren klug genug zu wissen, daß sie kaum etwas getan hatten, um sie zu erregen, und deshalb war das Vortäuschen in solchen Situationen eine Beleidigung ihrer Intelligenz. Wie ich aber schon früher sagte, gibt es zu jeder Regel eine Ausnahme. Wenn der Typ ehrlich versucht hatte, es für das Mädchen gut zu machen, oder wenn er einfach nicht von ihr ablassen wollte, bevor sie befriedigt war – dann, ja dann muß ein Mädchen tun, was es eben tun muß.)

Es gibt also Gelegenheiten, bei denen es ratsam ist, einen Orgasmus vorzutäuschen. (Wenn es sich um jemanden handelt, mit dem Sie nicht regelmäßig zu schlafen beabsichtigen, ist gegen das Vortäuschen wahrscheinlich nichts einzuwenden.) Aber wenn Sie es dauernd tun, dann vermitteln Sie Ihrem Partner folgende Botschaft: *Liebling, du brauchst mich nicht länger als zwei Minuten zu berühren. Nein, brauchst du nicht. Ich mag es am liebsten, wenn du mir deinen Steifen einfach so hineinrammst und kommst. Das ist für mich Ekstase.*

Sie müssen ihm also – um Ihrer beider willen – vermitteln, was Sie wollen, und zwar auf dezente Weise. Hier sind einige Strategien, wie Sie das anstellen können:

Was immer Sie wollen – tun Sie so, als täte er es bereits

Die folgenden Worte werden Sie in einem Liebesroman nie finden: »Magst du es lieber, wenn ich dich hier direkt berühre, oder soll ich eher indirekten Druck ausüben, indem ich deine Schamlippen zusammendrücke und ein bißchen reibe?« Aber genau diese Art von Kommunikation ist es, die zwischen unserem Partner und uns möglich sein *sollte*.

Wenn Sie es nicht über sich bringen, direkt zu fragen, sagen Sie etwas wie: »Oh, ich liebe es, wenn du an meinem Ohr knabberst« – auch wenn es ihm von sich aus im Leben nie einfiele, an Ihrem Ohr zu knabbern. Vielleicht erinnert er sich nicht explizit daran, es je getan zu haben, aber er glaubt Ihnen, wenn Sie sagen, daß er es tat. Und daß Sie es toll fanden. Also, was glauben Sie, was er das nächste Mal tun wird?

Die Geschichte mit dem Traum

Sagen Sie: »Stell dir vor, ich hatte letzte Nacht einen Traum, in dem du mich gefesselt und geohrfeigt hast. Huh – als ich am Morgen aufgewacht bin, wollte ich gleich über dich herfallen.« Er wird ziemlich schnell begreifen, was Sie wollen. Wenn er sich nicht interessiert zeigt, haben Sie das Gesicht nicht verloren. Sie können dann einfach sagen: »Ja, ich fand es auch ziemlich verrückt.« (Aber jetzt wissen Sie wenigstens, wie er darüber denkt.)

Positive Verstärkung

Wenn er Ihnen sagt, daß er es liebt, wenn Sie an seinem großen Zehen saugen, dann merken Sie sich das für den Rest Ihres Lebens, nicht wahr? Oder wenn er Ihnen jemals gesagt hat, daß er etwas, was Sie im Bett taten, nicht mochte, dann wissen Sie es noch, als wäre es gestern gewesen. Irgendwie scheint bei den Männern dieser Erinnerungschip zu fehlen. Weg. Perdu. Hat nie existiert.

Wenn er also im Bett etwas tut, was Ihnen gefällt, müssen Sie dieses Verhalten verstärken. Nicht ein- oder zweimal, sondern fünf- oder zehnmal. Rufen Sie ihn im Büro an und sagen: »Ich dachte gerade daran, wie du X gemacht hast, und da wurde mir ganz heiß, und ich konnte mich überhaupt nicht mehr konzentrieren.« Stecken Sie ihm eine kleine Botschaft in seine Jackentasche. Oder sagen Sie ihm, bevor er zur Arbeit geht:

»Ich weiß nicht, ob du heute abend Zeit hast, aber letzte Woche, als du den Pudding von meinem Bauch geleckt hast, o Mann …« Das ist die Art Feedback, die er braucht.

Die Kunst des Stöhnens

Selbst nachdem sie *Harry und Sally* gesehen haben, finden die meisten Frauen, es sei nicht ladylike, sich im Bett wie Meg Ryan zu benehmen. Das ist ein Fehler! Männer lieben Frauen, die stöhnen. Stöhnen ist etwas, was aus dem Bauch kommt, etwas, worüber wir keine bewußte Kontrolle haben. Wenn Sie also stöhnen, muß er ein atemberaubender Liebhaber sein. Oder zumindest glaubt er das.

Es ist ganz einfach: Wenn Sie etwas tun, was Ihnen gefällt, stöhnen Sie! Wenn er etwas tut, was Ihnen nicht gefällt, verfallen Sie in eisernes Schweigen. Wenn er nun nicht den IQ einer Sanddüne hat, wird er Ihnen folgen können. Und je mehr Sie aus sich herausgehen, desto besser. Selbst Männer, die es vorziehen, daß sich ihre Frauen in der Öffentlichkeit gesittet geben, lieben es, im Schlafzimmer jede Menge »Oohs«, »Aahs« und »Fester, fester!« zu hören. Tatsächlich fühlen sich Männer von »schmutziger Sprache« im Schlafzimmer oft angeregt, weil sie daraus schließen, daß es ihre tolle Liebeskunst sein muß, die Ihnen so unerhörte Worte entlockt. Wenn Sie zum Höhepunkt kommen, versuchen Sie seinen Namen zu rufen. (Passen Sie aber auf, daß es der richtige ist!)

Der Faktor Begeisterung

In zwei verschiedenen Studien aus dem Jahr 1994, die im *Journal of Personality* und in *Social Psychology* veröffentlicht wurden und in denen Frauen im Collegealter und Frauen im Alter zwischen fünfundzwanzig und sechsundvierzig Jahren interviewt wurden, hatten jene Befragten, die sich selbst als leidenschaftlich, anregend, erregbar und romantisch beschrieben, mehr Partner und bezeichneten ihre emotionalen Beziehungen als intimer als diejenigen Frauen, denen Sex eher peinlich war. Frauen, die sich selbst für sexy halten, beschrieben ihr erotisches Potential als überdurchschnittlich, *unabhängig davon, ob sie gerade einen Partner hatten oder nicht*.

Machen Sie sich nichts vor: *Männer mögen Frauen, die Sex lieben*.

Das ist eines der wesentlichsten Elemente der Callgirl-Phantasie. Eine Prostituierte tut im Normalfall beim Sex nicht den ersten Schritt. Wenn sie Stunden verrechnet, hat sie ein Interesse daran, daß die Kunden möglichst lang bei ihr bleiben, und der Sex läutet normalerweise das *Ende* des Abends ein. Der Mann weiß jedoch, daß er eine Frau vor sich hat, die ihn nicht wegstoßen wird, die unvoreingenommen und offen ist für alles, niemals Kopfschmerzen hat und nicht zu warten braucht, bis die Kinder schlafen. Vom Verstand her weiß er vielleicht, daß sie es nur des Geldes wegen tut, aber wenn sie ihre Arbeit gut macht, dann wird er das Gefühl haben, daß sie von seinem Körper mindestens so fasziniert ist wie von seiner Kreditkarte.

Viele von uns wachsen in dem Glauben auf, daß die Männer Frauen verachten, die Sex mögen, oder daß sie uns nicht respektieren, wenn wir ihnen gestatten, mit uns intim zu werden. In früheren Zeiten, als es noch keine Verhütungsmittel gab und Schwangerschaftsabbrüche verboten waren, konnte eine junge Frau keine größere Schande über sich selbst und ihre Familie bringen, als außerhalb der Ehe schwanger zu werden. Deshalb terrorisierten ängstliche Eltern ihre Töchter so lange, bis diese glaubten, daß kein Mann sie respektieren würde, wenn sie sich »hingäben«, und daß ein Mädchen, dem Sex zu viel Spaß machte, ein leichtes Mädchen sei. Diese Argumentationsweise war in sich selbst bereits eine Art Geburtenkontrolle, die auch ganz gut funktionierte, bis die Pille die jungen Frauen in den sechziger Jahren vor dem Damoklesschwert einer unerwünschten Schwangerschaft befreite. Leider sind die alten Überzeugungen in den Köpfen vieler Frauen immer noch verankert, und da Geschlechtskrankheiten heute so weit verbreitet sind, versuchen ängstliche Eltern immer noch, ihre Töchter »sicher« zu erziehen, indem sie ihnen sagen, daß kein Mann sie mehr wollen wird, wenn sie sich mit zu vielen Liebhabern einlassen. Gibt es einen besseren Weg, eine Frau vom Sex abzuhalten, als sie zu überzeugen, daß gerade diejenigen sie verachten und zurückweisen werden, deren Liebe und Respekt sie sich mehr als alles andere wünscht?

Diese Argumentationsweise hat natürlich Konsequenzen. Eine Frau, die im Bett ungehemmt ist, so die weitverbreitete Meinung, muß es wohl mit *jedem* getrieben haben. Diese interessante Logik ist wahrscheinlich unter jüngeren Männern verbreitet, die dem Thema Sex noch etwas ambivalent gegenüberstehen. Aber Männer um die Dreißig haben bereits mehr Vertrauen in sich selbst und in ihre Sexualität entwickelt. Sie wünschen sich meistens eine Partnerin, die ebenso selbstbewußt ist wie sie, die ihre sexuellen Komplexe aufgearbeitet hat und ihnen eine gleichwertige Gefährtin sein kann.

Warum brauchen die Männer die Begeisterung der Frauen so sehr? Erstens ist Sex für Männer meist die wichtigste Art, ihre Gefühle auszudrücken, weil sie verbal nicht so geschickt sind wie wir. Wenn Sie Ihrem Partner Ihre Gefühle zeigen wollen, können Sie ihm sein Lieblingsessen vorsetzen, ihm die Kinder für einen Abend vom Hals halten, ihm den Rücken massieren oder ihm einfach sagen, wie sehr Sie ihn lieben. Wenn er Ihnen hingegen zeigen möchte, was er für Sie empfindet, ist es wahrscheinlicher, daß er versuchen wird, Sex mit Ihnen zu haben, auch wenn er in Wirklichkeit nur umarmt und liebkost werden möchte. Oft weiß er überhaupt nicht, wie er Nähe *ohne* Sex erreichen soll. Das ist der Hauptgrund dafür, daß Männer auf Ihre Begeisterung angewiesen sind: Sie gibt ihnen das Gefühl, geliebt zu werden und Ihnen nahe zu sein.

Zweitens vermitteln Sie Ihrem Partner durch Ihre Begeisterung das Gefühl, daß Sex Ihnen schlicht und einfach Spaß macht. Die Klage, mit der Callgirls am häufigsten konfrontiert sind, lautet: »Ja, meine Frau tut es zwar mit mir, aber es scheint ihr einfach nicht besonders viel Spaß zu machen.« Erinnern Sie sich an die Anfangszeit Ihrer Beziehung, als Sie noch viel lachten und herumalberten, als es Ihnen einfach noch Spaß machte, miteinander Unsinn zu machen? Wenn man darüber nachdenkt, überrascht es nicht, daß der beste Sex sowohl für Männer als auch für Frauen oft in den Beginn einer Beziehung fällt. Sex ist neu und deshalb aufregend. Aber er verkörpert auch das *reine Gefühl ohne die Belastung von Alltagssorgen* – Sie denken nicht darüber nach, wie Sie die Hypothek bezahlen oder den Filter Ihres Schwimmbeckens reparieren sollen.

Großartigen Sex haben Sie dann, wenn es Ihnen gelingt, sich dieses anfängliche Spannungsgefühl mit einem Schuß Verspieltheit zu bewahren.

Hier sind einige Beispiele für Erwachsenenspiele:

Fotografieren

Das ist ein gutes Spiel für Männer, die davon überzeugt sind, einen tollen Körper zu haben. Nehmen wir an, er ist eines Abends ausgezogen. Wenden Sie sich zu ihm, und sagen Sie: »Ooh, sieh dir mal deinen Rücken an! Diese Schultern! Dieser Bizeps! Kannst du deine Arme noch mal etwas heben? Okay. Nun dreh dich so! Wow, du siehst toll aus! Du könntest auf dem Titelbild einer Bodybuilderzeitschrift erscheinen.« Tun Sie so, als hätten Sie eine Kamera – oder wenn Sie eine zur Hand haben und es Ihnen beiden angenehm ist, können Sie auch tatsächlich abdrücken. (Bedenken Sie jedoch, daß er mit einer richtigen Kamera dann vielleicht auch Sie fotografieren will. Und überlegen Sie genau, ob Sie wirklich wollen, daß Nacktfotos von Ihnen herumschwirren, vor allem, wenn Sie eine Karriere am Obersten Gerichtshof im Auge haben!)

Das Fotografenspiel entspricht vielen der Strategien,

über die ich im zweiten Kapitel gesprochen habe: Sie machen ihn zum Mittelpunkt Ihrer Aufmerksamkeit, Sie verwöhnen ihn mit Bewunderung und Lob, und Sie machen einfach Unsinn und geben Ihrem Spieltrieb nach.

Der Farbenrausch

Investieren Sie in abwaschbare, ungiftige Körperfarben; Sie bekommen sie in einer Sexboutique oder im Spielwarengeschäft. Ihr Partner legt sich auf ein altes Laken, das ruhig verdorben werden darf, und Sie verwenden seinen Körper als Leinwand: Kringel, Herzen, Sterne, pausbäckige Engelchen, Landschaften – was immer Ihre Phantasie Ihnen eingibt und Ihr Talent Ihnen ermöglicht.

Das Zehnpfennigspiel

Ihr Partner legt sich auf den Rücken, mit den Händen an den Seiten und den Handinnenflächen nach unten. Legen Sie auf beide Hände und auf die Fußknöchel je ein Zehnpfennigstück. Seine Aufgabe ist es nun, die Balance zu halten, während Sie ihn zu erregen versuchen. Dabei tun Sie alles, um ihn die Zehnpfennigstücke vergessen zu lassen. (Ich getraue mich fast zu wetten, daß Sie gewinnen werden.) Der Sieger darf das ganze Wochenende nach seinen Wünschen gestalten.

Es gibt eine endlose Reihe von Szenen, die Sie miteinander spielen können: Scheich und Haremsmädchen, Fremde, die sich gerade kennengelernt haben, Sheriff und Ganovin, Briefträger und Hausfrau … Hier geht es einfach darum, Spaß und Neuigkeitswert in die Liebe zurückzubringen.

Die Lust im Auge des Betrachters

Ich sagte bereits, daß Sie erotischen Filmen eine Chance geben sollten. Auch die sexbegeistertsten Frauen empfinden Pornofilme bestenfalls als langweilig, schlimmstenfalls als abstoßend, vor allem nach den ersten Szenen. Wie oft erträgt man es, einen Strahl Samen durch die Luft spritzen zu sehen? Wenn Sie ein Mann sind, lautet die Antwort: Unendlich oft. Die Typen können sich solche Filme stundenlang reinziehen, ohne sich jemals zu langweilen. (Nun, das stimmt auch nicht ganz. Die Männer sind deshalb so abhängig von der Fernsteuerung, weil sie ihnen gestattet, schnell zu den guten Teilen vorzuspulen.)

Ich habe viel davon gesprochen, daß Männer von Fotos und Videos visuell erregt werden. Frauen ziehen hingegen eine heiße Szene in einem guten erotischen Roman vor. Wir mögen es nicht so, wenn unsere Phantasien so explizit dargestellt werden oder daß uns vorgegeben wird, wer das Objekt unserer Begierde zu sein hat.

Männer hingegen betrachten die Dinge viel direkter. Für sie besteht ein viel konkreterer Zusammenhang zwischen ihrem Auge und der einäugigen Schlange in ihrer Hose.

Die Frauen beklagen dieses von der Natur vorgegebene Faktum schon lange, und sie nennen die Männer »oberflächlich«, weil sie so direkt auf visuelle Reize reagieren.

Das bedeutet aber nicht – und das vergessen viele Frauen –, daß die Männer von uns erwarten, wir müßten allesamt so aussehen wie Elle McPherson. Sie betrachten unseren Körper sogar viel weniger kritisch, als wir es tun. Wenn Sie in einem sexy Nachthemd vor ihm stehen, dann wird er Sie toll finden, ohne sich zu fragen, welches Wundermittel Sie wohl von Ihrer Zellulitis befreien könnte. (Das denken nur *Sie* …)

Hören wir also auf, uns darüber zu beklagen, daß Männer Augentiere sind. Wir wissen doch, was wir tun müssen, um ihnen zu gefallen – konzentrieren wir uns also darauf, daß ihre visuellen Reaktionen zu unseren Gunsten wirken.

Die Sexpositionen:
Wie Sie die Grundpositionen aufpeppen

Fragen Sie einmal fünf verschiedene Männer nach ihrer Lieblingsposition, und Sie werden fünf verschiedene Antworten bekommen: »Auf jeden Fall die Missionarsstellung«, sagte einer meiner Freunde. »Es ist wie mit Vanilleeis. Man will alle anderen Sorten ausprobieren, aber man kommt immer wieder auf das zurück, was man schon kennt.«

»Ganz sicher von hinten«, sagt Peter. »Da ist der Mann in seiner Bewegung am wenigsten eingeschränkt, es ist nicht sehr anstrengend, und man … ja, man kann den Kontaktpunkt sehen. Viel Kontrolle, wenig Energieaufwand, visuelle Stimulierung – was will Mann mehr?«

Das zugrundeliegende Thema ist hier die Penetration.

Ein Mann wird die Position vorziehen, in der er am tiefsten in die Frau einzudringen glaubt. »Diejenige Stellung ist die beste, in der man am tiefsten in die Frau eindringt«, sagt John. »Man hat so einfach das Gefühl, *angekommen* zu sein.«

Was soll ich Ihnen sagen? Deshalb spielen sie ja auch so gern mit Gewehren. Irgendwo, auf einer ganz primitiven Ebene, geht es um nichts anderes als darum, wer seine Kanonenkugeln am weitesten schießen kann.

Ich glaube, ich brauche hier nicht viel über die sexuellen Grundpositionen zu sagen, aber vielleicht ist es nützlich, wenn ich Ihnen ein paar Tricks verrate, die Callgirls hier und da anwenden, um diese Grundstellungen ein bißchen aufzupeppen.

Die Missionarsstellung

Eine der häufigsten Klagen von Frauen, deren Partner die gute alte Missionarsstellung bevorzugen, lautet, daß sie auf diese Weise nicht zum Höhepunkt kommen. Nun, wenn Sie noch keinen Höhepunkt hatten, bevor er auf Sie hinaufklettert, warum die Sache nicht selbst in die Hand nehmen? Die Wahrscheinlichkeit ist groß, daß Ihr Mann es ungeheuer erotisch findet, wenn Sie mit sich selbst spielen, während er in Ihnen ist. Mit Ihrer anderen Hand könnten Sie seine Hüften umfassen, mit seinen Brustwarzen spielen (wenn sie empfindlich sind) oder ihn umfassen und sanft seine Hoden streicheln.

Die Frau kniet auf allen vieren

Da diese Stellung dem Mann alle Arten von optischen Reizen bietet, können Sie Ihren tierischen Aspekt ebensogut unterstreichen. Wenn Sie langes Haar haben, ermutigen Sie ihn, es wie Zügel in die Hand zu nehmen, während er in Ihnen ist. Oder wenn Ihnen ein paar zusätzliche Empfindungen nichts ausmachen – wie wäre es mit ein paar kleinen Hieben auf Ihr Hinterteil? Wenn ihn Mutter Natur sehr gut ausgestattet hat und Sie nicht wollen, daß er zu tief in Sie eindringt, legen Sie sich ein paar Polster unter den Bauch, und schließen Sie die Beine. So verhindern Sie, daß er zu tief in Sie eindringt.

Die Stellung »Frau auf allen vieren« eignet sich besonders gut, wenn Sie auf dem Bett knien und Ihr Liebster an der Bettkante steht. Aber beschränken Sie diese Stellung nicht aufs Schlafzimmer! Sie bietet sich auch an, wenn Sie über einen Stuhl, das Sofa, den Tisch oder die Kühlerhaube des Autos gebeugt stehen.

Die Frau oben

Viele Frauen sagen, daß sie am liebsten oben sind, weil sie dann nicht nur kontrollieren, wie tief ihr Partner in sie eindringt, sondern sich auch genau so bewegen können, daß ihre Klitoris optimal stimuliert wird. (Hilfreich ist es auch, wenn sein Daumen mit Ihrer Klitoris spielt.) Die Männer lieben es, mit den Brüsten ihrer Frau zu spielen, und manchen ist es noch lieber, wenn das die Frau auch selbst tut.

Eine beliebte Variante, die Callgirls in dieser Position gern anwenden: Warten Sie, bis Ihr Partner nahe am

Orgasmus ist, und dann heben Sie, knapp bevor er kommt, seine Beine zur Decke. Das erfordert etwas Kraft von Ihrer Seite und eine bestimmte Biegsamkeit von seiner – aber die Blutzufuhr zu den Genitalien und die Streckung der Beinmuskeln können zusammen einen ungeheuer starken Orgasmus bewirken.

Seite an Seite, einander zugewandt

Normalerweise dauert es lange, bis Mann und Frau in dieser Stellung zum Orgasmus kommen, aber der Spannungsaufbau kann ungeheuer aufregend sein. Vielleicht ist es besser, wenn Sie kommen, bevor er in Sie eindringt, indem Sie seinen Penis zwischen Ihren Schenkeln und dann an Ihrer Klitoris reiben und dabei seine Hoden massieren.

Die Löffelstellung

Das ist eine besonders angenehme Art, am Morgen aufzuwachen, wenn Sie noch im Halbschlaf liegen und er ein dringendes Bedürfnis verspürt. (Diese Stellung bietet sich auch an, wenn Sie schwanger sind und die Positionen, bei denen Sie auf dem Bauch oder dem Rücken liegen, nicht mehr so angenehm sind.) Lassen Sie ihn seinen Penis so zwischen die Schamlippen einführen, daß sich der Peniskopf an Ihrer Klitoris reibt. Dann drücken Sie die Beine leicht zusammen und lassen ihn stoßen, als wäre er in Ihnen. (Vielleicht ist es günstig, ein Gleitmittel zu verwenden, wenn Sie zu Beginn noch nicht erregt sind. Wenn Sie gar keine Lust verspüren, kann er schlimmstenfalls mit Ihnen spielen, während Sie vor sich hin dösen.)

Das Nachspiel

Aus irgendeinem Grund zogen sich die Kunden von Cachet gern an, bevor die Mädchen gingen, aber sie wollten sich nicht anziehen, solange sie noch klebrig waren. Deshalb entwickelten viele Mädchen ein kleines Geisha-Ritual, das bei den Kunden toll ankam. Sie nahmen ein feuchtes, warmes Handtuch und wischten sie damit ab, vor allem an den Oberschenkeln und zwischen den Beinen. Vielleicht sollten Sie im Schlafzimmer auch ein paar feuchte, warme Tücher parat haben! Lassen Sie die Tücher aber nicht länger als eine halbe Minute auf seinen Genitalien liegen. Was sich zuerst wunderbar warm und feucht anfühlt, wird bald kalt und klamm. Bedenken Sie auch, daß die meisten Männer nach dem Höhepunkt sehr berührungsempfindlich sind. Eine Liebkosung, die sich eine Sekunde davor ungeheuer angenehm anfühlte, kann einen Augenblick danach bereits als schmerzhaft empfunden werden. Manche Männer wollen direkt danach überhaupt nicht berührt werden, während es anderen gefällt, fest abgerieben zu werden. Sie müssen also seine wahrscheinliche Reaktion abschätzen oder ihn einfach fragen.

Safer Sex: Nicht Arbeit, sondern Abenteuer

Das Zeitalter von Aids hat uns vor allem eines gelehrt: Wenn es um Sex geht, dann lügen die Leute. Sie wollen es nicht, aber sie tun es trotzdem. Vielleicht denken Sie, daß Sie alles über das erotische Vorleben Ihres Partners wissen. Vielleicht hat er Ihnen erzählt, nie Drogen gespritzt oder niemals mit einem Mann geschlafen zu haben. Vielleicht hat er beteuert, daß Kondome wie eine Religion für ihn seien. Nun, jedenfalls beinahe. »Na ja, Liebling, vielleicht gab es da ein paarmal, nur einige wenige Male ...«

Und jetzt denken Sie einmal genau nach: Haben Sie der Person, die Ihnen am nächsten steht, wirklich jedes kleine Detail Ihres Vorlebens erzählt? Ganz gleich, wie intelligent, verantwortungsbewußt und politisch korrekt Sie sind: Gab es da nicht vielleicht eine Nacht – oder auch mehrere –, in der Sie mit Leuten intim waren, deren Namen Sie nicht mehr wissen und nach deren medizinischem Zustand Sie nie fragten? Gab es da nicht einige Nächte, in denen ein Mann, den Sie nicht kannten, keine Kondome verwenden wollte, Sie ihn aber so begehrten, daß Sie nicht die Kraft hatten, darauf zu bestehen?

Auch das millionenschwerste Aids-Aufklärungsprogramm kann die Tatsache nicht aus der Welt schaffen, daß viele von uns so tun, als wären sie unsterblich, sobald sie Lust auf Sex verspüren.

Natürlich hat Aids dazu geführt, daß Safer Sex heute hoch im Kurs steht. (Ich spreche hier von »Safer Sex« und nicht von »Safe Sex«, weil die einzige Art, wirklich sicheren Sex zu haben, darin besteht, vollkommen darauf zu verzichten.) Aber es gibt auch viele gesundheitliche Gründe außer Aids, die für Safer Sex sprechen, wie Sie gleich sehen werden. Aids ist heute die vierthäufigste Todesursache bei Frauen im Alter zwischen vierundzwanzig und vierundvierzig, und es ist zu erwarten, daß sich bis zum Jahr 2000 weitere dreizehn Millionen infizieren werden. Aber darüber hinaus stecken sich jedes Jahr etwa 6,5 Millionen amerikanische Frauen mit irgendeiner anderen Geschlechtskrankheit an, und fast alle diese Infektionen könnten durch die Verwendung von Kondomen verhindert werden.

Kondome: Ein kleiner Benutzerleitfaden

Reden wir Klartext. Trotz all der Slogans wie »Safer Sex ist heiß«, »Lernen wir, den Gummi zu lieben« und ähnlicher Parolen wird es nie so sein, daß sich Geschlechtsverkehr mit Kondom besser anfühlt als ohne. Den Leuten etwas anderes zu erzählen ist so, als wollte man sie davon überzeugen, daß ein billiger Chianti eine viel bessere Sache ist als ein Glas Château Lafite des Jahrgangs 1961. Aber das soll nicht heißen, daß Sex mit Kondom – oder die vielen anderen Spielarten von Sex ohne Geschlechtsverkehr – keine tolle Sache sein können.

Sie müssen den folgenden Einstellungswandel vollziehen, um sich mit Latex-Kondomen anzufreunden: Die Kondome haben nicht den Zweck, Sie beim Sex zu behindern, sondern sie sind dafür gedacht, Sie und Ihren Liebsten von der Angst vor einer unerwünschten Schwangerschaft und vor Geschlechtskrankheiten zu befreien. (Übrigens sind Gummis für Männer, die zu vorzeitiger Ejakulation neigen, ein wahrer Segen: Sie dämpfen das Gefühl gerade so stark, daß der Sex für Sie beide länger dauert!)

Beachten Sie übrigens, daß ich *Latex*-Kondome sagte. 95 Prozent aller Kondome bestehen aus Latex; der Rest wird aus natürlichen Materialien hergestellt, meist aus den Därmen von Lämmern. Obwohl die meisten Männer sagen, daß das natürliche Material Wärme und Reibung besser überträgt als Latex und beide Arten gleich gut verhüten, ist Latex doch weniger porös und kann daher die Viren und Bakterien, die die Geschlechtskrankheiten verursachen, besser abhalten.

Feuchte Kondome

Natürlich gibt es immer noch die einfachen, trockenen Kondome ohne Samenreservoir, aber die meisten Frauen ziehen feuchte Kondome vor, die sich leicht überziehen lassen und gut gleiten. Für zusätzlichen Schutz sind viele dieser Kondome mit dem Spermizid Nonoxynol 9 beschichtet, das nicht nur Spermien, sondern auch das Aids-Virus abtötet. Wenn Sie selbst ein Gleitmittel auf ein Trockenkondom auftragen, sollten Sie *ausschließlich* Gleitmittel auf Wasserbasis verwenden, denn ölhaltige Gleitmittel können das Latexmaterial angreifen. Halten Sie auch Ausschau nach Kondomen mit Reservoir anstatt einem runden Ende. Sie bieten Platz für das Sperma, das deswegen nicht so leicht ausläuft. Wenn kein Reservoir »eingebaut« ist, lassen Sie ein bis zwei Zentimeter »Überhang« stehen, wenn Sie das Kondom überziehen.

Die Größe

Ein zu enges Kondom ist genauso unangenehm wie zu enge Unterwäsche, die ständig einschneidet. Zum Glück werden heute neue, größere Versionen angeboten, die etwa 15 Prozent weiter und 6 Prozent länger als die Standardgröße sind.

Andererseits ist ein Kondom, das zu lose sitzt, regelrecht gefährlich. Es kann abrutschen, während Ihr Partner noch in Ihnen ist. So wie Frauen, die immer wegen ihrer großen Schuhgröße verspottet wurden, darauf bestehen, Schuhe zu tragen, die ihnen eine Nummer zu klein sind, verlangen manche Männer ein Magnum, wenn in Wirklichkeit ein »Kleinkaliber« auch ausreichend wäre. (In diesem Fall ist es vielleicht besser, wenn *Sie* die Kondome kaufen. Sie können sie dann in eine Schachtel mit der Aufschrift XX-Large legen!)

Kondome als Unterhaltung

Sie haben ja auch nicht nur *ein* Paar schwarze Schuhe, oder? Warum sollten Sie sich also auf *eine* Art von Kondom beschränken?

Es gibt Kondome in Paradiesvogelfarben, Kondome, die im Dunkeln leuchten, gerippte Kondome, Kondome mit Höckern und Kondome mit tentakelartigen »Kitzlern«. Es gibt Kondome in jeder vorstellbaren Geschmacksrichtung, von Pfefferminz bis zu Cappuccino. Meine Sympathie gilt vor allem dem sogenannten Stealth-Kondom mit einer Verpackung, die einem Stealth-Bomber ähnelt. Auf der Packung steht: »Man wird dich nie kommen sehen.« Auf das Peter-Meter-Kondom ist ein Lineal aufgedruckt; wenn Sie es hinunterrollen, finden Sie verschiedene Wertungen, von winzig bis überdurchschnittlich, Hengst-, Helden- und Dinosauriergröße.

Ordinär? Vielleicht. Lustig? Mit Sicherheit. (Lesen Sie

den Packungstext genau, bevor Sie eine neue Art von Kondom kaufen. Manche sind nur als »Juxartikel« eingestuft und schützen weder vor Schwangerschaft noch vor Geschlechtskrankheiten.)

Frauenkondome

Vielleicht haben Sie schon von den neuen Kondomen für Frauen gehört, die für jene Frauen entwickelt wurden, deren Männer keine normalen Gummis verwenden wollen. Das Frauenkondom ist ein lose sitzendes Polyurethanfutteral zwischen zwei elastischen Gummiringen. Ein Ring befindet sich am geschlossenen Ende des Futterals und wird wie ein Diaphragma in die Vagina eingeführt. Das andere Ende – und Sie können sich vorstellen, wie attraktiv das aussieht – ragt etwa drei bis fünf Zentimeter aus dem Körper heraus. Das ganze Ding ist mit Gleitmittel beschichtet, was bedeutet, daß es, wenn Sie es einzuführen versuchen, dazu neigt, Ihren Fingern zu entgleiten und auf den Boden zu flutschen. Außerdem beginnt das Ding zusammenzuschrumpfen wie ein Müllbeutel, sobald die Sache ernst wird. Wer immer dieses Gebilde mit all seinen ästhetischen und funktionalen Mängeln erfunden haben mag, muß wohl ziemlich realitätsfern gewesen sein.

Ein Verhütungsmittel, das ausschließlich unter der Kontrolle der Frau steht und die Verbreitung von Geschlechtskrankheiten verhindert, ist zwar eine tolle Idee, hat sich in dieser Form aber nicht bewährt. Es ist unappetitlich, schwer zu handhaben und unbequem. Wenn eine Frau die Verwendung eines solchen Kondoms ins Auge faßt, sollte sie sich zuerst fragen: »Was will ich überhaupt mit einem Mann, der nicht dazu bereit ist, mich mit einem normalen Kondom zu schützen?«

Sind mit der Verwendung von Kondomen irgendwelche Risiken verbunden? Das größte Risiko besteht darin, daß das Ablaufdatum überschritten wurde oder daß das Kondom extremen Temperaturen ausgesetzt war und nun schadhaft ist. (Ein Wort allerdings an die ewigen Skeptiker unter Ihnen: Eine Studie der amerikanischen Regierung hat ergeben, daß Latexkondome mindestens 100 Tage lang einer Temperatur von 70°C ausgesetzt sein können. Und falls Sie etwa vorhaben sollten, in Trockeneis zu baden – auch Temperaturen unter dem Nullpunkt können ihnen nichts anhaben.) Kaufen Sie also neue Kondome, und vergessen Sie die, die schon jahrelang in der Wäschelade Ihres Geliebten herumliegen.

Übrigens ist ein winziger Prozentsatz der Menschen (etwa 1 bis 2 Prozent) allergisch auf Latex, auf das Spermizid im Gleitmittel oder auf beides. Die unerwünschten Reaktionen können Ausschläge, Juckreiz oder Schlimmeres umfassen, wenn das Latex mit der Haut in Kontakt kommt. Wenn das der Fall ist, sollten Sie sich an Ihren Arzt wenden. Vielleicht ist es dann besser, wenn der Mann zwei Kondome ohne Gleitmittel überzieht – natürliche Faser an seiner Haut und ein Latexkondom darüber, als Schutz vor Geschlechtskrankheiten (oder umgekehrt, wenn die Frau allergisch ist).

Wer braucht keine Kondome zu verwenden?

Sie – wenn Ihr Partner und Sie beide HIV-negativ sind und wenn Sie beide in den letzten sechs Monaten keine intravenösen Drogen verwendet oder mit anderen Partnern geschlafen haben. Es kann nämlich sein, daß sich eine Infektion erst nach sechs Monaten in einem Test nachweisen läßt. Anders ausgedrückt: Wenn Sie während dieses sechsmonatigen Zeitraums mit einem anderen Partner geschlafen haben, kann dieser Partner Sie infiziert haben, aber im Bluttest sind noch keine Virus-Antikörper nachweisbar. Sie müssen zu 100 Prozent sicher sein, daß weder Sie noch Ihr Partner andere Sexualpartner hatten.

Erfüllen Sie alle diese Kriterien? Sind Sie ganz sicher? Positiv sozusagen? Dann können Sie das Kondom vergessen. Sonst nicht.

Die zehn Ausreden der Männer, kein Kondom benutzen zu müssen

Vielleicht haben Sie Glück, und Ihr Partner ist genauso daran interessiert wie Sie, ein Kondom zu verwenden. Aller Wahrscheinlichkeit nach will er das aber nicht. Und deshalb sollte Ihr erstes Gespräch über das Thema auch nicht erst im Schlafzimmer stattfinden. In der Hitze des Gefechts fällt es einem viel zu leicht zu sagen: »Ach was, zum Teufel damit.«

Statt dessen sollten Sie sagen, was Sie wollen, bevor die Sache zu heiß wird. Denken Sie daran, daß Männer, wie ich bereits sagte, zu Vereinbarungen und Verträgen ein sehr positives Verhältnis haben. Fragen Sie Ihren Sexpartner, was er von Monogamie hält. Welche Einstellung hat er zu Verhütungsmitteln? Wie steht es mit seinem sexuellen Vorleben? (Wie ich bereits erwähnte, sagen nur wenige Leute diesbezüglich die *absolute* Wahrheit, aber Sie bekommen zumindest ein ungefähres Bild.) Wenn die Verwendung eines Kondoms von Anfang an Teil der Vereinbarung ist, wird es Ihnen viel leichter fallen, Ihren Lover zur Kooperation zu bewegen. Wenn Sie andererseits zuerst Sex mit ihm haben und *dann* erst sagen, daß Sie eigentlich Kondome verwenden wollen, wird er wahrscheinlich Widerstand leisten. (In einer Studie an afroamerikanischen Collegestudenten an der University of Miami stellten Psychologen zum Beispiel fest, daß sowohl Männer als auch Frauen es als Zeichen für Untreue oder eine Geschlechtskrankheit werten, wenn der Partner oder die Partnerin plötzlich Kondome verlangen.)

Es folgt eine Liste der häufigsten Ausflüchte, die Männer vorbringen, um kein Kondom zu verwenden. Ich liefere Ihnen die passenden Antworten gleich dazu:

Wenn er sagt:
»Geschlechtsverkehr mit Kondom ist wie Duschen mit einem Regenmantel.«
Dann sagen Sie:
Ich weiß, daß es nicht optimal ist, aber du könntest versuchen, dich daran zu gewöhnen. Nach ein paarmal merkst du nicht einmal mehr, daß es da ist. Ich werde mich so viel wohler und entspannter fühlen, und wenn

ich entspannt bin, dann kann ich ganz *wild* werden, du wirst schon sehen.

Wenn er immer noch zögert:
Ist es dir denn ganz egal, wie es mir damit geht?
Dann sagen Sie:
Schon in Ordnung. Wenn es dir nur darum geht, nackte Haut zu berühren, dann hast du ja immer noch deine Hand.

Wenn er sagt:
Es verdirbt die Stimmung. Ich muß unterbrechen, es überziehen ...
Dann sagen Sie:
Ich hab eins hier bei mir, hier in meinem BH. Du kannst es suchen. *Das* verdirbt die Stimmung doch nicht, oder? (Sie können auch anbieten, ihm das Kondom überzuziehen, oder sogar darauf *bestehen*.)

Wenn er sagt:
Was ist denn mit dir los? Glaubst du vielleicht, ich bin kein richtiger Mann?
Dann sagen Sie: Die HIV-Infektionsrate nimmt unter schwulen Männern ab, aber unter heterosexuellen Männern und Frauen steigt sie stark. Übrigens, Liebling ... *echte* Männer verwenden Kondome.

Wenn er sagt:
Die Dinger sind eklig.
Dann sagen Sie:
Willst du einmal sehen, wie etwas Ekliges aussieht?

Dann zeige ich dir ein paar Nahaufnahmen einer Herpesinfektion.

Wenn er sagt:
Vertraust du mir nicht?
Dann sagen Sie:
Doch. Aber ich kann nicht allen anderen Leuten vertrauen, mit denen du je geschlafen hast, und du kannst das leider auch nicht.

Wenn er sagt:
Nur dieses eine Mal.
Dann sagen Sie:
Einmal reicht vollkommen.

Wenn er sagt:
Ich verwende *nie* Kondome.
Dann sagen Sie:
Aha, interessant. Übrigens, ich nehme die Pille nicht, und derzeit habe ich gerade meinen Eisprung. Das macht doch nichts, oder?

Wenn er sagt: *(vorwurfsvoll)*
Ich dachte, du liebst mich.
Dann sagen Sie:
Das tue ich. Aber du weißt ja, was Tina Turner singt: »What's love got to do with it …« Hier geht es nicht um gut oder böse, sondern um die Gesundheit.

Wenn er sagt:
Mache ich auf dich keinen sauberen Eindruck?

Dann sagen Sie:
Aber sicher siehst du sauber aus ... aber weißt du, wer das zum Beispiel auch tut? Magic Johnson.

Wenn er sagt:
Aber das habe ich noch nie gemacht.
Dann sagen Sie:
Aber ich.

Wie Sie das Kondom überziehen – so, daß es Spaß macht

Wenn es Ihnen wie mir geht, dann haben Sie beim Überziehen eines Kondoms das Gefühl, Sie hätten die motorische Koordination einer Zweijährigen. Ich finde, die drei Frauen auf diesem Planeten, die sich beim Anlegen eines Kondoms als geschickt erweisen, sollten dazu gezwungen werden, für uns andere – als Dienst an der Allgemeinheit – Seminare zu diesem Thema abzuhalten. Mir ist es schon passiert, daß mir das Kondom wie ein Mini-Frisbee aus der Hand geflutscht ist, und ich habe schon den ganzen Gummi durchgebissen in dem Versuch, die Packung mit meinen Zähnen zu öffnen. Wenn es also um ein erotisch perfektes Überziehen von Kondomen geht, kann ich nur den berühmten Rat auf die Frage weitergeben, wie man am besten zur Carnegie Hall gelangt: Üben, üben, üben.
Welche Art von Kondomen Sie auch vorziehen – tätigen Sie eine Investition. Und zwar in eine Packung Kondome und eine Gurke. (Noch besser eignet sich eine Mohr-

rübe – so drängen sich keine ungünstigen Vergleiche zwischen der Anatomie Ihres Partners und dem Gemüse auf.) Üben Sie als erstes, die Packung in einer einzigen, zügigen Bewegung zu öffnen. Wenn Ihnen das auch nach einigen Versuchen noch schwerfällt, sollten Sie in der Nähe Ihres Bettes eine Schere aufbewahren. Als nächstes überprüfen Sie das Kondom, um festzustellen, in welcher Richtung es sich über das Ende der Mohrrübe bzw. des Penis abrollen läßt. Beim Abrollen sollten Sie am oberen Ende des Kondoms *immer* ein bißchen Raum für das Ejakulat lassen. Üben Sie dieses Abrollen auf der Mohrrübe mit geschlossenen Augen. Im Idealfall wird es Ihnen im Schlafzimmer gelingen, Ihren Partner zu küssen – um ihn ein wenig abzulenken –, während Sie das Kondom mit einer oder mit beiden Händen abrollen. Das ist sicher besser, als auf seine intimen Körperteile zu starren und zu murmeln: »Warte … warte … ich hab's gleich … Hat das weh getan?«

Manche europäischen Callgirls schaffen es, das auf den Peniskopf gelegte Kondom mit ihren Lippen und ihrer Zunge abzurollen. Für viele Männer ist diese Vorstellung erotisch; ich persönlich halte sie eher für einen Zirkusakt. (Eines Abends versuchte eines meiner Mädchen, das in Europa gearbeitet hatte, diese Technik den anderen Mädchen mit Hilfe einer Banane vorzuführen. Offensichtlich ist es *weit* schwieriger, als es klingt. Mehrere Mädchen versuchten es, und keine mit Erfolg.) Aber wenn Sie oder Ihr Partner glauben, dieser Technik etwas abgewinnen zu können, und Sie fühlen sich der Sache gewachsen, ist nichts dagegen einzuwenden.

Oraler Sex: Eine offene Diskussion

Ich habe mehrere Spielarten des Sex ausprobiert. Die konventionelle Position löst bei mir Klaustrophobie aus. Und von den anderen Positionen bekomme ich entweder einen steifen Nacken oder Kieferstarre.

Tallulah Bankhead

Obwohl eine neue Sexstudie ergab, daß 88 Prozent der Männer und 87 Prozent der Frauen oralen Sex für etwas vollkommen Normales halten, weiß ich aus meinen empirischen Beobachtungen, daß er vielen Frauen trotzdem nicht geheuer ist. Das erklärt wahrscheinlich, daß Oralsex nach Auskunft von Callgirls die am häufigsten verlangte sexuelle Einzelpraktik ist. Viele Männer glauben immer noch insgeheim, daß das etwas ist, was ein braves Mädchen nicht tut. Und viele Mädchen stimmen dem zu.

Vielleicht gilt Oralsex in Ihrer Religion als tabu; vielleicht halten Sie ihn einfach für etwas Schmutziges. Vielleicht haben Sie Ihre ersten Erfahrungen mit Oralsex in der High-School gesammelt, als Sie keine Schwangerschaft riskieren wollten. Er drückte Ihren Kopf »dort hinunter« und verlangte, bedient zu werden, und zwar mit der unausgesprochenen Drohung: »Wenn du das nicht für mich tust, suche ich mir ein anderes Mädchen.« Mit diesem Akt pflegte eine Aggressivität verbunden zu sein, die manche Frauen nie vergessen können.

Aber der Grund, warum die meisten Frauen dem Oralsex mit Ambivalenz gegenüberstehen, besteht schlicht darin, daß sie tief in ihrem Inneren unsicher darüber sind, wie gut sie die Erwartungen ihres Partners erfüllen. Sie hören einen Typen zum Beispiel ganz beiläufig sagen: »Meine letzte Freundin konnte so gut blasen wie keine andere«, und Sie fragen sich nun, was das genau bedeutet. Die meisten Menschen neigen dazu, eine Sache am liebsten vollkommen zu vermeiden, wenn sie sich darin nicht kompetent fühlen.

Die gute Nachricht ist: Sie sind wahrscheinlich viel besser, als Sie glauben. Die meisten Männer, die ich zu diesem Thema befrage (und ich frage wahrscheinlich mehr, als ich sollte), sagen, daß beim Oralsex eigentlich nichts anderes zählt als die Begeisterung und Hingabe, mit der er vollzogen wird. Ein Mann wünscht sich, daß eine Frau diese Praktik aufrichtig genießt – für ihn, aber auch für sich selbst.

Vielen Frauen ist einfach nicht bewußt, wie sehr sich die Männer mit diesem Teil ihres Körpers identifizieren. Sie sind ehrlich davon überzeugt, daß Ihre Einstellung zu *ihm* Ihrer Einstellung zu ihnen als *Person* entspricht. Für eine Frau ist diese Vorstellung seltsam. Wir haben zu keinem einzigen Teil unseres Körpers eine solche Beziehung. Welche Frau würde schon denken: *»Oohh, er liebt es, meine Brüste zu berühren. Er muß mich also wirklich lieben!«* Aber genau so denken Männer. Wenn Sie auch nur mit dem geringsten Widerwillen oder Ekel reagieren, fühlen sie sich nie vollkommen akzeptiert oder geliebt.

Ich meine daher: Behandeln Sie diesen Teil von ihm mit jener Liebe und jenem Respekt – und vielleicht auch mit der Verspieltheit –, die Sie dem Rest seiner Person entgegenbringen.

Ein Mann beginnt seinen Penis etwa um die Zeit der Pubertät, wenn er plötzlich ein eigenständiges Leben entwickelt, als separate Persönlichkeit zu betrachten. Da sitzt er vielleicht in der Mathematikstunde und denkt an Sinus und Kosinus, als er sich plötzlich aufrichtet und auf sich aufmerksam macht. Viele Männer geben ihm sogar einen Namen: Joe, Sam oder Alexander der Große. Meine Freundin Angela war mit einem Mann befreundet, der sein bestes Stück Herkules nannte.

Auch manche Frauen erfinden Namen für den Penis ihres Partners. Wenn sein zweiter Nachname einigermaßen passabel und nicht ausgerechnet der Name seines Vaters ist, könnte er sich eignen. Eine meiner Freundinnen nannte den Penis ihres Geliebten »Mammutbaum«. Gut, ich sage nicht, daß Sie ihm unbedingt einen Namen geben *müssen*. Aber worum es hier geht, ist die Tatsache, daß es schwer ist, überhaupt Begeisterung für Sex mit jemandem aufzubringen, den Sie nicht kennen, von dem Sie sich eingeschüchtert fühlen, mit dem Sie nicht vertraut sind oder dem Sie negative Gefühle entgegenbringen. Also müssen Sie sich irgendwie mit ihm anfreunden.

Meine Freundin Angela pflegte ausführliche Gespräche mit dem besten Stück ihres Geliebten zu führen. Nehmen wir an, der Name ihres Freundes war Sam:

Angela: »Na, Herkules? Ich höre, Sam und du, ihr hattet einen harten Tag.«

Herkules: »Dieser Chef, er ist ein solches Schwein.«

Angela: »Laß mich dich einfach küssen und dich alles vergessen lassen.«

Herkules: »Mmmh, das wäre jetzt wirklich das richtige …«

Okay, das ist vielleicht nicht ganz Ihr Stil. Aber irgendwie macht es Spaß. Und je mehr Sie sich mit dem Penis Ihres Partners anfreunden, desto leichter wird es Ihnen fallen, ihn in den Mund zu nehmen.

Wie ich bereits sagte, sind Männer visuelle Typen. Einer der Gründe, warum ihnen Pornofilme gefallen, besteht darin, daß sie gerne zusehen – und zwar insbesondere *Ihnen*, ihrer Partnerin. Es ist also eine gute Idee, die Fellatio zu einem besonderen Ereignis zu machen. Beschränken Sie sich nicht darauf, »ihn« in den Mund zu nehmen und eine Auf-ab-Bewegung zu vollführen. Die Männer genießen ein bißchen Vorspiel in diesen Regionen, sie mögen es, wenn Sie eine Show veranstalten.

Als erstes arbeiten Sie sich in diese Gegend vor, indem Sie sich über die Brust, den Bauch und die Innenseite der Oberschenkel vorwärtsküssen. Reizen Sie ihn ein bißchen, beginnen Sie, ihn zu küssen, dann ziehen Sie sich zurück. Vielleicht mag er es, wenn Sie seine Hoden lecken und sie ein bißchen massieren. Natürlich müssen Sie herausfinden, was Ihr Partner am liebsten mag, indem Sie seine Reaktionen beobachten. Vor den Augen mancher Männer tauchen in dem Augenblick, in dem Sie ihnen die Hand auf die Hoden legen, Erinnerungen an das Eishockeytraining ihrer High-School-Zeit auf, und sie befürchten, daß Sie ihnen wehtun werden.

Wie dem auch sei – bei so viel Aufmerksamkeit wird sich sein bestes Stück wahrscheinlich bald aufrichten. Lassen Sie Ihre Zunge um Kopf und Schaft des Penis kreisen. Vielleicht mag er es auch, wenn Sie ihn in die

Hand nehmen, mit ihm über Ihr Gesicht streichen und ihn mit ein paar leichten Küssen verwöhnen, wie bei einem Kultritual. Manche von Ihnen denken an dieser Stelle vielleicht: *Sydney, ist das wirklich dein Ernst?* Aber glauben Sie mir, er wird diese Dinge lieben. (Wenn Sie sich immer noch nicht sicher sind, ob Sie alles richtig machen, leihen Sie sich einen Pornofilm aus, und sehen Sie zu, wie es die Darstellerinnen tun. Sie lecken und lassen ihre Zunge kreisen. Oder üben Sie mit einem Eis am Stiel.)

Es folgen einige andere nützliche Hand-und-Mund-Tips, die Callgirls anwenden:

Temperaturspiele

Die Theorie ist hier ganz einfach: Wenn Sie Ihren Atem hautnah über den Penis strömen lassen, fühlt er sich heiß an. Wenn Sie dasselbe aus einem Abstand von 15 bis 30 cm tun, empfindet Ihr Partner Ihren Atem als kalt. Ein kleiner Eiswürfel in Ihrem Mund kann ebenfalls Spaß machen, vor allem an einem schwülen Sommertag. Versuchen Sie, beim »Blasen« auch mit der Temperatur zu spielen.

Pfefferminzlippen

Kluge Mädchen haben schon immer um die Vorteile gewußt, die etwas Pfefferminzcreme um den Mund beim Sex mit sich bringt. Die grüne Flüssigkeit, die den Penis und die Hoden entlangtröpfelt, kann durch die Kälte- und Wärmegefühle am Penis (Wärme, wenn Sie aus der Nähe blasen, Kälte bei größerer Entfernung) einen gigantischen Orgasmus auslösen.

Bedenken Sie aber, daß die meisten Mentholprodukte einfach zu scharf und irritierend sind, um auf den empfindlicheren Körperteilen verwendet zu werden. Verzichten Sie auf Crème de Menthe, wenn er Oralsex an Ihnen ausübt, sonst kann es passieren, daß Sie Ihre Spiele schnell unterbrechen und ins Bad laufen müssen, um sich zu duschen.

Tricks mit der Hand
Zu Beginn des Erregungsstadiums können Sie Ihren Mund zurückziehen und ihn reizen, indem Sie den Peniskopf mit der Innenseite Ihrer Handfläche (Gleitmittel nicht vergessen!) leicht, aber fest reiben – oben, seitlich, vorne und hinten. (Bei dieser Technik werden die empfindlichsten Penisteile stimuliert – beobachten Sie also sein Gesicht, um sicherzugehen, daß die Berührung nicht *zu* intensiv ist.)

Bläschen blasen
Halten Sie beim »Blasen« einen Augenblick lang inne, nehmen Sie ein bißchen Champagner oder Mineralwasser in den Mund, und machen Sie weiter. Die prickelnde Kohlensäure in Ihrem Mund wird *ihn* zum Schäumen bringen.

Die Grundlagen der SVT

Nein, es geht hier nicht um einen Abiturvorbereitungskurs, sondern um die sogenannte Schluckvermeidungstechnik – eben SVT.

Alle diese optischen Dinge und die letzen kleinen »Extras« erregen ihn zwar, bringen ihn aber nicht zum Höhepunkt. Hier geht es um die Idee – an deren Perfektionierung alle Callgirls arbeiten –, ihn so sehr zu erregen, daß es, wenn es ins Finale geht, nicht mehr *allzu* lang dauert, denn sonst riskieren Sie eine Kiefersperre. Eine Sache gibt es jedenfalls, die Frauen mit Sicherheit verrückt macht (und zugleich dazu beiträgt, daß Männer nicht jenes Maß an Oralsex bekommen, das sie sich wünschen): Die Frau hat nun zwanzig Minuten dort unten gelegen, der Typ kommt schließlich, und dann sagt er: »Wow, das war toll. Weißt du, ich hätte schon vor fünfzehn Minuten kommen können.« Und Sie denken für sich: *»Was, vor fünfzehn Minuten? Er hätte schon vor fünfzehn Minuten kommen können? Vielen Dank, mein Herr. Darauf falle ich nicht noch mal rein.«* Ein Mann, der den Orgasmus zurückhält und Ihre Kiefer bis an die Schmerzgrenze strapaziert, wird nicht oft in den Genuß von Oralsex kommen. Es kommt Ihnen also beiden zugute, wenn Sie ihm klarmachen, daß Sie möchten, daß er *bald* kommt. Sie könnten etwa sagen: »Meine Freundin Jenny leckt ihren Freund oft. Sie sagt, er ist so toll, weil er nur ein paar Minuten braucht, um zu kommen.« Dann wird er zwei und zwei zusammenzählen.

Wie dem auch sei – sobald Sie Ihre vorbereitenden Kuß- und Leckübungen absolviert haben, legen Sie Ihre Hand um seinen Penis und lassen Ihre Lippen nun über den Peniskopf und einen Teil des Schafts kreisen, während Sie mit Ihrer Hand den Schaft rhythmisch auf und ab streichen.

Ein kleiner Extratrick, der Spaß macht: Halten Sie beim Hinunterstreichen die Haut des Penis manchmal richtig straff, und lassen Sie Ihre Lippen dann über den kleinen Wulst am Kopf, dem pilzartigen Teil, gleiten. Bewegen Sie Ihre Lippen etwa acht- bis zehnmal hin und her. Dann nehmen Sie die Bewegung mit Ihrer Hand wieder auf, auf und ab, auf und ab. Gleichzeitig können Sie mit Ihrer anderen Hand seine Hoden umfassen und sie langsam nach unten ziehen, indem Sie die Haut des Hodensacks straffen. (Warnung: Einige Männer *lieben* diese Technik, während bei anderen dieser Bereich zu empfindlich ist. Beobachten Sie die Reaktion Ihres Partners genau.)

Ein weiterer kleiner Tip: Wenn Ihnen Ihre Kiefer weh tun, können Sie Ihren Mund schließen, Ihre Lippen schürzen und sie um den Kopf des Penis legen, während Ihre Hand die Aufundabbewegungen fortsetzt. (Denken Sie an Mick Jagger.) Auf diese Weise bleiben Ihre Kiefer geschlossen und können sich ausruhen, aber er fühlt Ihre Lippen trotzdem auf seinem Glied.

An dieser Stelle sagen mir die Frauen für gewöhnlich: »Okay, Sydney, bis hierher kann ich dir folgen. Aber ich mag das Sperma nicht schlucken. Mir ist es egal, ob es mein Mann ist, egal, wie sehr ich ihn liebe. Ich muß trotzdem würgen.«

Das Schlucken war in meinem Geschäft seit jeher ein Problem. Ganz gleich, wie gut meine Mädchen bezahlt wurden, ich konnte nicht darauf bestehen, daß sie das Sperma schluckten. Ich erinnere mich noch daran, wie mir zum ersten Mal bewußt wurde, daß das Schlucken zu einem heiklen Thema werden könnte. Ich war seit etwa drei Monaten im Geschäft, und natürlich war es genau der Abend, an dem ich Telefondienst hatte. Damals kosteten unsere Mädchen 125 Dollar die Stunde, während alle anderen etwa 75 Dollar verlangten. Das bedeutete, daß die Männer Grund hatten, etwas Besonderes zu erwarten.

Wie auch immer – ich schickte dieses eine Mädchen zu einem neuen Kunden. Später rief mich dieser Kunde völlig aufgebracht an: »Ich zahle nicht 125 Dollar pro Stunde, damit sie ins Badezimmer rennt und es ausspuckt.« Nun, was soll ich sagen – ich war schockiert. Ich hatte über dieses Problem noch nie näher nachgedacht. Ich sagte: »Oh, es tut mir so leid, Mr. Jones, es wird nie wieder vorkommen.« Und ich dachte: *Um Himmels willen, was soll ich nur tun?*

Ich mußte etwas unternehmen. Also entwickelte ich die folgende Technik: Zunächst hilft es, ihn zum Stöhnen zu ermutigen. Es gibt einige wenige Frauen, die wissen, ob ein Mann knapp vor dem Höhepunkt steht, je nachdem, wie sich der Penis anfühlt, aber sie sind wirklich dünn gesät. Es ist also hilfreich, wenn er ein Geräusch macht, um Sie zu warnen, daß er bald kommen wird. (Natürlich gibt es auch entgegenkommende Männer, die es Ihnen einfach *sagen*.)

Okay – Sie liegen also da, und Ihre Hände und Ihr Mund bewegen sich so schnell auf und ab, wie es nur irgend geht, und nun hören Sie, wie er dieses Geräusch macht, das Ihnen mitteilt, daß er gleich kommen wird. Sie öffnen Ihren Mund ein wenig weiter, so daß Ihre Lippen den Penis nicht mehr direkt berühren, aber Ihr Kopf bewegt sich ebenso wie Ihre Hand weiterhin auf und ab, so daß es aussieht, als *wäre* sein Penis immer noch in Ihrem

Mund, während er es in Wirklichkeit nicht mehr ist.
Wenn sich Ihre Hand so schnell bewegt, dann weiß er,
ob Sie es glauben oder nicht, nicht mehr genau, ob Ihre
Lippen seinen Penis nun berühren oder nicht. Wahrscheinlich wird er Sie auch nicht allzu genau beobachten.
Seine Augen sind wahrscheinlich geschlossen, aber wenn
er sie öffnet, sieht er immer noch, wie sich Ihre Hände
und Ihr Kopf auf und ab bewegen, und so nimmt er einfach an, daß alles beim alten ist. Diese Technik eignet sich
besonders gut, wenn Sie langes Haar haben, denn dann
kann er noch weniger genau sehen, was Sie wirklich tun.
Nun – 90 Prozent der Männer sind »Tröpfler«, und
nur etwa 10 Prozent sind »Abschießer«. Wenn er ein
Tröpfler ist, brauchen Sie nichts weiter zu tun als seinen
Samen in Ihre Hand tröpfeln zu lassen. Nun ersetzen
Sie die mit Samen benetzte Hand auf seinem Penis dezent durch die trockene Hand, und dann wischen Sie
die nasse Hand an etwas ab – vorzugsweise an der seit-
lichen Bettwand oder an einem kleinen Handtuch, das
Sie diskret in der Nähe bereitgelegt haben.
Wenn der Typ zu den Abschießern gehört, brauchen
Sie tatsächlich langes Haar, um Ihr Tun zu verbergen
(oder Sie sorgen dafür, daß der Raum dunkel ist). He-
ben Sie Ihren Kopf höher, so daß Sie Ihre Lippen
schließen können, aber achten Sie darauf, daß Sie die
Aufundabbewegungen fortsetzen. Dann wischen Sie
mit Ihrer trockenen Hand als erstes Ihr Gesicht ab.
Nicht allzu kompliziert, oder? Und er wird den Unter-
schied nie merken, vertrauen Sie mir.
Wenn er Ihnen aus irgendeinem Grund doch auf die
Schliche kommen sollte – oder wenn er von vornherein

sagt, daß es ihm eigentlich egal ist, ob Sie schlucken oder nicht –, sollten Sie zumindest den Versuch machen, den Samen wie eine Art Elixier zu behandeln. Sagen Sie ihm, daß Sie es erotisch finden, ihn auf Ihrer Haut zu verreiben oder ihn mit sinnlichen Bewegungen auf Ihrer Brust zu verteilen. Geben Sie ihm zu verstehen, daß Sie seine Körpersäfte lieben.

Obwohl das Risiko einer HIV-Ansteckung beim Oralsex sehr gering ist, *sollten Sie, wenn Sie in keiner monogamen Beziehung leben, auf jeden Fall auch beim Oralsex ein Kondom verwenden.* Blicken wir den Dingen doch ins Auge: Mit Kondom fühlt sich die Fellatio für ihn vielleicht nicht so gut an wie ohne, aber es gibt einen Trick, um ein Gefühl zu erzeugen, das dem »Original« möglichst nahekommt. Verwenden Sie ein Kondom ohne Gleitmittel, und dann benetzen Sie zuerst seinen Penis mit einem oder zwei Tropfen wasserlöslichen Gleitmittels. Während Sie ihn mit Hand und Mund massieren, halten Sie das Kondom mit der anderen Hand nieder. Das schlüpfrige Gefühl im Kondom kommt dem Gefühl des direkten Kontakts sehr, sehr nahe. Aber denken Sie daran: *Sie können diese Methode nicht beim Geschlechtsverkehr anwenden, weil hier die Gefahr besteht, daß das Kondom abrutscht.*

Jetzt sind Sie dran: Cunnilingus

In diesem Buch geht es hauptsächlich um die Dinge, die *ihn* anmachen. Aber ich möchte auch ein paar Worte dazu sagen, wie er Ihnen orale Genüsse bereiten kann, weil Männer es oft erotisierend finden, wenn es ihnen gelingt, ihre Frauen zu erregen. Außerdem fehlen allzu vielen Frauen die Worte, genau zu beschreiben, was sie sich »dort unten« wünschen, und noch mehr Frauen ist es unangenehm, orale Aufmerksamkeiten in dieser Körperregion überhaupt zu verlangen. Vielleicht sollten Sie also die nächsten Seiten kopieren und sie an einen Platz legen, wo Sie sicher sind, daß er sie dort finden und sie lesen wird. (Aber Achtung! Die Eingangsbox seines Büroschreibtisches ist wahrscheinlich nicht der richtige Ort.)

Warum ist der Cunnilingus ein so – äh – heikles Thema? Erstens glauben viele Frauen von vornherein, daß ihre intimen Körperstellen unangenehm riechen und unattraktiv sind. Nichts könnte weiter von der Wahrheit entfernt sein. Solange Sie frisch gewaschen sind, wenn Ihr Partner seinen Kopf über Ihre Körpermitte senkt, können Sie fast sicher sein, daß Geschmack, Geruch und Aussehen Ihrer Genitalien attraktiv für ihn sind. (Sie wären erstaunt, wenn Sie wüßten, wie viele unserer Kunden von Cachet darauf bestanden, unsere Damen mit Oralsex zu verwöhnen. Das ist irgendwie überraschend, wenn man bedenkt, daß ein Callgirl am Vortag mit anderen Männern Kontakt gehabt haben könnte. Das war den Kunden aber egal. Irgendwie faszinierte sie einfach das Gefühl, von den intimsten Teilen einer Frau umhüllt zu sein.)

Zweitens empfinden viele Frauen Oralsex irgendwie als kalte und einsame Sache. Da liegt er nun irgendwo weit weg von ihnen und strengt sich an, um ihnen Vergnügen zu bereiten, und sie können weder sehen, was er tut, noch ihn umarmen. Frauen, denen der einseitige Cunnilingus auf diese Weise irgendwie unangenehm ist, empfehle ich die Position 69, bei der die Frau gleichzeitig den Mann leckt. Der Nachteil dabei ist allerdings, daß er dabei leicht von Ihnen und Ihrem Vergnügen abgelenkt wird. Wenn Sie aber trotzdem das Gefühl haben, der Cunnilingus sei eine zu »egoistische« Praktik (was er nicht ist!), dann kann Ihnen die Position 69 helfen, Ihr schlechtes Gewissen zu beruhigen. (Manchmal kann sich der Cunnilingus auch *physisch* kalt anfühlen, weil die Decke irgendwo unten bei Ihren Knöcheln liegt! Deshalb empfiehlt es sich, bei niedrigen Temperaturen gleich zu Beginn die Heizung im Schlafzimmer hochzudrehen.)

Eine Frau, die Oralsex an einem Mann praktiziert, hat im Vergleich zu einem Mann, der dasselbe bei einer Frau tut, leichtes Spiel. Wir sind in diesem Bereich komplizierter angelegt, und jede Frau will etwas anderes. (Wenn Sie einen neuen Partner haben, dann können Sie aus der Art und Weise, wie er Sie leckt, schließen, wie es seine frühere Freundin am liebsten mochte.) Mögen Sie seine Zunge lieber weich oder lieber hart? Mögen Sie es, wenn er Ihre Klitoris direkt stimuliert, oder sind Ihnen Umwege lieber? Wenn Sie es direkt mögen, ziehen Sie es dann weiter unten oder an der Spitze vor? (Die meisten Frauen sagen, daß die Spitze der Klitoris so lange zu empfindlich ist, bis sie so erregt sind, daß sie nahe am Orgasmus sind.) Soll er Ihre Klitoris mit der flachen Zunge oder mit der Zungenspitze bearbeiten? (Den meisten Frauen ist die flache Zunge lieber, aber die meisten Männer verwenden von

Natur aus die Spitze.) Woher soll er all diese Dinge wissen, wenn Sie sie ihm nicht sagen?

Hier sind einige kleine Tricks, zu denen Sie ihn anregen können:

- Wenn sich seine Lippen und seine Zunge über Ihrer Klitoris befinden, bitten Sie ihn, ein paarmal leicht den Kopf zu schütteln.
- Oder Sie bitten ihn – in derselben Position –, ein bißchen zu summen. Die Vibrationen können sich unglaublich toll anfühlen.
- Lassen Sie ihn währenddessen einen oder zwei Finger in Ihre Vagina einführen oder einen Finger in Ihren Anus stecken. (Wenn Ihnen die Vorstellung, daß jemand etwas in Ihren Anus steckt, unangenehm ist – schon ein bißchen Druck in dieser Gegend kann ungeheuer erregend wirken.)
- Schlagen Sie vor, daß er einen kleinen Eiswürfel in den Mund nimmt. (Das Eis sollte allerdings nicht in ständigem Kontakt mit Ihren Genitalien sein. Es ist das Wechselspiel zwischen seinem warmen Mund und dem schmelzenden Eis, das so aufregend ist.) Für diese Praktik bieten sich natürlich vor allem im wahrsten Sinn des Wortes heiße Nächte an.

Der gewandte Umgang mit der Fellatio ist natürlich nur 0815-Sex, Geschmacksrichtung Vanille. Mit den exotischeren Sorten werden wir uns im nächsten Kapitel beschäftigen.

9

Phantasiesex:
Vanillegeschmack und mehr

*Man sollte alles einmal ausprobieren –
außer Inzest und Volkstanz.*

Sir Arnold Bax

Vielleicht sind Sie sich ganz sicher, daß Vanille Ihre Lieblingseissorte ist, es immer war und immer sein wird. Aber wenn Sie dann im Eiscafé vor all den köstlichen Sorten stehen, entscheiden Sie sich dann wirklich *jedesmal* für Vanille? Möchten Sie nicht dieses eine, einzige Mal Karamel oder Mango probieren? Sie können ja immer noch auf Ihre einfache Lieblingssorte zurückkommen, aber exotischere Geschmacksrichtungen sind gelegentlich zumindest eine sehr interessante Abwechslung.

So ist es auch beim Sex. Warum sich auf die Basics beschränken, wie gut sie auch sein mögen? Es stimmt natürlich, daß ich mit der Eröffnung von Cachet die bewußte Entscheidung traf, ein Unternehmen zu gründen, das sich auf ganz normale »Vanille«-Aktivitäten beschränkte – Geschlechtsverkehr und Oralsex. Der

Grund für diese Entscheidung lag darin, daß diese beiden Praktiken die einzigen waren, die mein damaliger Partner und ich zu diesem Zeitpunkt kannten, und auch die einzigen, von denen wir meinten, daß wir sie einem »netten« Mädchen zumuten könnten!

Aber unser Unternehmen florierte, und bald erkannten wir, daß unsere Mädchen experimentierfreudiger waren als mein Partner und ich: Einige konnten sich durchaus für Fesselspiele und Dominanzspiele erwärmen, und sie waren auch für »Dreier« oder andere, etwas ausgefallenere Dinge zu haben. Den interessierten Kunden wurde mitgeteilt, daß dieses oder jenes Mädchen etwa für einen Dreier zur Verfügung stand, aber sie konnten nicht verlangen, daß sich ein *bestimmtes* Mädchen zu diesen Aktivitäten bereit erklärte. Ich achtete sehr darauf, keines der Mädchen, die für mich arbeiteten, in eine unangenehme Situation zu bringen.

Die Abwechslung in meinem Geschäft ergab sich daher klarerweise durch die vielen verschiedenen Mädchen, die ein Kunde traf, und nicht durch das, was er mit ihnen tat. Zwischen Ihnen und einem langfristigen Partner liegen die Dinge jedoch anders: Hier ist es die Variation der Aktivitäten, die Ihnen Abwechslung verschafft.

Ich kann nicht oft genug sagen, wie wichtig es ist, sich von Vorurteilen zu befreien und sich für die Phantasien und Wünsche des Partners zu öffnen. Vielleicht möchten Sie nicht jede Idee in die Realität umsetzen, aber alles – buchstäblich *alles* – sollte grundsätzlich zur Diskussion stehen.

Das wichtigste ist, daß Sie die Wünsche und Phantasien

Ihres Partners verstehen und akzeptieren. Er hatte sie schon lange, bevor Sie in sein Leben traten. Sie können seine Wünsche und Phantasien nicht ersetzen, und das gilt auch umgekehrt. Mit Ihrer Unterstützung werden diese Wünsche und Phantasien aber zu einem Teil Ihres gemeinsamen Lebens.

An dieser Stelle ist es Zeit für unsere erste »alternative« Sexualpraktik:

Telefonsex

Als ich meinen Callgirldienst führte, war Telefonsex etwas vollkommen Unbekanntes. Heute ist er eine der am schnellsten wachsenden Sparten der Sexindustrie. Warum auch nicht? Im Zeitalter von Aids ist er sicher, sauber und anonym, und die Männer haben außerdem das gute Gefühl, damit keine Treueschwüre zu brechen.

Warum sich also nicht die Kunst des Sexgeplauders aneignen? Vielleicht ist Ihr Liebster viel unterwegs, oder vielleicht ist er in seiner Arbeit oft geil und hat dann Lust, Sie anzurufen und sich in der Mittagspause ein bißchen sexuelle Stimulation zu holen. Vielleicht ist Telefonsex seine Art, die Verbindung zu Ihnen lebendig zu halten.

Sexuelle Langeweile hat ihre Ursache zum Teil in der Unfähigkeit, gemeinsame Phantasien zu entwickeln. Telefonsex ist eine wunderbare Möglichkeit, hier nachzuhelfen.

Was brauchen Sie, um zu einer Telefonsex-Diva zu werden? Eine Begabung zum lockeren Plaudern, ein gewisses Maß an verbaler Enthemmtheit und die Fähigkeit, sich in Phantasien zu verlieren. (Hätten Männer und Frauen die Fähigkeit, einander ihre intimsten Phantasien mitzuteilen, wäre Telefonsex nicht zu der Millionenindustrie geworden, die er heute ist!)

Manchen Frauen fällt Telefonsex ganz leicht. Ihr Partner braucht nichts weiter zu fragen als: »Was hast du an?«, und schon ist der Damm gebrochen, und es geht los. (Mögliche Antwort: *Was meinst du ... ein T-Shirt und Shorts, und darunter nur einen Stringtanga, Schatz ... Und ich denke an das, was du in diesem Augenblick gerade tust ...*) Diejenigen unter Ihnen, die verbal nicht so gewandt sind und denken: *Um Himmels willen, was soll ich denn als nächstes sagen?*, sollten sich ein paar Manuskripte für die Storys zurechtlegen, die sie mit *ihm* durchspielen wollen. Vielleicht sind Ihnen einige seiner Phantasien bereits vertraut, und Ihre eigenen kennen Sie ohnehin. Haben Sie also keine Angst, Szenarien zu entwerfen, die Sie beide anmachen. Zum Beispiel:

- Er ist Michael Jordan, und Sie sind ein heißes Groupie, das ganz zufällig in die Garderobe gekommen ist ...

- Sie bewerben sich für eine wichtige Position in einem großen Unternehmen, und er ist der Personalchef, der Sie interviewt – imposant, beeindruckend, förmlich und scheinbar unbestechlich. Aber im Laufe des Gesprächs bemerken Sie, wie Ihr knallenger Minirock seine Aufmerksamkeit auf sich zieht. Sie kommen zu dem Schluß, daß es an der Zeit ist, all diesen Papierkram von seinem Schreibtisch zu fegen und *wirklich* zur Sache zu kommen …

- Sie sind das jüngste und knusprigste Callgirl im exklusivsten Bordell der Welt, und er ist der Lieblingskunde, den die Chefin des Callgirl-Rings damit beauftragt hat, Sie »einzuführen«. (Wenn Sie Ihren Liebsten das nächste Mal persönlich sehen, verlangen Sie Geld!)

- Er ist der Weihnachtsmann, und Sie sind eine verdorbene Elfe … Er ist ein Priester, Sie sind Novizin, und Sie beide sind eines späten Abends im Kloster allein … Er schläft mit Ihrer schönen Schwester, und Sie sehen den beiden zu …

Beim Telefonsex können Sie alle Ihre Vorstellungen über das, was »richtig« oder »anständig« ist, über Bord werfen und alle Phantasien genießen, die Ihnen Spaß machen. Ein Mann kann eine Frau spielen, eine Frau kann einen Mann spielen, und jeder von Ihnen kann Jäger/in oder Gejagte/r sein, ganz wie Sie wollen.

(Viele Frauen bekommen Angst, wenn ihre Phantasien ein Element der Gewalt beinhalten. In Wirklichkeit hat aber die Phantasie, vergewaltigt zu werden, nichts damit zu tun, daß man *tatsächlich* vergewaltigt werden will – was eine ganz schreckliche Vorstellung ist. Die Phantasie, vergewaltigt zu werden, ist vielmehr eine Methode, auf sichere Art und Weise zu erforschen, wie es sich anfühlt, wenn man sich vollständig fallenläßt und jemand anderem die Kontrolle übergibt. Schließlich haben Sie immer noch die vollständige Kontrolle über Ihre eigenen Phantasien.)

Machen Sie sich keine Sorgen, wenn das Gespräch zwischen Ihnen und Ihrem Liebsten zunächst ein bißchen steif ist. Mit ein bißchen Übung wird der Dialog – und Ihrer beider Erregung – immer spontaner und heftiger werden. Vielleicht sollten Sie sich auch ein paar Utensilien zurechtlegen, die für realistische Geräusche sorgen: eine Reitgerte, mit der Sie auf den Tisch knallen können, wenn er »schlimm« gewesen ist, oder eine Mohrrübe, an der Sie geräuschvoll saugen können, um das zu simulieren, woran Sie *in Wirklichkeit* gern saugen würden.

Fessel- und Dominanzspiele

Stimmt es wirklich, daß alle Männer am Abend wie auf Kommando blitzschnell ihre Geschäftsanzüge ausziehen, sich in Leder und Ketten werfen und nur so zum Spaß lospeitschen und gepeitscht werden wollen? Wohl kaum. Aber die Tatsache, daß Sex und Macht untrennbar miteinander verbunden sind, läßt sich nicht leugnen. Das Bedürfnis, zu kontrollieren oder – was häufiger ist – die Kontrolle aufzugeben oder zu dominieren und dominiert zu werden, existiert bis zu einem gewissen Maß in uns allen.

Nach einer Schätzung von Sexualforschern des Kinsey Instituts üben sich fünf bis zehn Prozent der amerikanischen Bevölkerung zu ihrem sexuellen Vergnügen zumindest gelegentlich in Dominanz- und Unterwerfungsspielen, die sich jedoch meistens auf harmlose oder gestellte Aktivitäten beschränken und bei denen keine echten Schmerzen zugefügt oder Gewalttaten verübt werden. Im Gegensatz zu S & M, wo die Teilnehmer durch den Schmerz erregt werden, geht es bei Fessel- und Dominanzspielen um die Kontrolle. Das Ganze spielt sich eher im Kopf ab. Laut Gloria Brame, Autorin von *Different Loving: An Exploration of the World of Sexual Dominance and Submission,* sind Dominanz und Unterwerfung »ein offener Ausdruck eines primären Bedürfnisses nach einer Machthierarchie mit Führern und Untergebenen, das in uns allen existiert. Der dominante Teil wird erregt oder gerät sogar in einen Zustand der Ekstase, indem er Macht und Kontrolle über andere ausübt und sieht, daß der unterwürfige Teil genau so agiert, wie er es will. Der submissive Teil erlebt eine ähnlich aufregende und erfüllende Emotion, indem er sich jemand anderem unterwirft.« Der unterwürfige Teil, so Brame, kann so Sex ohne Schuldgefühle genießen, denn schließlich befiehlt ihm eine Autoritätsperson, Lust zu empfinden. Der dominante Teil kann mittlerweile ohne Schuldgefühle das Gefühl des Überlegenseins genießen, denn das ist es, was der unterwürfige Teil von ihm will und erwartet.

Bei diesen Spielen ist die unterwürfige Rolle viel beliebter als die dominante. Und Fessel- und Dominanzspiele gefallen Männern in der Regel besser als Frauen, was bedeutet, daß Sie, wenn Sie eine Frau sind, die die Männer sexuell gern dominiert, nie an einem Mangel an willigen Partnern leiden werden, die Ihnen die Füße küssen.

(Übrigens – obwohl Prostitution in Amerika eindeutig verboten ist, ist die Sache mit den Dominas nicht so einfach gelagert, weil sich der Sex dabei großteils im Kopf abspielt: Der »dominante« und der »unterwürfige« Teil haben nie tatsächlich Sex miteinander, und sie berühren einander auch kaum. Meistens bezieht der Mann sein Vergnügen aus der Tatsache, wie ein Sklave behandelt zu werden, und dann »zwingt« ihn die Domina vielleicht zum Masturbieren.)

Bei Cachet ließen wir unsere Mädchen gelegentlich einige der Fessel- und Dominanzphantasien unserer Kunden erfüllen – wenn wir diese Kunden gut kannten und wenn das Mädchen wußte, was es tat und sich in dieser Rolle auch wohl fühlte.

Die meisten diesbezüglichen Anfragen kamen von mächtigen Geschäftsmännern, die die Rolle des Entscheidungsträgers für ganz kurze Zeit abschütteln wollten; sie genossen es, mit einer starken Frau zusammenzusein, die ihnen sagte, daß sie schlimm gewesen seien und nun bestraft werden müßten. Die »Strafe« bestand dann kaum in mehr als in einer verbalen Demütigung, ein paar Schlägen und Ermahnungen, in Zukunft braver zu sein – wie damals, als seine Mami ihm den Hintern versohlte.

Bei Fessel- und Dominanzspielen ist es in Wirklichkeit der unterwürfige Partner, der den Gang der Dinge bestimmt. Er (oder sie) setzt die Grenzen, er legt fest, welches Maß an Bestrafung er (oder sie) verträgt. Normalerweise einigt sich das Paar von vornherein auf ein Wort oder eine Geste, die signalisieren, daß der »unterwürfige« Partner genug hat. (»Nein« und »Aufhören« eignen sich nicht so gut, weil sie oft im Kontext der Phantasie verwendet werden, wenn der/die Unterwürfige in Wirklichkeit gar nicht »aufhören« möchte. Besser geeignet sind Worte wie »rot« oder »gelb«, die »aufhören« oder »langsamer« signalisieren.)

Wenn Sie diese Spiele noch nie versucht haben, sollten Sie mit etwas Einfachem und Spielerischem beginnen. Als erstes fesseln Sie Ihren Partner. Wenn Ihnen Handschellen oder Lederriemen ein bißchen zu brutal erscheinen, dann finden Sie in vielen Sexläden sanftere Alternativen.

Es gibt zum Beispiel weiche Handschellen mit Klettverschluß und lange Satinstreifen, die Sie an Ihren Bettpfosten befestigen können. Außerdem gibt es weiche Spannlaken mit Hand- und Fußschlingen auf Klettpölsterchen, die sich an dem Laken befestigen lassen und deshalb mobil sind. Schals und Krawatten eignen sich ebenfalls, aber sie können einschneiden, wenn sie zu fest gebunden werden. Sie sind oft auch schwer aufzuknoten.

Sobald Sie Ihren Partner »gefesselt« haben, können Sie ihm die Augen verbinden. Dabei ist wichtig, daß Sie nie verraten, was als nächstes kommt. Wenn jemand blind ist, dann verbessert sich sein Tastsinn, und das kann ungeheuer sinnlich sein. Vielleicht beginnen Sie seinen ganzen Körper – Brust, Bauch und Leistengegend – mit einem Stück Pelz, einer langen Feder oder einfach mit Ihrem Haar zu streicheln. Nun küssen Sie langsam und hingebungsvoll jeden Zentimeter seines Körpers, bis er Sie bittet, ihn von seinem Schmachten zu erlösen. Dann sagen Sie ihm, daß Sie das erst tun werden, wenn Sie sich danach fühlen und bereit sind ...

Sie können ihn auf diese Weise eine halbe Stunde oder

länger »quälen«, bis er knapp davorsteht zu explodieren (und umgekehrt, wenn er den Spieß umdrehen möchte).

Von dieser Art harmloser Spiele möchten Sie vielleicht zu etwas Pikanterem übergehen. Oder auch nicht … Es ist wichtig zu wissen, daß Menschen, die sich für Sexspiele interessieren, meist keinen Schmerz wollen. Sie wollen Vergnügen – eine bestimmte Art von Vergnügen, die sich aus diesen kleinen »Kopfspielen« ergibt.

Ein Wort zur Warnung: LASSEN SIE EINEN MENSCHEN NIEMALS GEFESSELT UND BEWEGUNGSUNFÄHIG LIEGEN. Selbst wenn Sie im Rahmen des Spiels sagen: »Ich werde dich jetzt ein bißchen hier liegen und leiden lassen«, *tun* Sie nur so, als ob Sie gehen wollten. Wenn Sie von schrecklichen Dingen hören, die bei Dominanz- und Fesselspielen passiert sind, dann ist der Grund fast immer, daß jemand in gefesseltem Zustand allein gelassen wurde, sich dann eine Naturkatastrophe ereignete (Brand, Erdbeben) und der/die Betreffende dabei getötet oder verletzt wurde. Vielleicht sollten Sie sich auch eine kräftige Haushaltsschere neben das Bett legen, damit Sie die Fesseln bei einem Notfall rasch durchschneiden können.

Schlagen und Kitzeln

*Ich bin voll und ganz für die Wiedereinführung
der Züchtigung, aber nur bei Erwachsenen, die
damit einverstanden sind.*

Gore Vidal

Das Schlagen ist eine Variante der Dominanz- und Fesselspiele; die Erregung, die man beim Schlagen nahestehender Personen verspürt, hat ihre Wurzeln wahrscheinlich in der Kindheit, als man, wenn man von Eltern oder Lehrern geschlagen wurde, eine Art unspezifischer sexueller Gefühle empfand (vielleicht, weil sich dabei die Genitalien am Knie des Lehrers rieben). Normalerweise denkt der Betreffende hier an eine Phantasieszene: Lehrer/Schüler, Elternteil/schlimmes Kind usw. Sie wären erstaunt, wie viele Chefs großer Unternehmen bei Cachet anriefen und mir dezent zu verstehen gaben, daß sie ein paar ordentliche Schläge brauchten.

In Erotikläden finden Sie nicht nur ein großes Sortiment von Peitschen und Rohrstöcken – die wirklich sehr, sehr weh tun können –, sondern auch Dinge wie weiche, flauschige Handschuhe. Der »Schläger« kann also zwischen ein paar saftigen Klapsen auf das Hinterteil und der Liebkosung mit einem Stück Pelz abwechseln. Viele Leute kommen allein dadurch zum Orgasmus, daß sie geschlagen werden.

Auch das Kitzeln ist ein beliebtes Mittel der Erregung. Es gibt Pornofilme und Magazine, die ausschließlich dieser Aktivität gewidmet sind. Viele Kitzelfans haben

Erinnerungen daran, daß sie sich in ihrer Kindheit, als sie von einem älteren, stärkeren Freund festgehalten und gekitzelt wurden, durch das Kitzeln erregt fühlten. Wenn man es recht bedenkt, geht es beim Kitzeln eigentlich um Macht. Das »Kitzelopfer« befindet sich in einer Situation der Hilflosigkeit. Es lacht, aber nicht aus freien Stücken. Vielleicht genießen Sie dieses Gefühl, weil Sie es auf irgendeiner Ebene mögen, von Ihrem Geliebten entwaffnet zu werden – Sie mögen das momentane Gefühl der Kontrolle, die er über Sie ausübt, und die Art, wie das Gelächter Ihre Verteidigungsmechanismen durchbricht. Die erotischen Sensoren sind bei jedem Menschen anders verdrahtet. Wenn Sie auf Kitzeln stehen, sollten Sie sich eine schöne, große Feder zulegen. In Sexboutiquen finden Sie ein breites Angebot.

Analsex

Wenn uns ein Kunde anrief und fragte: »Sprechen Sie Griechisch?«, dann wußten wir, was er meinte. »Griechisch« war das Insiderwort für Analsex, und das war etwas, was wir unseren Mädchen nicht gestatteten. Es machte einfach keinen Sinn – weder vom Standpunkt der Gesundheit noch von dem der Annehmlichkeit betrachtet.

Trotzdem könnte es sein, daß Ihr Partner ein besonderes Faible für Analsex hat. Warum? »Laß es mich so sagen: Wenn man da drinnen ist, dann kann man so tief stoßen, wie man will«, sagt mein Freund Bob. Manche finden es angenehm, daß der Schließmuskel des Anus im Vergleich zur Vagina viel fester ist (obwohl mein Freund Sam sagt, daß Männer, die so viel Enge brauchen, wohl sehr winzig gebaut sein müssen). Manche genießen die Tatsache, daß Analsex etwas Außergewöhnliches ist, das man nicht jeden Tag bekommt. Sie versuchen an die Grenzen des Sex vorzustoßen, und sie empfinden Analsex als einen größeren »Sieg« als den »alltäglichen« Geschlechtsverkehr. Noch öfter ist es so, daß die Männer die schiere Verbotenheit dieses Akts genießen – schließlich ist Analsex in manchen amerikanischen Bundesstaaten immer noch illegal (wie übrigens auch Oralsex). »Hast du in letzter Zeit irgendwelche Pornofilme gesehen?« fragte mich mein Freund Martin. »In die meisten ist mindestens eine Analsexszene eingebaut. Dabei geht es um dieses Gefühl der Macht. Zuerst zwingt der Typ sie dazu, es zu tun, und zum Schluß ist sie ganz begeistert.« (Genau, Martin, und deshalb nennen sich diese Filme auch *Phantasien*.) Ein anderer Freund, ein bißchen versonnen: »Nun, die meisten Frauen, die ich kenne, haben schon mit vielen Männern geschlafen, aber nicht viele von ihnen hatten Analsex. Wenn du also der erste bist, der es mit ihnen tut, nun, dann bist du eben der *erste*. Dadurch wird es irgendwie zu etwas Besonderem, nicht wahr?«

Ich brauche Ihnen wahrscheinlich nicht zu erzählen, daß Analsex eine der häufigsten Übertragungsmöglichkeiten für das Aids-Virus darstellt, weil dabei winzige Blutgefäße im Anus verletzt werden können. Dadurch wird es wahrscheinlicher, daß das Virus von seinem Sperma auf Ihr Blut übertragen wird. (Wir bringen Analsex oft mit Homosexualität in Zusammenhang, aber Aids ist heute durchaus eine heterosexuelle Krankheit, vor allem in vielen afrikanischen Ländern. Warum? Kondome sind teuer, und deshalb haben die Leute Analsex, anstatt Verhütungsmittel zu verwenden.) Wenn Sie also Analsex wollen, sollten Sie *unbedingt* darauf achten, daß Ihr Partner ein Kondom verwendet (vielleicht sogar zwei).

Wenn Sie diese kleinen Vorsichtsmaßnahmen beherzigen, kann Analsex sowohl für die Frau als auch für den Mann extrem reizvoll sein. Rund um den Eingang des Anus liegen viele empfindliche Nervenenden, deren Stimulation den Orgasmus verstärken kann. Wenn Sie den Analsex genießen wollen, brauchen Sie vor allem zwei Dinge: jede Menge Zeit und Gleitmittel.

Ganz gleich, wie viele einschlägige Pornofilme Ihr Partner gesehen hat: Lassen Sie nicht zu, daß er »ihn« Ihnen gleich zu Beginn des Verfahrens einfach so hineinrammt. Das tut weh. Statt dessen soll er, wenn Sie bereits sehr erregt sind, damit beginnen, daß er einen oder zwei gut mit Gleitmittel benetzte Finger in Sie einführt und sehr, sehr langsam hinein- und hinausgleiten läßt, während er gleichzeitig Ihre Klitoris massiert. Vielleicht ist es Ihnen lieber, wenn die ganze Sache auf die Finger beschränkt bleibt; es kann nämlich sein, daß Ihnen der Penis, wie sanft er auch vordringen mag, einfach zu groß ist und weh tut. Aber wenn es Ihnen bis dahin gutgeht, können Sie versuchen, ihn seinen Penis einführen zu lassen – auch hier wieder langsam und sehr, sehr vorsichtig. Vielleicht wollen Sie die Bewegungen auch lieber selbst machen. Das geht am besten in der Löffelposition. Der Aufbau des Gefühls kann ganz intensiv empfunden werden. Und Sie werden die bewußte Butterszene im *Letzten Tango von Paris* in Zukunft nie wieder im selben Licht sehen …

Transvestitische Spiele

Niemand kann mit Sicherheit sagen, warum Tarzan manchmal Jane sein möchte. Trotzdem sind groben Schätzungen zufolge etwa ein Prozent der Männer potentielle Cross-dresser. Interessanterweise handelt es sich bei der Mehrzahl der Cross-Dresser um Heterosexuelle (etwa 90 Prozent), und viele von ihnen haben Jobs, die ein hohes Maß an Macho-(sprich: Streß-)Gehabe erfordern. Die meisten von ihnen tragen unter ihrer Arbeitskleidung Damenwäsche. (Denken Sie nächstes Mal daran, wenn Sie einem Wirtschaftsboß gegenüberstehen.) Sie benutzen die Frauenkleidung, um in Kontakt mit ihrem femininen, sanfteren Selbst zu kommen. Für manche Männer ist Frauenkleidung etwas ungeheuer Beruhigendes, für andere ein wirkungsvolles Aphrodisiakum. Männer, die gern Frauenkleidung tragen, wünschen sich im Bett nicht unbedingt eine femininere Rolle, sondern sie finden einfach die Kleidung erregend.

Manche Männer gehen noch weiter, als nur die Unterwäsche oder die Kleidung einer Frau zu tragen: Sie wollen sich vollkommen verwandeln. Das war eine Vorliebe, für die manche unserer Kunden lieber unsere Mädchen buchten, anstatt ihre Freundinnen oder Frauen unnötig zu verunsichern. So ging zum Beispiel ein

Mädchen zu einem Kunden und machte ihm die Haare zurecht, schminkte ihn etc., während sie ihm andauernd sagte, wie hübsch er sei. Wir hatten immer ein oder zwei Mädchen bei Cachet, die diese Dinge gern taten, weil sie dabei oft gar keinen Sex mit dem Kunden zu haben brauchten. Für andere Männer allerdings waren solche transvestitischen Spiele eine Art Vorspiel, bei dem beide so taten, als wären sie ein lesbisches Liebespaar.

Wenn Sie also feststellen, daß Ihr Partner ein mehr als vorübergehendes Interesse an Frauenkleidung hat, kann es sein, daß Sie das anfangs nicht gerade erregend finden. Aber warum sollten Sie ihn im Bett nicht Frauenkleidung tragen lassen, um herauszufinden, wie Sie beide sich dabei fühlen? Im wesentlichen haben Sie nichts zu verlieren. Wenn er sich von der Frauenkleidung nur einen gelegentlichen Kick holt und sich diese Vorliebe auf das Schlafzimmer beschränkt, wunderbar. Vielleicht stört es Sie gar nicht oder macht Sie sogar ein wenig an. Wenn jedoch die Verwandlung Mann–Frau ein integraler Bestandteil seiner sexuellen Persönlichkeit ist, müssen Sie sich überlegen, ob Sie diese Tatsache tolerieren können. Mehrere Studien haben gezeigt, daß ein Transvestit weder fähig noch in der Lage ist, diese Form der Sexualität aufzugeben. Ihre Mißbilligung wird nichts weiter bewirken, als daß er sich einen ganzen Kasten mit Frauenkleidung zulegt, komplett mit Unterwäsche und Perücken.

Vibratoren und anderes Sexspielzeug

Auf dem Markt gibt es buchstäblich Dutzende von Vibratoren; einer namens Eroscillator erhielt seinen Namen sogar von Dr. Ruth Westheimer. Früher erschienen mir diese Dinger vollkommen nutzlos, vielleicht sogar ein bißchen beängstigend. Schließlich und endlich sind sie groß, sie machen Lärm, und sie schicken keine Blumen. Wozu hat man Hände, Zunge, Finger? Aber wie eine meiner Freundinnen ganz vernünftig meinte: »Wenn man Paris liebt, muß das doch nicht bedeuten, daß man nicht gleichzeitig auch London lieben kann.« Die Gefühle, die ein Vibrator auslöst, unterscheiden sich sehr stark von anderen Formen der Stimulation. Wenn man Finger oder Zunge verwendet, baut sich das Gefühl im allgemeinen langsam und schrittweise auf, um sich schließlich in einer Explosion zu entladen. Bei einem Vibrator summt und brummt man so vor sich hin, und plötzlich – *bumm* – ist es sozusagen aus und geschehen.

Deshalb, so glaube ich, werden Vibratoren so oft Frauen mit Orgasmusschwierigkeiten empfohlen. Wenn auch Sie Probleme haben – ein Vibrator bringt Sie mit hoher Wahrscheinlichkeit ans Ziel. Wenn Sie jedoch mit den konventionellen Methoden *keine* Schwierigkeiten haben, dann kann es sein, daß Sie mit dem Vibrator zu schnell kommen. Wie mir eine Freundin einmal sagte, ist ein Vibrator das chinesische unter den Sexmenüs: unmittelbar befriedigend, aber nach einer Stunde ist man schon wieder hungrig.

Trotzdem haben viele Frauen dem Vibrator die Treue

geschworen und haben immer einen Extrasatz Batterien zu Hause. (Batteriebetriebene Modelle sind meistens leichter und einfacher zu handhaben; einsteckbare elektrische Modelle verschaffen Ihnen dafür stärkere, intensivere Vibrationen.) Vielen Vibratoren sind genaue Anleitungen beigelegt. (Eve's Garden, eine Erotikboutique in New York City, die speziell auf die Bedürfnisse von Frauen ausgerichtet ist, schlägt vor, daß Sie sich selbst gut zureden: »Ich habe ein Recht auf Vergnügen ... ich gestatte mir, meinen eigenen Körper zu genießen ...«)

Auch viele Männer finden Vibratoren erotisch. Zuerst fühlen sie sich von dem großen, phallischen Objekt, das Ihnen Vergnügen verschafft, aber nichts mit ihrem Körper zu tun hat, allerdings möglicherweise abgestoßen. Wenn Sie Ihr Liebesleben also um einen Vibrator bereichern, dann sollten Sie das mit Humor und Zärtlichkeit tun. Wenn Ihr Partner bereits die Gewißheit hat, daß er Ihnen auch ohne Vibrator einen Orgasmus verschaffen kann, wird er sich vom Vibrator wahrscheinlich nicht so bedroht fühlen. Er wird ihn als ergänzendes Spielzeug betrachten, um Ihr Vergnügen zu erhöhen. Wenn Sie jedoch auf der anderen Seite bei ihm meistens keinen Höhepunkt erleben, drücken Sie ihm am besten den Vibrator in die Hand, und erklären Sie ihm, daß er Ihnen auf diese Weise einen Orgasmus schenken kann.

Der Vibrator kann gleichermaßen zu seinem wie auch zu Ihrem Spielgefährten werden. Verwenden Sie ihn einmal, um seine Schultern, seinen Hals, seine Brust und seinen Popo zu massieren. Dann bearbeiten Sie das Perineum, also den Bereich zwischen Hoden und Anus, oder das Frenulum, das winzige Hautbändchen an der Unterseite seines Penis, das bei vielen Männern besonders empfindlich ist. Manche Männer empfinden die Vibrationen als zu stark, andere aber lieben sie und kommen auf diese Weise schnell zum Höhepunkt.

Dildos werden aus allen Materialien von Plastik über Elfenbein bis hin zu echtem Gold hergestellt. Diese penisförmigen Objekte werden von Frauen (und Männern) schon seit Jahrhunderten verwendet, um das angenehme, ausgefüllte Gefühl zu erleben, das nicht einmal ein Orgasmus vermitteln kann. Verwenden Sie einen Dildo zum Masturbieren, oder wenn Ihr Mann genug hat und Sie immer noch etwas in Ihrem Körper spüren wollen. Es gibt auch kleine Dildos für *Männer.* Wenn Sie so richtig in diese Rollentauschphantasie eingetaucht sind und den Dildo tragen wollen wie ein Mann, können Sie sich eine Art Rüstung besorgen, ein verstellbares Kleidungsstück aus Leder, das dafür sorgt, daß der Dildo nicht verrutscht.

(Eine kleine Warnung: Es deutet einiges darauf hin, daß das HIV-Virus durch Sexspielzeug übertragen werden kann. Wenn Sie mehr als einen Partner haben oder nicht sicher sind, daß er nicht HIV-positiv ist, sollten Sie alle Sexspielzeuge nach der Verwendung routinemäßig mit Chlor reinigen.)

Massageöle

Baby- oder Kokosöl eignet sich ausgezeichnet für Ganzkörpermassagen, aber es gibt auch exotischere Salben und Mittelchen, wie zum Beispiel parfümierte Öle, die sich beim Einreiben leicht erwärmen, oder solche, die beim Hautkontakt kühl werden – eine tolle Sache für heiße Sommermonate. (Vergewissern Sie sich aber auf jeden Fall, daß Ihr Partner nicht allergisch ist oder empfindlich reagiert, bevor Sie irgendwelche parfümierten Produkte kaufen. Sie wollen ja nicht, daß er während Ihres gesamten Schäferstündchens niest.) Einige Mädchen bei Cachet trugen immer Massageöl in ihren Handtaschen bei sich (und selbstverständlich in dicht schließenden Fläschchen).

Praktisch jedes auf dem Markt befindliche Öl hinterläßt auf allen Geweben außer auf hundertprozentiger Baumwolle bleibende Flecken. Wenn Sie also Öl verwenden, ist es vielleicht eine gute Idee, ein großes Baumwollhandtuch unterzulegen.

Erotik ohne Geschlechtsverkehr

Damit sind alle Arten von Sex gemeint, bei denen keine Körperflüssigkeiten ausgetauscht werden – alles von Cybersex bis hin zur gegenseitigen Masturbation. Diese Methoden bieten sich nicht nur an, wenn Sie sich vor Krankheiten schützen wollen, sondern sie können Ihnen und Ihrem Partner auch Vergnügen verschaffen, wenn der Zeitpunkt für den guten alten GV nicht günstig ist: Sie haben Regelkrämpfe, Ihr Partner ist auf Geschäftsreise, es ist die fruchtbarste Zeit Ihres Zyklus, und Sie haben kein Verhütungsmittel zu Hause. Es folgen einige Varianten:

Petting

Wann haben Ihr Partner und Sie sich eigentlich das letzte Mal stundenlang geküßt und gestreichelt, ohne die Möglichkeit zum Geschlechtsverkehr zu haben? Wahrscheinlich als Jugendliche. Sich nur zu küssen, ohne die Aussicht auf Sex, kann Ihnen helfen, ein Gefühl für die Nuancen des Vorspiels zu entwickeln wie nie zuvor. (Tatsächlich sind die Lippen sehr empfindlich, weil sie zu den nervenreichsten Bereichen des Körpers gehören.)

Einander erotische Texte vorlesen

Wie Sie sicher schon einmal gehört haben, ist die größte erogene Zone eines Mannes sein Gehirn. Warum es also nicht nach bester Möglichkeit nutzen? Kaufen Sie einige erotische Bestseller – die *Tagebücher der Anaïs Nin* oder die *Geschichte der O* –, was immer Ihnen gefällt, und lesen Sie einander die besten Stellen laut vor.

Sich gemeinsam heiße Filme ansehen

Selbst wenn seine Pornofilme Sie nicht besonders anmachen, könnten Sie ihn fragen, ob er sich nicht auch einmal einen der speziell für Frauen produzierten Filme ansehen möchte. Sie sind nicht nur nicht gewalttätig, sondern sie haben auch meistens eine Handlung und befürworten Safer Sex.

Vom Körper des anderen essen

Ja, Sie haben richtig gehört. Wissen Sie noch, wie Mickey Rourke in dem Film *9 1/2 Wochen* Pudding vom Körper Kim Basingers leckte? Sie können auch flüssige

Schokolade verwenden, steife Sahne, Erdnußbutter (weich, ohne Erdnußstückchen) oder Karamelcreme. (Danach sollten Sie Zeit für eine Dusche einplanen.)

Massage

Wann haben Sie zum letzten Mal eine wirklich lange, großzügige, stimulierende Massage gegeben oder genossen ... bei sanftem Kerzenlicht und mit duftendem Massageöl? Vielleicht macht es Ihnen auch Spaß, sich mit Öl einzureiben und dann auf einem großen Doppelbett zu schaukeln und herumzurollen. Wenn Sie sich ein bißchen Abwechslung wünschen, können Sie ihn auch mit einem Spezialöl einreiben, das sich beim Einreiben erwärmt. Dann blasen Sie einfach über seinen ganzen Körper ...

Das aufregende Solo

Viele Männer genießen es sehr, einer Frau dabei zuzusehen, wie sie sich selbst berührt. Sie könnten sich mit langsamen und sinnlichen Bewegungen am ganzen Körper streicheln (vielleicht mit Körperöl oder Body Lotion) oder, wenn es Ihnen angenehm ist, sich selbst zum Höhepunkt bringen.

Die meisten Männer sind so sehr an Fotos und Videos von Männern gewöhnt, die auf die Brüste oder den Bauch einer Frau masturbieren, daß es Ihnen nicht nur leicht fallen wird, Ihren Partner dazu zu ermutigen, sondern daß Sie auch sichergehen können, daß er es genießen wird. (Vergessen Sie nicht, seinen Samen danach in Ihre Haut einzumassieren.)

Wenn seine Phantasien für Sie zum Alptraum werden: Wie Sie nein sagen können, ohne daß er sich abgewiesen fühlt

Was tun, wenn Sie entdecken, daß Ihr Mann Bedürfnisse hat, die Sie einfach nicht erfüllen können oder wollen? Bedürfnisse, die Sie, ganz offen gesagt, anekeln? Was tun Sie:

a) Sie trotzdem erfüllen?
b) Ihm sagen, er soll sie vergessen?
c) Ihm vorschlagen, ein Callgirl aufzusuchen?

Ich weiß, daß ich mich damit ins Kreuzfeuer der Kritik begebe – aber für mich ist die richtige Antwort eindeutig C.

Nehmen wir an, daß er sich beim Sex gern wie eine Frau anzieht, etwas, was etwa ein Prozent der heterosexuellen Männer mit ihm gemeinsam haben. Die Frauenkleidung erregt ihn einerseits, wirkt aber andererseits auch irgendwie beruhigend auf ihn. (Tja, ich verstehe es ja auch nicht.)

Nehmen wir also an, Sie finden den Anblick Ihres Mannes in einem französischen Seiden-BH und Seidenstrümpfen schlicht und einfach abstoßend. Die waschechten Transvestiten sagen, daß weder Schmeicheleien noch Drohungen sie je von ihrer Gewohnheit abbringen könnten. Sie ist Teil ihrer sexuellen Persönlichkeit, und Kritik treibt sie nur noch schneller in den nächsten Frauenkleiderschrank (wahrscheinlich Ihren).

Unter solchen Umständen – allerdings unter der Annahme, daß der Rest Ihrer Ehe in Ordnung ist – kann ich nichts Schlimmes daran finden, wenn Sie Ihrem Mann die Möglichkeit geben, sein Bedürfnis anderweitig zu befriedigen. Allerdings sollte diese Hilfe unbedingt professioneller Natur sein. (Bei einigen dieser Vorlieben geht es ja gar nicht um Geschlechtsverkehr.) Das ist eine der nützlichsten Dienstleistungen, die die Sexindustrie zu bieten imstande ist. Die Prostituierte hilft Ihnen dabei, Ihre Beziehung aufrechtzuerhalten, indem sie Ihrem Mann die Möglichkeit gibt, seine Bedürfnisse *ohne emotionale Bindung* zu befriedigen und trotzdem mit Ihnen verheiratet zu bleiben.

Manche Männer verspüren einen starken Drang, ihre Phantasien tatsächlich auszuleben. Viele andere akzeptieren jedoch auch eine Alternative. So ist zum Beispiel für die überwältigende Mehrzahl aller Männer das Sprechen über ihre »verbotenen« Aktivitäten beinahe ebenso befriedigend wie das eigentliche Ausagieren, vielleicht sogar noch befriedigender. So können Sie über alles, was er will, sprechen, ohne daß es wirklich ausgeführt werden muß.

Was zum Beispiel, wenn Ihr Liebster ein Freund von »Natursekt«, das heißt der sexuellen Praktik ist, beim Sex auf den Partner zu urinieren? Er möchte, daß Sie auf ihn urinieren, und Sie würden es um nichts in der Welt tun. Nun, lassen Sie ihn darüber sprechen. Lassen Sie ihn erzählen, wie er einem Mädchen zum ersten Mal beim Urinieren zusah und wie er dabei eine Erektion bekam. Lassen Sie ihn darüber sprechen, wie gut sich Ihr Urinstrahl auf seiner Brust, auf seinen Genitalien, in seinem Mund anfühlen würde. Er hat wahrscheinlich noch nie eine Frau getroffen, die offen genug war, um ihn seine Phantasie laut aussprechen zu lassen. *Er wird Ihnen unendlich dankbar sein.* Und Sie werden höchstwahrscheinlich nichts Schlimmeres tun müssen als in den richtigen Augenblicken ein bißchen zu stöhnen.

Jetzt sind Sie also eine Sexdiva. Sie wissen, was Sie tun müssen und wann. Augenblicke der Peinlichkeit oder der Schwierigkeiten im Sex gehören der Vergangenheit an.

Das kann schon sein, aber es gilt nur für Sie. Und was ist mit ihm? Hat Ihr Liebster sexuelle Probleme? Wenn ja, sollten Sie das nächste Kapitel auf keinen Fall überspringen.

10

Sexuelle Probleme und ihre Lösungen

Ganz gleich, wie gut es Ihnen mit Ihrer Sexualität geht, ganz gleich, für wie informiert und gebildet Sie sich halten: Mitunter werden Ihr Partner und Sie auf Ihrem Weg in das sexuelle Eldorado auf Hindernisse stoßen.

Prostituierte sind weder Ärztinnen noch Sexualtherapeutinnen, sie können ihren Kunden aber oft trotzdem helfen, ihre Ängste und Frustrationen zu überwinden. Ich erinnere mich da vor allem an einen Herrn über siebzig, der nach einer Prostataoperation zu uns kam. Er machte sich schreckliche Sorgen, nicht mehr mit seiner Frau schlafen zu können. Also wollte er »das Gerät ausprobieren«, wie er sagte, und zwar mit jemandem, der emotional nicht betroffen sein würde, sollte es nicht funktionieren. Wie es sich herausstellte, funktionierte es sehr wohl, und das war das letzte Mal, daß wir ihn sahen. Das nenne ich einen zufriedenen Kunden!

Ein großer Prozentsatz der sexuellen Schwierigkeiten der Männer ist körperlicher Natur und kann leicht medizinisch behandelt werden. Ein kleinerer, aber um

nichts weniger wichtiger Teil der sexuellen Probleme
hat jedoch psychologische Ursachen. Hier ist es nicht so
leicht, wirkungsvoll zu helfen.

In diesem Kapitel werde ich die häufigsten sexuellen
Probleme durchgehen, mit denen Paare oft zu kämpfen
haben, und erklären, wie Abhilfe geschaffen werden
kann.

Was er sich Ihnen nicht zu sagen traut

Männer verheimlichen vor ihren Partnerinnen oft genau
jene Dinge, die sie ihnen am dringendsten sagen
müßten.

Sie schweigen aus Angst, zurückgewiesen zu werden,
sich lächerlich zu machen oder einfach mißverstanden
zu werden. Ob die Probleme, mit denen Sie im Bett zu
kämpfen haben, nun chronischer Natur sind oder nur
gelegentlich auftreten – es besteht eine gute Chance,
daß Sie sie überwinden, wenn Sie sich eine genauere
Vorstellung dessen verschaffen, was Ihnen Ihr Partner
über seine eigenen sexuellen Bedürfnisse nicht zu erzählen wagt.

Sein Penis braucht mehr Aufmerksamkeit

Als er sechzehn war, brauchte er nur an ein Mädchen zu
denken – nein, nicht einmal an ein Mädchen, die Unterwäsche reichte schon aus –, und er bekam eine Erektion. Als er Anfang Zwanzig war, »konnte« er wahrscheinlich zweimal am Tag und war trotzdem nie satt.
Zur Stimulation brauchte er fast nichts: einen Hauch

Ihres Parfums, den Anblick, wie Sie sich über das Waschbecken beugten ... und schon war er da – hart und bereit.

Nun, die Zeit vergeht, und mit ihr vergehen auch diese Instant-Erektionen. Die überwältigende Mehrzahl der Männer produziert mehr als jenes absolute Minimum an Testosteron, das notwendig ist, um Sex bis ins hohe Alter genießen zu können. Aber je älter die Männer werden, desto länger werden die Intervalle zwischen den Orgasmen. Mit siebzehn betrugen sie noch einige Minuten, und nun, mit fünfzig oder sechzig, müssen es schon achtundvierzig Stunden sein.

Obwohl Sie ihn also heute noch genauso anmachen wie damals, braucht er nun ein längeres Vorspiel – Küsse, Umarmungen, Liebkosungen –, aber auch mehr Stimulation von Ihrer Hand oder Ihrem Mund, um eine Erektion zu bekommen. Vielleicht braucht er auch eine etwas andere Art der Stimulation: einen festeren Griff oder mehr Konzentration auf den Peniskopf. (Viele Männer haben mir gesagt, daß die »Handarbeit« ihrer Frauen um soooo vieles besser wäre, wenn sie nur zwei Zentimeter weiter oben anpackten. Viele beklagen sich auch, daß ihre Partnerinnen zu sachte ans Werk gehen. Haben Sie je einem Mann beim Masturbieren zugesehen? Bei den meisten sieht es aus, als wollten sie ihren Penis mit Stumpf und Stiel ausreißen.)

Natürlich bringt der natürliche Alterungsprozeß des Mannes für die Frau auch viele Vorteile. Schließlich ist er nicht mehr der supertolle Zwei-Minuten-Hengst von früher, und die Tatsache, daß er heute länger braucht, um zum Orgasmus zu kommen, bedeutet, daß sich seine sexuellen Reaktionen den Ihren mehr und mehr anpassen.

Das Schmerzliche ist, daß viele Männer von ihrem Penis erwarten, daß er sich wie in früheren Jahren verhält, und wenn er das nicht tut, verfallen die Unsicheren unter ihnen in Panik. Dann müssen sie einen Sündenbock finden: Wenn ihre Partnerin nur nicht so schwer wäre, wenn sie nur ein sexy Negligé trüge, wenn sie nur ... Da es nicht *seine* Schuld sein kann, muß es wohl die ihre sein. Leider sind viele Frauen nur allzu rasch mit Schuldzuweisungen an sich selbst bei der Hand.

So kommt es, daß sich ein älterer Mann plötzlich in den Armen einer Zwanzigjährigen findet. Er sucht verzweifelt den Beweis dafür, daß sein kleiner Soldat immer noch sofort strammsteht, wenn er es möchte. Er kann einfach nicht verstehen, daß seine Libido *niemals* mehr das sein wird, was sie vor dreißig oder vierzig Jahren war. Er sucht nach dieser einen, magischen Person, die ihm (und seinem Penis) das Gefühl geben kann, daß alles noch so ist wie damals.

Das bedeutet, daß Sie seinem besten Stück beim Sex nicht nur mehr Aufmerksamkeit schenken müssen, sondern auch, daß er so ist wie alle Männer. Sie brauchen ihm dabei aber keine Vorlesungen über den Alterungsprozeß zu halten (ich würde ihn nicht einmal erwähnen). Wenn er darüber spricht, daß er jetzt viel länger braucht, um zum Orgasmus zu kommen, können Sie etwa sagen: »Natürlich dauert es länger, zum Glück. Weißt du nicht, daß das für mich toll ist?« Oder: »Je länger wir es tun, Liebling, desto besser.« (Natürlich sind Sie wahrscheinlich nicht besonders begeistert, wenn er eine halbe Stunde oder länger »werkt«. Das könnte vielleicht der richtige Zeitpunkt sein, die Dinge sozusagen in die Hand zu nehmen.)

Er möchte Ihnen sagen dürfen, wenn er nicht in der Stimmung ist

Haben Sie schon einmal beobachtet, wie Angehörige des amerikanischen Pentagon vor die Fernsehkameras treten und davon sprechen, daß »Amerika jederzeit bereit« ist? Sie sind besessen von der Idee, daß Amerika seinen Finger immer am Abzug haben muß, allzeit bereit, sich der Herausforderung eines Krieges zu stellen. Über Sex denken die Männer eigentlich ziemlich ähnlich. Jeder amerikanische Mann ist mit dem Mythos aufgewachsen, daß er, wenn er ein richtiger Kerl sein will, allzeit für Sex bereitstehen muß. Genauso wie die Männer in dem Glauben groß wurden, es sei eine Sünde, den Teller nicht leer zu essen, galt es auch als Sünde, eine Frau abzuweisen, die ihnen Sex anbot. Schließlich hätte es ja die allerletzte Mahlzeit oder das allerletzte Mädchen sein können. Ein echter Kerl sagt eben nie nein.

Das Problem daran ist, daß ein streßreicher Tag im Büro oder eine besonders anstrengende Stunde im Fitneßstudio bei einem Mann im fortgeschrittenen Lebensalter den Wunsch wecken kann, auch einmal nein zu sagen, aber er schämt sich und macht sich Sorgen, daß Sie seine Männlichkeit anzweifeln könnten. Anstatt nun einfach zu sagen: »Ach, ich freue mich darauf, dich heute abend zu halten und zu streicheln, aber mehr möchte ich nicht«, kann es sein, daß er Sie mit einem unwirschen »ich muß morgen früh aufstehen« abfertigt und es überhaupt vermeidet, Sie zu berühren. Dann beginnen Sie sich Gedanken zu machen, weil auch Sie insgeheim der Meinung sind, daß ein richtiger Mann jederzeit bereit sein muß. Also werden Sie noch verzweifelter nach der Bestätigung suchen, daß er Sie immer noch attraktiv und sexy findet. So ziehen Sie sich in dieser Situation entweder verletzt und irritiert zurück oder versuchen ihn trotzdem zu animieren, um zu beweisen, daß Sie dazu noch immer in der Lage sind. Was passiert? Er zieht sich noch stärker zurück. Und damit haben Sie sich in ein sexuelles Patt hineinmanövriert.

Ein jüngerer Mann, der sich über seine körperlichen Fähigkeiten noch keine Sorgen zu machen braucht, kann eine Vielzahl anderer Gründe haben, warum er gerade keinen Sex möchte. In gewisser Hinsicht fühlt er sich stärker unter Druck gesetzt, Sex zu haben, als Sie es sich überhaupt vorstellen können. (Niemand wird je sagen, eine Frau sei keine »richtige Frau«, wenn sie aus irgendeinem Grund keine Lust auf Sex hat.) Er braucht die Gewißheit, daß Sie ihn nicht verachten werden, wenn er einmal keine Lust hat.

Wenn er also einmal nein sagt, dann sind Wehklagen (»Stimmt etwas nicht mit mir?«), Zorn oder Spott fehl am Platz. Statt dessen könnten Sie fragen: »Magst du einfach deinen Arm um mich legen?« Wahrscheinlich brauchen Sie aber überhaupt nichts zu sagen. Lächeln Sie einfach, sagen Sie »in Ordnung«, und halten Sie seine Hand. Er wird die Botschaft verstehen.

Ältere Männer mögen keine Überraschungen

Jüngere Männer lieben sexuelle Überraschungen. Wenn Ihr Mann zwischen zwanzig und fünfunddreißig (vielleicht bis zu vierzig) ist, werden Sie genau die Reaktion bekommen, die Sie erwarten, wenn Sie ihn beim Nachhausekommen mit nichts als einer Perlenkette am Körper im Bett empfangen. Seine Hormone werden das Steuer übernehmen.

Aber in einem bestimmten Alter kann genau dieses Überraschungselement, das er früher so genoß, ihm einen richtigen Schrecken einjagen. Wenn Sie mit viel Aufwand eine erotische Atmosphäre geschaffen haben und ihn, sobald er den Fuß in die Tür setzt, schlagartig damit konfrontieren, wird er sich möglicherweise unter Druck gesetzt fühlen, eine Leistung zu bringen, und zwar *sofort*. Wenn er es nicht schafft (das denkt er zumindest), werden Sie enttäuscht sein und in Zukunft weniger Bereitschaft an den Tag legen. Noch schlimmer aber ist, daß er von sich selbst enttäuscht sein wird. Er wird sich Sorgen machen, daß Sie denken könnten, es stimme etwas nicht mit ihm. Vielleicht ist er unbewußt auch wütend auf Sie, weil Sie ihn in diese Situation gebracht haben.

Bei einem Mann über vierzig ist es besser, ihn vorzuwarnen (etwa am Morgen oder am Vortag), daß Sie einen ganz besonderen Abend planen. So hat er Zeit, sich darauf einzustellen und sich auf Ihr kleines Stelldichein zu freuen. Ältere Männer müssen beim Sex stärker mit dem Kopf bei der Sache sein als jüngere – und das ist eigentlich etwas Positives für uns Frauen.

Ich werde Ihnen nun eine Methode verraten, die ein

Kunde von Cachet bei seiner Exfrau anwendete (die Ehe war gescheitert, aber nicht aus sexuellen Gründen). Wenn sie Lust hatte, kühlte sie eine Flasche Champagner und stellte zwei Gläser auf den Küchentisch. Wenn er nun nach Hause kam und die Gläser dort sah, wußte er, daß sie Interesse hatte. Das war das kleine Signal, das sie einander gaben. Wenn er in Stimmung war, genossen sie ihren Champagner – und alles andere – am selben Abend. War er hingegen erschöpft, konnte er zu ihr sagen: »Ich sehe, du hast Champagner zu Hause. Würde es dir etwas ausmachen, wenn wir ihn für morgen aufheben?«

»Wir haben kein einziges Mal über unser kleines Spielchen gesprochen«, erzählte mir der Kunde. »Es war eine stillschweigende Übereinkunft. Trotzdem war es toll, weil ich nein sagen konnte, ohne das Gefühl haben zu müssen, daß ich meine Frau zurückwies. Sie hatte überhaupt nicht das Gefühl, daß ich ihr sagen wollte: ›Du bist nicht sexy‹ und sie abwies.«

Sie können Ihre eigenen Zeichen erfinden. Der Partner meiner Freundin legte Reizwäsche für sie zurecht, wenn er in der betreffenden Nacht Lust auf Sex hatte. Wenn sie ebenfalls Lust hatte, zog sie sie an. Sie hatte ein ähnliches Zeichen gewählt. Wenn sie in Stimmung war, legte sie seine silberfarbigen Boxershorts zurecht. Ein anderes Paar, das ich kannte, verwendete Kerzen: Wann immer einer der Partner Lust auf Sex hatte, stellte er überall im Raum Kerzen auf, und wenn der andere ebenfalls Lust hatte, zündete er sie an!

Manchmal möchte er sich einfach zurücklegen und sich entspannen

Manche Paare kämpfen mit der Frage, wer für die sexuelle Beziehung »verantwortlich« ist. Wer sorgt für das romantische Ambiente? Wer tut den ersten Schritt? (In der vor kurzem erschienenen Janus-Umfrage, in der die sexuellen Gewohnheiten von 3000 Amerikanern untersucht wurden, gaben 54 Prozent der Männer und überraschende 67 Prozent der Frauen an, daß sie gern den ersten Schritt taten. Trotzdem zeigte eine ähnliche Studie, daß es in der Realität in 91 Prozent der Fälle die Männer sind, die beim Sex die Initiative ergreifen.) Die Frage, wer für den Sex zuständig und verantwortlich ist, ist ein ebenso schwieriges Konfliktthema wie die Frage, wer den Abwasch erledigt und wer den Müll hinunterbringt.

Bei Cachet liebten es viele unserer älteren Kunden, sich einfach zurückzulehnen und der Frau die Arbeit zu überlassen. Zuerst waren viele der jungen Frauen verwirrt, wenn sich ein Kunde einfach hinlegte und sich nicht wie ein Verrückter auf sie stürzte. Da sie an den Umgang mit jungen Männern ihres eigenen Alters gewöhnt waren, die ständig Sex von ihnen wollten, nahmen sie an, daß diese Kunden sie nicht attraktiv fanden. Ich mußte sie beruhigen, daß das überhaupt nicht der Fall war.

Es war eher so, daß diese Männer einer Generation angehörten, in der man nicht davon ausging, daß Frauen Sex besonders genossen oder daß sie beim Geschlechtsverkehr unbedingt einen Orgasmus haben müßten. Aber dann, in den sechziger Jahren, begannen die Frauen darauf zu bestehen, ebenfalls einen Höhepunkt zu haben. Plötzlich hatten sich die Spielregeln des Sex geändert, und die Männer fühlten sich nun unter Druck gesetzt, großartige Liebhaber zu sein. Wenn sie nun also zu einem Callgirl kamen, freuten sie sich über die Gelegenheit, vollkommen egoistisch zu sein. Sie waren ihrer Verpflichtung, »es gut *für sie* zu machen«, entbunden, weil sie dem Mädchen statt dessen Geld gaben.

Ich mußte meinen Mädchen erklären, daß Passivität sogar von Vorteil war. Schließlich hatten die Mädchen bei diesen Männern die Dinge vollkommen unter ihrer Kontrolle. Sie konnten tun, was immer ihnen am angenehmsten war.

Vielleicht wäre es gut, wenn Sie es Ihrem Mann gelegentlich gestatten, beim Sex passiv zu bleiben, und Ihre ganze Aufmerksamkeit auf ihn konzentrieren. (Natürlich kann es auch sein, daß er manchmal *Ihnen* diese ungeteilte Aufmerksamkeit zukommen lassen will. Lassen Sie ihn!)

Er wird andere Frauen immer anziehend finden

Sie beide gehen am Wochenende spazieren, und Sie bemerken, wie seine Augen verstohlen nach links schweifen, wo ein Cindy-Crawford-Typ mit den Beinen einer Gazelle die Straße entlangschlendert. Sie:

a) *(Schnippisch):* »Siehst du vielleicht etwas, das dir gefällt?«

b) *(Weinerlich):* »Du bemerkst alle, nur mich nicht«

c) *(Sachlich):* »Die sieht aber gut aus, nicht wahr?«

Die meisten amerikanischen Frauen wählen A oder B – und dabei machen sie einen großen Fehler.

Andere Frauen zu bemerken – sie zu bewundern, sich zu ihnen hingezogen zu fühlen – ist nur menschlich. Das ist es, was Ihren Partner vital und sexy macht. Wenn er *keine* Notiz von Frauen nähme, wenn er nicht gelegentlich seinen Phantasien nachhinge, *dann* sollten Sie sich Sorgen machen.

Trotzdem finden die meisten Frauen, daß ihr Partner mit dem Tag, an dem er sie kennenlernt, aufhören sollte, sich für den Rest der Damenwelt zu interessieren. Wenn er auch nur einen bewundernden Kommentar von sich gibt oder verstohlene Blicke auf eine attraktive Geschlechtsgenossin wirft, versuchen sie schon, ihm Schuldgefühle einzureden. Und sie beginnen ein Spiel, das ich »Beziehungstest« nenne, bei dem es darum geht, daß der Mann die richtige Antwort auf die Frage: »Was stimmt nicht mit mir? Bin ich dir nicht gut genug?« findet.

Natürlich hat ein Mann, der ständig sehnsüchtige Seitenblicke wirft oder lautstarke Kommentare über die physischen Attribute aller Frauen abgibt, die ihm über den Weg laufen, ein Problem – aber dieses Problem hat nichts mit Ihnen zu tun. Wahrscheinlich muß er Ihnen, sich selbst und dem Rest der Welt beweisen, daß er ein »ganzer Kerl« ist. Eine meiner Freundinnen war einmal mit einem Mann verlobt, der seinen Blick einfach nicht von den Brüsten der Frauen wenden konnte, wann immer er eine traf. Es war, als ob alle diese Frauen ein Hypnosependel vor seinen Augen hin- und herbewegten und dazu murmelten: »Die mußt du haben, die mußt du haben ...« Eines Tages stellte meine Freundin Karl einer besonders gut aussehenden, vollbusigen Frau vor, die zufällig lesbisch war und diese Art von Benehmen überhaupt nicht schätzte. Als sie einander vorgestellt wurden und sie bemerkte, auf welcher Stelle ihres Körpers seine Augen ruhten, begann sie mit ihren Armen vor seinem Gesicht hin und her zu rudern und laut zu rufen: »Hallo! Du da! Hier oben bin ich.« (Es überrascht vielleicht nicht, daß dieser Verlobte mittlerweile ein Exverlobter ist.)

Auch der durchschnittlich treue, liebende Mann blickt gern anderen Frauen nach und bewundert sie. Das bedeutet aber sicher nicht, daß er mit jeder Sexbombe, die er trifft, eine *Beziehung* haben möchte.

Das Beste, was Sie tun können, ist, seinen Sexualtrieb zu Ihrem Vorteil zu nutzen. Nehmen wir zum Beispiel an, Sie gehen zu einer Party, bei der mit einiger Sicherheit Frauen anwesend sein werden, die jünger, hübscher und schlanker sind als Sie. Sollen Sie nun eine ganze Stunde vor der Party versuchen, Ihrem Mann Komplimente zu entringen, und darauf bestehen, daß er Ihnen versichert, absolut kein Interesse für Ihre Geschlechtsgenossinnen zu haben, wie hübsch sie auch sein mögen? Nein. Sie können ihm statt dessen sagen, wie toll er aussieht und daß alle hübschen Mädchen im Raum eifersüchtig auf Sie sein werden, weil Sie mit diesem tollen Kerl zusammen sind. Wenn Sie zu der Party kommen, sagen Sie: »Übrigens, ich habe gesehen, daß Lola da drüben dir gewisse Blicke zugeworfen hat.« Ganz egal, ob das stimmt oder nicht, die meisten Männer sind so egozentrisch, daß sie es Ihnen glauben werden. Dann, wenn Sie nach Hause kommen, sagen Sie: »Ich wette, Lola würde alles darum geben, dir dein Hemd aufzuknöpfen, wie ich es gerade tue« etc.

Was haben Sie erreicht? Sie haben ihm das Gefühl gegeben, daß er für andere Frauen attraktiv ist (und wer möchte schließlich für das andere Geschlecht nicht attraktiv sein?). Sie haben ihm zu verstehen gegeben, daß Sie wissen, daß andere Frauen ihn anziehend finden; sie haben ihm gesagt, daß er wunderbar aussieht, und Sie haben ihm gesagt, wie glücklich Sie sind, daß er zu Ihnen gehört.

Es sind nur einige wenige Unverbesserliche, die dann denken: *Hey, ich bin ein toller Kerl. Ich kann etwas Besseres haben als den Hasen, mit dem ich da zusammen bin.* (In diesem Fall sollten Sie nachdenken, wozu Sie einen solchen Typen überhaupt brauchen.) Die allermeisten Männer wissen das Lob zu schätzen und bewundern ihre Partnerin für ihren unbeirrbaren guten Geschmack.

Er möchte Sie unbedingt befriedigen, wagt Sie aber nicht zu fragen, was Ihnen gefällt

Führen Sie sich einmal folgendes vor Augen: Mitte der sechziger Jahre widerlegten die Sexforscher Masters und Johnson die Behauptung, daß die meisten Frauen ausschließlich durch vaginalen Geschlechtsverkehr zum Orgasmus kämen. Seit damals sagt die Mehrzahl der Sexualforscher, daß klitorale Stimulation im allgemeinen notwendig ist – eine Aussage, die wir wohl alle von ganzem Herzen unterschreiben. Und trotzdem stellte die Zeitschrift *Playboy* in einer Studie, in der die sexuellen Gewohnheiten von Lesern in elf Ländern untersucht wurden, fest, daß die meisten Männer auf der Welt (90 Prozent der Männer in Brasilien, 75 Prozent in den Vereinigten Staaten) davon überzeugt sind, daß ihre Partnerinnen in der Regel allein durch den vaginalen Geschlechtsverkehr zum Höhepunkt gelangen – obwohl die neuesten Forschungen zeigen, daß nur 25 Prozent der Frauen auf diese Weise einen Orgasmus erleben.

Worauf ich hier hinaus will, ist die Tatsache, daß die Leute trotz all der grellen Zurschaustellung von Sex rund um uns herum immer noch Fehlinformationen aufsitzen. Und viele Männer getrauen sich einfach nicht, uns zu fragen, was wir im Bett mögen und was nicht. So wie Sie in dem Glauben aufwuchsen, daß ein Mann, der Sie liebt, genau wissen muß, was Sie wollen, so wuchs er mit derselben Erwartung an sich selbst auf. Und wenn er Sie fragt, was Sie mögen und was nicht, dann bedeutet das, daß er zugeben muß, nicht alles über Sie zu wissen. Wenn ein Mann schon nicht imstande ist, nach dem Weg zu fragen, wenn er sich verfahren hat, wie um alles auf der Welt soll er dann *so etwas* fragen können?

Diese simple Unfähigkeit, nach Informationen zu fragen und sie dann auch vorbehaltlos zu akzeptieren, ist der Kern der sexuellen Probleme vieler Paare.

Er möchte seine Sexualität mit Ihnen erforschen
Männer betrachten die Magazine und Filme, die sie sehen, wie ein reichhaltiges sexuelles Buffet, ein Land, in dem alle ständig alles tun. Dann denken sie an ihr eigenes Leben. Vielleicht betet Ihr Mann Sie an, aber wenn

er Tag für Tag, Monat für Monat dasselbe mit Ihnen tut und wenn Sie ihm das Gefühl geben, daß allein die Erwähnung von etwas Neuem Unbehagen bei Ihnen auslöst ... nun, dann ist das so, als ob Sie sich andauernd Wiederholungen der Serie *Das Traumschiff* ansähen. So gern Sie die Serie auch haben mögen, nach der fünfzigsten Episode beginnt Ihnen zu dämmern, daß diese Leute für immer auf ihrem Schiff bleiben werden.

Aber von Zeit zu Zeit brauchen wir alle einen Landurlaub – zumindest in unserer Vorstellung.

Vielleicht sagen Sie sich: *»Aber ich habe ihn hundertmal gebeten, mir zu sagen, was ihm in unserem Sexualleben fehlt, und er sagt immer nur: ›Liebling, mir gefällt alles, was du mit mir machst.‹«* Das sagen die meisten liebenden Partner, und es kann sogar stimmen. Aber Sie müssen darauf achten, daß Sie keine doppelten Botschaften aussenden.

Sie sagen zwar, daß Sie gegenüber sexuellen Experimenten offen sind – sind Sie aber wirklich sicher, daß Sie ihm durch Ihre Handlungen nicht eher ungefähr folgendes vermitteln: »Rühr lieber nicht an dieses Thema, denn in Wirklichkeit finde ich das alles unanständig und pervers«?

Viele Männer gehen zu Callgirls, weil sie etwas ausprobieren wollen, das sie sich von ihren Frauen nicht zu verlangen getrauen oder dessen sie sich schämen. Wie ich bereits sagte: Wenn er Bedürfnisse hat, die Sie wirklich nicht erfüllen wollen (es liegt einfach jenseits Ihrer Vorstellungskraft, mit einer anderen Frau zu schlafen, ihn zu fesseln und zu knebeln und dann zu schlagen oder was immer), dann ist der Besuch eines Callgirls von Zeit zu Zeit vielleicht wirklich nicht die schlechteste Lösung.

Aber wenn Sie auch nur die geringste Möglichkeit sehen, daß Ihnen diese Phantasie ebenfalls gefallen könnte, dann versuchen Sie ihr offen zu begegnen. Frauen befürchten, daß ihre Partner schon aus der Tatsache, daß sie offen über ein Thema sprechen, das sie eigentlich abstoßend finden, schließen könnten, daß sie in Wirklichkeit großes Interesse an der Sache haben, und Druck machen werden, das Szenario auszuagieren. Das stimmt im allgemeinen aber überhaupt nicht.

Mit ihren Partnerinnen über ihre Phantasien zu sprechen ist für die überwältigende Mehrzahl der Männer genauso erotisch wie das tatsächliche Ausagieren. (Vielleicht sogar noch erotischer, weil eine Phantasie, die ein Mann in seinem Kopf hat, ausschließlich unter seiner Kontrolle steht: Es ist sein Theaterstück, und er ist Regisseur, Star und Publikum in einer Person!)

Nun, da wir Gelegenheit hatten, über Ängste und Wünsche nachzudenken, sollten wir über die Fälle sprechen, in denen sie sich in echte sexuelle Probleme verwandeln.

Vorzeitige Ejakulation

Eine Freundin erzählte mir folgende Geschichte: »Ich war mit einem Typen befreundet, der etwa zehn Sekunden nachdem er in mich eingedrungen war, kam. Und das ist keine Übertreibung. *Falls* er es überhaupt solange schaffte, bis er in mich eingedrungen war. Ich beklagte mich überall darüber, ich konnte einfach nicht anders. Sogar meiner Schwester erzählte ich es. Schließlich wollte ich Stan meinen Eltern vorstellen. Als er an der Tür klingelte, sagte meine Schwester, die einen etwas ausgefallenen Sinn für Humor hat: ›Was meinst du, Emily, soll ich ihm überhaupt die Hand schütteln? Ich meine, es könnte zu viel für ihn sein …‹ Wir konnten einfach nicht aufhören zu kichern. Es war schrecklich.«

Natürlich ist die vorzeitige Ejakulation für Callgirls alles andere als ein Problem. Schließlich ist es um so einfacher für sie, je schneller der Mann kommt! Aber wahrscheinlich sind Callgirls die einzigen Menschen auf unserem Planeten, die diesem Phänomen etwas Positives abgewinnen können. Für Männer und Frauen in einer Liebesbeziehung ist die vorzeitige Ejakulation – die häufigste sexuelle Störung – ein ernsthaftes Problem. Natürlich ist diese Störung frustrierend für die Frau (vor allem, wenn sie mit einem Mann zusammen ist, dessen nächster Laut nach dem Orgasmus ein sanftes »Zzzzzzzzzzzz …« ist) und zutiefst demütigend für den Mann. Die gute Nachricht ist, daß die vorzeitige Ejakulation unter allen sexuellen Störungen wahrscheinlich am leichtesten zu beheben ist.

Zunächst entwachsen die meisten Männer diesem Problem mit zunehmendem Alter ganz einfach. Der Grund dafür ist, daß der Alterungsprozeß auch ihre sexuellen Funktionen verlangsamt. Aber selbst jene, die mit dreißig, vierzig und später noch mit vorzeitigen Ejakulationen zu kämpfen haben, können sie im allgemeinen beheben.

Männer, die den Zeitpunkt ihres Samengusses kontrollieren können, kennen die Zeichen, die ihnen sagen, daß sie kurz vor dem Orgasmus stehen: ein verstärktes Anschwellen des Penis, ein Spannungsgefühl in den Hoden, ein starker Drang usw. Männer, die ihre Ejakulation nicht kontrollieren können, erkennen diese Zeichen nicht. Der Höhepunkt schleicht sich irgendwie unbemerkt heran. Sie können nicht wie andere Männer lange Perioden der Erregung genießen.

Die vorzeitige Ejakulation ist beim Zusammensein mit einem Partner meist ein größeres Problem als bei der Masturbation, weil hier verstärkt Druck und Ängste hinzukommen: »Wird es wieder passieren? Werde ich sie enttäuschen? Um Himmels willen, jetzt rasch eine Minute lang an Fußball denken ... Aaaaah, verdammt, wieder zu schnell ...«

Der Trick besteht also darin, Ihrem Partner beizubringen, die Zeichen des herannahenden Orgasmus zu erkennen und rechtzeitig »zurückzuschalten«.

Wenn das Problem der vorzeitigen Ejakulation bei Ihrem Partner chronisch ist, könnte es an der Zeit sein, einen Sexualtherapeuten aufzusuchen. Versichern Sie Ihrem Mann, daß es sich um keine teure, langfristige Therapie handeln wird. Die meisten Fälle vorzeitiger Ejakulation lassen sich innerhalb einiger Monate oder sogar Wochen lösen. Ihr Partner und Sie werden wahrscheinlich eine Reihe von Übungen absolvieren, die speziell auf ihn abgestimmt sind. Im allgemeinen dienen sie dazu, ihm ein Gefühl dafür zu vermitteln, wann der Orgasmus bevorsteht. Außerdem soll er durch die Übungen auch lernen, wie er sich kontrollieren kann, bevor es zu spät ist.

Eine häufig angewendete Technik: Verzichten Sie eine Zeitlang auf Geschlechtsverkehr. Massieren Sie ihn mit der Hand, bis er STOP sagt, oder drücken Sie in dem Augenblick, in dem Sie fühlen, daß er gleich kommen wird, knapp unterhalb des Peniskopfs fest zu. Dann warten Sie zwischen zehn Sekunden und einer Minute – so lange, bis er die Kontrolle wiedererlangt hat, aber nicht so lange, daß ihm seine Erektion abhanden kommt –, und wiederholen Sie die Übung. Wahrscheinlich wird er bei den ersten paar Versuchen trotzdem sofort kommen. Aber wenn Sie diese Techniken einige Wochen lang üben, wird er die Zeichen der Erregung bald selbst erkennen und immer mehr Kontrolle erlangen.

Wenn er nicht kann ...

Wenn man die amerikanischen Männer heute vor die Wahl stellen würde, entweder am rechten Auge zu erblinden oder die Fähigkeit zu verlieren, eine Erektion zu bekommen – was glauben Sie, würde passieren? Nun, die ganze Nation wäre plötzlich voller einäugiger Männer. Ganz gleich, wie oft Sie ihm sagen, daß es auch andere Methoden gibt, um Sie zu befriedigen: Sein Selbstbewußtsein, sein Machtgefühl und seine Würde sind untrennbar mit seiner Fähigkeit verbunden, »ihn« hochzukriegen. Einer meiner Freunde, der vorübergehend unter Impotenz litt, sagte mir: »Es war, als hätte mich jemand meiner Persönlichkeit beraubt. Alles an mir schien so leblos und schlaff zu sein wie mein Schwanz.«

Zu bestimmten Zeiten der Geschichte wurde Impotenz sogar als eine Art Verbrechen geahndet. So galt die Impotenz zum Beispiel im siebzehnten Jahrhundert für die katholische Kirche als ein Grund zur Auflösung der Ehe, weil der Mann seiner Verpflichtung zur Fortpflanzung nicht nachkommen konnte. Offizielle Kirchenfunktionäre führten damals sogar Erektionstests für künftige Ehemänner durch. (Die Ehefrauen mußten sich statt dessen Jungfräulichkeitstests unterziehen.)

Das Herbeiführen von Impotenz galt als ultimativer Racheakt und kam gleich nach dem Mord. In der Renaissance glaubten verlassene Frauen, sie könnten ihren Mann impotent machen, indem sie das Vorderband seiner Unterwäsche entfernten und es verknoteten. Oder wenn ein Bräutigam mit seiner Braut zu Bette lag, konnte es passieren, daß einer ihrer verschmähten Liebhaber an die Tür klopfe, den Namen des Bräutigams rief und gleichzeitig ein Messer in die Tür rammte. Wenn der Bräutigam antwortete, brach der Verschmähte die Spitze des Messers ab, ließ die Klinge in der hölzernen Tür stecken und ging schweigend von dannen. Viele frischgebackene Ehemänner lebten in Furcht und Schrecken vor solchen Ritualen.

Wenn Sie einmal darüber nachdenken, eine wie komplexe Sache eine Erektion eigentlich ist, müßten Sie sich wundern, daß sie überhaupt zustande kommt! Für jede einzelne Erektion ist eine feinabgestimmte Kombination von Nervenreaktionen, Hormonen, Gehirnchemikalien und Blutströmen notwendig. Wenn ein Mann erregt ist, fließt sein Blut (etwas das Achtfache der normalen Menge) durch die Arterien des Penis in die Corpora

Cavernosa, die beiden zylinderförmigen, schwammigen Schwellkörper im Penisschaft. Diese Schwellkörper füllen sich mit Blut, und Ventile in Tausenden winzigen Blutgefäßen sperren das Blut ab und verhindern seinen Rückfluß aus dem Penis. So richtet sich der Penis auf und wird steif. Jede Störung dieses Mechanismus – gleich ob körperlicher oder geistiger Ursache – kann verhindern, daß ein Mann eine Erektion bekommt.

Heute sind laut der Abteilung für Erektionsstörungen des Cornell Medical Center in New York bis zu 30 Millionen Männer von verschiedenen Erektionsstörungen unterschiedlicher Schweregrade betroffen. Aber wie viele von ihnen geben dieses Problem vor sich selbst, geschweige denn vor irgend jemand anderem zu? (Vor einigen Jahren erklärte eine Anzeige der Vereinigung Impotence Anonymous das Problem so: »Sie können Ihrem besten Freund erzählen, daß Sie Krebs haben. Aber wer traut sich schon, über Impotenz zu reden?«) Vor einigen wenigen Jahren waren die Ärzte noch davon überzeugt, daß etwa 90 Prozent aller Impotenzfälle psychologisch bedingt seien. Aber neuere Studien haben ergeben, daß 50 bis 75 Prozent der Impotenzfälle körperliche Ursachen haben.

Zur Feststellung des Unterschieds empfehlen die Ärzte oft einen einfachen »Briefmarkentest«. Bevor sich der Mann am Abend schlafen legt, wird eine Reihe Briefmarken fest über den Schaft des schlaffen Penis geklebt. Da ein durchschnittlicher Mann in einer Nacht mehrere automatische Erektionen hat, wird der Markenstreifen bei einem gesunden Mann am Morgen zerrissen sein. Wenn der betreffende Mann das Erektionsproblem nur hat, wenn er mit seiner Partnerin zusammen ist, kann man davon ausgehen, daß sein Problem psychologischer Natur ist. Wenn die Marken jedoch intakt bleiben, hat der Mann im Schlaf keine Erektionen und daher aller Wahrscheinlichkeit nach ein körperliches Problem.

Vielen Männern ist nicht bewußt, daß Orgasmus- und Erektionsfähigkeit zwei verschiedene Dinge sind. Nur weil ein Mann keine Erektion hat, bedeutet das noch lange nicht, daß er auch keinen Orgasmus hat. Aber da Erektion und Orgasmus in den Köpfen der meisten Männer so eng miteinander verbunden sind, *glauben* jene, die keine Erektion bekommen, sie könnten auch keinen Orgasmus haben – und deshalb erleben sie tatsächlich keinen. Sie sind so deprimiert, wenn ihr bestes Stück nicht funktioniert, daß es sehr schwer ist, sie dazu zu bewegen, einen Arzt aufzusuchen: Nur jeder zwanzigste Mann mit Erektionsproblemen wendet sich tatsächlich an einen Arzt. Statt dessen geben die meisten lieber ihrer Partnerin die Schuld oder machen sich vor: »Es ist mir einfach nicht so wichtig.«

Oft läßt sich das Problem aber auch auf Alkohol- oder Drogenkonsum zurückführen. Wir alle wissen, daß ein oder zwei Gläschen Wein entspannend wirken, vielleicht weil wir unter dem Einfluß von etwas Alkohol unsere sexuellen Hemmungen leichter überwinden können. Aber größere Mengen von Alkohol hemmen die sexuelle Funktionsfähigkeit. Im wesentlichen bewirkt Alkohol eine Erweiterung der Blutgefäße. Der Penis wird jedoch durch das *Zusammenziehen* der Blutgefäße steif; aus diesem Grund fällt es einem betrunkenen Mann schwerer, eine Erektion aufrechtzuerhalten.

Kokain bewirkt oft ein Phänomen, für das der Name »Koks-Schwanz« geprägt wurde. Der Betreffende ist sexuell stark erregt, kann aber keine Erektion aufrechterhalten.

Es gibt auch eine Reihe von Medikamenten, die negative Auswirkungen auf das Sexualleben haben. Medikamente gegen hohen Blutdruck wie Thiazid-Diuretika oder Betablocker (die auch gegen Migräne verschrieben werden) können die Libido verringern und bei Männern Erektionsstörungen bewirken (und übrigens gelegentlich auch die Bildung von Gleitflüssigkeit und die Orgasmusfähigkeit von Frauen beeinträchtigen). Andere Libidoschädlinge sind: Antihistamine, bestimmte Krebsmedikamente und Medikamente gegen Depressionen. Der größte Bösewicht aber sind die neuen Antidepressiva, die selektiven Serotoninhemmer wie Prozac, Paxil und Zoloft, welche die sexuelle Reaktionsfähigkeit bei dreißig oder mehr Prozent der Anwender verringern. Tatsächlich können diese Medikamente den Orgasmus so wirkungsvoll hinauszögern, daß sie auch als Mittel gegen vorzeitige Ejakulation eingesetzt werden.

Und was ist mit den Männern, deren Probleme mit ihrem kleinen Freund ihre Ursachen im Kopf haben – mit anderen Worten mit jenen, deren Impotenz ihre Ursache in Streß, Arbeitsdruck, negativen Emotionen und Einstellungen zu Sex, finanziellen Schwierigkeiten oder auch einer neuen Sexualpartnerin hat? Ich habe mit einer ganzen Reihe von Männern über dieses Problem gesprochen, und die Qualen, die sie allein dadurch erleiden, daß sie über dieses Problem *sprechen*, sind beträchtlich. Wie mir die Männer sagten, geht die Frau in diesem Fall am besten mit dem Problem um, indem sie etwas einhält, was man »Impotenz-Etikette« nennen könnte.

Wenn das Problem das erste Mal auftritt, brechen Sie nicht sofort einen langatmigen Dialog darüber vom Zaun. Vielleicht ist es für Sie tröstlich, darüber zu sprechen – für den Mann ist es das im allgemeinen nicht. Was aber nicht heißen muß, daß Sie die Sache ignorieren sollten.

Viele Frauen schenken dem Penis ihres Mannes nur dann Beachtung, wenn sie Sex wollen oder wenn sie wissen, daß er Lust hat. Aber auf einen Mann, der gelegentlich unter Erektionsstörungen leidet, kann diese Tatsache alarmierend oder auch beängstigend wirken.

Er weiß, daß Sie jedesmal, wenn Sie Notiz von seinem Penis nehmen, Sex erwarten. Wenn er andererseits das Gefühl hat, daß Sie seinem kleinen Freund sowieso mit positiven Gefühlen gegenüberstehen – Sie spielen mit ihm, berühren ihn, lecken ihn und so weiter, auch wenn *kein* Sex auf dem Plan steht –, wird er nicht so eingeschüchtert und nervös reagieren, wenn Sie sich ihm zuwenden und ihn auf Trab zu bringen versuchen. Es ist wirklich hilfreich, wenn Sie sich mit seinem Penis anfreunden, so daß er, während Sie ihn küssen und streicheln, denken kann: *Ah, sie spielt ein bißchen mit ihm. Aber es muß nicht unbedingt etwas passieren.*

Wenn Sie nach fünfzehn bis zwanzig Minuten Vorspiel (oder fünf bis zehn Minuten länger, als Sie es gewohnt sind) keine Reaktion feststellen können, wenden Sie seinem besten Stück langsam und sanft Ihr Gesicht zu und beginnen es so vorsichtig und spielerisch wie möglich mit Zunge und Händen zu bearbeiten.

Bei Cachet kam es immer wieder vor, daß eines der Mädchen einen Kunden hatte, der bekannte, mit seiner Frau sexuelle Schwierigkeiten zu haben. Oft half in diesen Fällen ein spielerischer Ansatz. Er wußte, daß das Mädchen nicht persönlich beleidigt sein würde, wenn er ihn nicht hochbrachte. Normalerweise war der Sex mit ihren regulären Partnerinnen für diese Typen zu einem emotionalen Minenfeld geworden. Wenn das Callgirl nun einfach mit einer freundlichen und nonchalanten Einstellung an die Sache heranging, zeigte sich oft, daß der »Problemkunde« es ohne weiteres bringen konnte. Worauf ich hier hinauswill, ist, daß Sie auf keinen Fall *panisch* versuchen dürfen, sein bestes Stück zum Funktionieren zu bringen. Sie wissen, wie unangenehm es Ihnen ist, wenn er Ihre Klitoris nach Kräften bearbeitet und Sie einfach keine Reaktion spüren. Nun, er fühlt sich durch Ihre Einstellung »Alles oder nichts« ebenfalls stark unter Druck gesetzt, und das Ergebnis ist fast immer kontraproduktiv. Plötzlich ist es *Ihr* Ego, das von seiner Erektion abhängig wird. Sie geben ihm sozusagen zu verstehen: *»Nun komm, sei ein Mann, zeig mir, daß ich eine richtige Frau bin, beweise mir deine Liebe, nun komm schon …«*

Wenn Sie nach etwa fünf bis zehn Minuten noch immer keine Reaktion beobachten, sollten Sie auf keinen Fall offen zeigen, daß es Ihnen jetzt reicht oder daß Sie es aufgeben. Anstatt ostentativ aufzuhören und sich zurückzuziehen, sollten Sie Ihre »Bemühungen« nun schrittweise verringern und sich über seinen Bauch, seine Brust und seinen Hals zu seinem Gesicht vorwärts-küssen. Wenn er immer noch in erotischer Stimmung ist und kuscheln möchte (möglicherweise ist er aber so aufgewühlt, daß das nicht der Fall ist), küssen und streicheln Sie seine Brust, seine Schultern, seinen Rücken usw., und sagen Sie dann: »Weißt du, ich hatte einen wirklich harten Tag und du wahrscheinlich auch. Warum drehen wir nicht einfach das Licht ab und versuchen zu schlafen?« Sprechen Sie *nicht* davon, daß er offensichtlich Probleme hatte.

Versuchen Sie nicht einmal, die Situation herunterzuspielen, und glauben Sie auch nicht, daß ein kleiner Scherz helfen könnte. Das wird er nämlich nicht.

Bei Ihrem nächsten Zusammensein sollte Ihnen bewußt sein, daß er wahrscheinlich Angst hat, daß es wieder nicht funktionieren könnte (wahrscheinlich hat er einen regelrechten Horror davor). Wenn es mehrere Male geschieht, könnten Sie ihn einfach küssen und berühren, ohne die Erwartung zu hegen, daß irgend etwas passieren muß. Damit geben Sie ihm das Gefühl, das Zusammensein mit ihm zu genießen, ganz gleich, ob er es »bringt« oder nicht.

Ich brauche Ihnen sicher nicht zu sagen, welche Auswirkungen Kritik oder Spott in einer solchen Situation haben können: Mit Aussagen wie: »Was ist denn mit meinem großen, starken Mann passiert?« – »Komisch … bei meinen früheren Liebhabern hatte ich dieses Problem nie« oder »So was, ich konnte mir nie vorstellen, daß einer so schnell schrumpfen kann« werden Sie kaum zum gewünschten Ergebnis kommen, es sei denn, Sie wollen, daß von Ihrem einstigen Liebhaber nur noch ein Häufchen Elend übrigbleibt.

Frauen, die sich über Impotenz lustig machen oder ihren Partner dafür kritisieren, verstehen nicht, unter welchen Druck der Sex einen Mann setzt. Denken Sie nur einen Augenblick daran, wie oft Sie sich zwar Sex wünschten und ihn genießen konnten, aber aus irgendeinem Grund an dem betreffenden Tag keinen Orgasmus wollten oder brauchten. Jetzt stellen Sie sich vor, einen Orgasmus bekommen zu *müssen*. Das ist das Gefühl, das ein Mann hat, wenn es um seine Erektion geht.

Nehmen Sie dieses Problem nicht persönlich. Das ist die Falle, in die Frauen am häufigsten tappen. Sie kritisieren ihren Partner nicht. Statt dessen kritisieren sie sich selbst: Ich bin eben zu dick. Ich bin zu alt. Meine Haut ist nicht weich genug. Ich mache es nicht richtig …

Das ist nicht der richtige Zeitpunkt, um zu jammern und sich darüber zu beklagen, daß er Sie nicht mehr sexy findet, oder ihm positive Kommentare über Ihr Äußeres oder Ihre sexuelle Attraktivität abringen zu wollen. Anders ausgedrückt: Sie sollten sich jetzt nicht auf sich selbst konzentrieren. Selbst wenn es Ihnen gelingt, ein paar Jahre jünger auszusehen oder einige Pfund Gewicht zu verlieren, ist es *äußerst* unwahrscheinlich, daß Sie dadurch dieses Problem aus der Welt schaffen, denn es hat kaum etwas mit Ihrem Aussehen zu tun. Ich will zwar nicht taktlos sein, aber der durchschnittliche Mann kann die Augen zumachen und Sex mit jedem atmenden (und nicht einmal das ist unbedingte Voraussetzung) Wesen haben. Ich habe zwar die ganze Zeit über betont, daß Männer Augentiere sind, ihre Fähigkeit zur Erektion ist aber unabhängig von ihrem Bedürfnis nach visueller Stimulierung.

Wie Callgirls auf der ganzen Welt wissen, fällt den meisten Männern Sex mit einer Fremden leicht – keine störende Intimität, die ihnen in die Quere kommen könnte. Es ist die *Nähe,* die zum Problem werden kann. Das bedeutet also, daß Impotenz alles andere als ein Zeichen dafür ist, daß er Sie nicht liebt – vor allem zu Beginn einer Beziehung. Statt dessen kann sie durchaus ein Zeichen dafür sein, daß Sie ihm besonders wichtig sind.

Wenn er das Gefühl hat, daß Sie sich selbst die Schuld geben, weil er keine Erektion bekommt, empfindet er das als besonders schmerzvoll. Nicht genug damit, daß er sich mit seinem eigenen darniederliegenden Selbstwertgefühl herumschlagen muß, soll er sich nun auch noch um Sie Sorgen machen. (Ich hatte eine Freundin, die in Tränen ausbrach, als ihr Mann keine Erektion zustande brachte. Weinen! Wenn *das* keine Reaktion ist, die die Situation verschlimmert ...)

Natürlich können Sie für jemanden, der mit chronischen psychologischen Problemen zu kämpfen hat, kaum mehr tun als ihn dazu ermutigen, einen Therapeuten zu konsultieren. Der Therapeut könnte eines der folgenden Dinge vorschlagen:

Abstinenz

Eine der am häufigsten angewendeten Therapievarianten ist die Abstinenz. Das Ziel besteht darin, dem sexuellen Erleben jeden Druck zu nehmen. Je mehr sich ein

Mann nämlich bemüht und abkämpft, desto stärker wird sein Leistungsdruck und desto unwahrscheinlicher wird es, daß sein kleines hydraulisches System tatsächlich funktioniert. Anstatt es also so wie bisher unablässig zu probieren, versuchen Sie es einfach überhaupt nicht mehr.

Das bedeutet aber nicht, daß Sie auf jeden sexuellen Umgang miteinander verzichten müssen. In der ersten Woche könnten Sie ein paarmal zusammen duschen, einander massieren und mit Körperlotion oder Öl einreiben – aber nicht bis zum Orgasmus. In der nächsten Woche sind vielleicht auch Küsse und Liebkosungen des ganzen Körpers erlaubt, aber es ist noch immer wichtig, daß keiner von Ihnen versucht, den Höhepunkt zu erreichen. Nach einer weiteren Woche könnten Sie gemeinsam masturbieren – aber immer noch ohne zu versuchen, den anderen zum Höhepunkt zu bringen. In der vierten Woche verspüren die meisten Paare ein neues Verlangen, und außerdem wissen sie jetzt besser als früher, was dem anderen Vergnügen und Lust bereitet.

Den Waffenstillstand ausrufen

Wenn Sie beide in einen längerfristigen Streit verwickelt sind – die schlechten Schulleistungen eines Ihrer Kinder, die Tatsache, daß seine Mutter Sie jedes zweite Wochenende besucht –, sollten Sie ein Abkommen schließen, die Sache zwei Wochen lang überhaupt nicht mehr zu diskutieren. Der Zeitpunkt für einen solchen Waffenstillstand mag zwar willkürlich gewählt erscheinen, aber das ist egal. Es handelt sich um eine künstliche Methode, einen Streit zu beenden. Das Problem selbst wird sich dadurch wahrscheinlich nicht erledigen. Oft werden Aggressionen und Ressentiments des täglichen Lebens ins Schlafzimmer mitgeschleppt, und daher kann es sein, daß allein schon ein freundlicherer Umgang miteinander zu einer Steigerung des Verlangens im Bett führt. Und sobald die körperliche Liebe wieder funktioniert, kann das dabei entstehende Gefühl der Nähe viel dazu beitragen, diese kleinen Streitereien zu überbrücken, die eine überdimensionale Bedeutung gewinnen können, wenn Ihrer beider sexuelle Bedürfnisse nicht erfüllt werden.

Entspannungstherapie

Wenn er in der Arbeit eine besonders schwierige Zeit durchmacht, müssen Sie möglicherweise zur Kenntnis nehmen, daß seine sexuellen Probleme erst dann verschwinden werden, wenn sich auch die Situation in der Firma wieder gebessert hat. Schließlich und endlich ist seine Arbeit der einzige Bereich seines Lebens, der ebensoviel Einfluß auf sein Selbstwertgefühl hat wie sein Penis. Eine Möglichkeit besteht darin, mit therapeutischen Formen der Entspannung zu experimentieren: eine stille Stunde, wenn er von der Arbeit nach Hause kommt, in der er garantiert nicht gestört wird; ein kurzer Spaziergang, wenn er nicht erschöpft ist; eine kleine Fahrradtour oder Fangenspielen mit den Kindern, etwas, was ihm hilft, sich zu entspannen und Endorphine freizusetzen; ein Abonnementgutschein beim Masseur, beruhigende Entspannungstonbänder oder Kassetten mit seiner Lieblingsmusik; selbst ein bißchen ungestörte Zeit mit seinen Lieblingspornofilmen oder

Magazinen, die Sie umsichtigerweise für ihn bereitgelegt haben! (Wenige Dinge sind entspannender als gelegentliches Masturbieren. Vielleicht regeneriert sich sein Selbstbewußtsein, wenn er merkt, daß es zumindest allein funktioniert!)

Bei Cachet stellten unsere Mädchen oft fest, daß ein Mann eine Art Gegenmittel zu dem brauchte, was sich an seinem Arbeitsplatz abspielte. Anders ausgedrückt: Männer, die sich ständig unter Druck gesetzt oder von einem tyrannischen Chef malträtiert fühlten, brauchten das Gefühl, im Bett dominant und allmächtig zu sein; Männer, die tatsächlich Chefs *waren*, die daher ständig dazu gezwungen waren, Entscheidungen zu treffen, und vor denen alle den lieben langen Tag katzbuckelten, hatten dagegen oft das Bedürfnis, jemand anderem die Kontrolle zu überlassen. Vielleicht sollten Sie das bedenken, wenn Ihr Partner wieder ein gewisses Interesse am Sex zu zeigen beginnt. Lassen Sie ihn Chef sein oder sich Ihrem Willen unterwerfen, je nach der Situation, mit der er an seinem Arbeitsplatz konfrontiert ist.

Ermutigen Sie ihn, weniger Alkohol zu trinken

Selbst wenn sein übermäßiges Trinken nur zeitweilige Anfälle von Impotenz auslöst, übertragen sich die psychologischen Auswirkungen dieses Versagens auf Ihr gemeinsames Intimleben und setzen einen Teufelskreis in Gang. In Ihnen löst sein Trinken und sein damit verbundenes Desinteresse, Sie zu befriedigen, stille Vorwürfe und Ressentiments aus. Vielleicht beklagen Sie sich bei ihm. Dann gießt er sich noch ein Glas ein, weil er das Bedürfnis hat, Ihnen damit wenigstens eine Zeitlang zu entkommen, und danach bringt er keine Erektion mehr zustande ... Wenn er Alkoholiker ist, wird er leugnen, daß sein Trinken irgend etwas mit seinen Erektionsproblemen zu tun haben könnte, oder vielleicht ist es ihm auch egal. Aber wenn er nur sporadisch und nicht zwanghaft trinkt, kann er vielleicht die Kraft aufbringen, auf ein oder zwei Glas Wein zu verzichten, wenn er weiß, daß Sie in Stimmung sind. (Allerdings wirkt es nicht gerade positiv auf seine Moral, weil Sie ihm ein Glas Wein einschenken und den Rest der Flasche selbst austrinken!)

Geben Sie ihm zu verstehen, daß er Sie auch auf andere Weise befriedigen kann

In einer sexuellen Beziehung gibt es etwas wie einen *gesunden* Egoismus, und den brauchen Sie auch dringend, wenn Ihr Mann unter Erektionsstörungen leidet. Da sich die Hälfte seiner Sorgen um Sie dreht (»Um Himmels willen, ich werde sie nicht befriedigen können«), sollten Sie ihn ermutigen, Sie mit seiner Hand oder mit seiner Zunge zu befriedigen. Geben Sie ihm ganz klar zu verstehen, daß Sie seinen Penis zwar lieben, und zwar besonders, wenn er groß und hart ist, daß Sie aber andere Teile seines Körpers genauso lieben und daß diese Teile Sie sehr, sehr glücklich machen können.

Er wird immer noch aufgewühlt sein, aber zumindest wird er sich nicht auf *Ihre* sexuelle Unzufriedenheit fixieren und fürchten, daß Sie sofort mit dem Briefträger durchbrennen werden, wenn es ihm nicht gelingt, das Problem auf der Stelle zu lösen.

Kleine Tricks für den Mann, der nicht impotent, sondern nur müde ist

Die folgenden Techniken kommen in Frage, wenn Ihr Mann nicht impotent ist, sondern nur ein bißchen zusätzliche Ermutigung braucht (oder wenn Sie sich vielleicht einmal geliebt haben und er nun einen zweiten Durchgang versuchen möchte).

- Wenn sein Penis sehr klein ist, können Sie ihn einfach neben Ihrer Zunge in Ihren Mund legen. Wie ein Baby an seinem Fläschchen saugt (bitte entschuldigen Sie den etwas anstößigen Vergleich) können Sie nun ganz langsam, sanft und ruhig an seinem Penis saugen.

- Zwischen Hoden und Anus gibt es eine ungeheuer empfindliche Stelle namens Perineum. Diese Stelle dürfen Sie nicht drücken oder fest reiben, sondern sie nur sanft massieren, während Sie seinen Penis streicheln.

- Bei vielen Männern wirkt eine Massage der Prostata Wunder. Stecken Sie Ihren Finger, mit etwas Gleitmittel befeuchtet, in seinen Anus und versuchen Sie in Richtung Bauch eine etwa walnußgroße Drüse zu ertasten. (Übrigens wird Ihr Finger dabei kaum etwas anderes berühren als Haut, es sei denn, er leidet unter Verstopfung.) Eine ganz, ganz sanfte massierende Bewegung dieser Stelle kann als überaus erotisch empfunden werden und eine rasche Erektion bewirken. (Waschen Sie sich bald danach gründlich die Hände. Bakterien, die im Verdauungstrakt harmlos sind, können in der Vagina Infektionen verursachen.) Natürlich mag nicht jeder Mann (und auch nicht jede Frau) diese Technik. Selbst wenn sie sich toll anfühlt, empfindet Ihr Partner es möglicherweise als Bedrohung seines Gefühls der Heterosexualität, wenn Sie an diesem Teil seines Körpers herumspielen. Sie sollten das Thema vorsichtig ansprechen: »Würde es sich nicht gut anfühlen, wenn ich meinen Finger ...« Wenn ihm die Vorstellung offensichtlich unangenehm ist, lassen Sie es sein. Wenn er interessiert ist, aber Angst davor zu haben scheint, daß Sie sich davor ekeln, könnten Sie hinzufügen: »Ich möchte das so gern einmal probieren ...«

Vor allem sollten Sie bei allen sexuellen Problemen Ihren Sinn für Humor bewahren. Es ist doch nur Sex, um Himmels willen, keine Krebstherapie! Auch wenn Sie immer versuchen sollten, ihm möglichst einfühlend bei der Überwindung seiner Schwierigkeiten behilflich zu sein, müssen Sie auch bedenken, daß das Problem niemandes »Schuld« ist. Und auf gar keinen Fall Ihre.

11

Männliches Denken verstehen: Was ihm wichtig ist, und worauf er verzichten kann

Heutzutage scheint das Knüpfen und Aufrechterhalten einer guten Beziehung auf der nationalen Agenda gleichauf mit der Reform des Sozialwesens und der Verringerung der nationalen Schulden zu stehen. Auf unserer Suche nach Liebe verbringen wir unser ganzes Leben mit der Suche nach der Antwort auf die ewige Frage: Was will der Mensch?

Viele von uns kommen zu dem voreiligen Schluß, daß Männer und Frauen verschiedene Dinge wollen. Sie will Treue; er will Pamela Anderson aus *Baywatch*. Sie will Liebe, Respekt und Intimität, witzige Dialoge, ein gemeinsames Glas Dom Perignon vor dem romantischen Kaminfeuer, er will Pamela Anderson aus *Baywatch*. Dennoch zeigt die Forschung, daß die Geschlechter in Wirklichkeit dasselbe wollen.

Nehmen wir zum Beispiel eine neuere Studie der Pepperdine University in Kalifornien, bei der Männer und Frauen gebeten wurden, die fünfundzwanzig wünschenswertesten Charakterzüge eines Partners aufzuzählen. Bei Männern stand die Attraktivität ganz oben auf der Liste, aber die Persönlichkeit kam gleich danach. Die »Top five« der Männer waren: Attraktivität, Persönlichkeit, Alter, Interessen/Aktivitäten, Gewicht. Bei den Frauen waren es Persönlichkeit, Interessen/Aktivitäten, Ansichten, Attraktivität, Alter. Frühere Studien, bei denen die Männer mehr Wert auf die Attraktivität und die Frauen mehr Wert auf den wirtschaftlichen Status gelegt hatten, hatten dramatischere Unterschiede ergeben. Offensichtlich haben sich diese Differenzen im Laufe der Zeit gemildert.

Jetzt werde ich Ihnen jedenfalls sagen, was Ihr Mann von Ihnen will und was er von sich selbst erwartet.

Was eine Beziehung stimuliert

Die Art Aufmerksamkeit, die ihm seine Mutter schenkte.

Ich mag es, wenn sich Männer wie Männer benehmen – stark und kindisch.

Françoise Sagan

Meine Freundin Renée kam eines Nachmittags von der Arbeit nach Hause, wo sich ihr Mann Sam gerade vor dem Spiegel bewunderte. Er war gerade von seinem wöchentlichen Baseballspiel zurückgekehrt, das genauso spannend gewesen war, wie man es bei einem Team von Zahnärzten mittleren Alters auch erwarten würde. Sam ließ seine Blicke an seinem Körper hinauf- und hinunterwandern, zog seinen schlaffen Bauch ein, unterzog seinen kleinen Schwimmreifen einer wohlwollenden Prüfung und spannte seinen nicht allzu eindrucksvollen Bizeps an. Er wandte sich Renée mit einem zufriedenen Grinsen im Gesicht zu: »Nicht schlecht für einen Vierzigjährigen, nicht wahr?« sagte er. »Ich sehe noch immer so gut aus wie zu Collegezeiten.«

»Er gab einfach nicht auf, bis ich ihm sagte, wie fabelhaft er aussah«, sagte mir Renée. »Ich gehe viermal die Woche zum Aerobic-Kurs, und *ich* war von meinem Körper noch nie so begeistert wie er.«

(Es ist nicht nur eine Tatsache, daß die Frauen mit dem Körper ihrer Männer nachsichtiger sind als mit ihrem eigenen, auch die *Männer* betrachten ihren eigenen Körper weniger kritisch. In einer neueren Studie von 146 Studenten der University of North Texas tendierten sowohl Männer als auch Frauen dazu, ihre Intelligenz zu überschätzen, aber nur die Männer überschätzten ihre Attraktivität.)

Wann immer ich darüber nachdenke, wieviel Aufmerksamkeit die Männer von uns brauchen und wieviel sie bewirkt, denke ich an diese Begebenheit zwischen Renée und Sam. »Ich kann von einem großen Kompliment zwei Monate lang leben«, sagte Mark Twain einmal. Er wußte sicher nicht, daß er dabei für die Männer auf der ganzen Welt sprach.

Während eine Frau von Natur aus einen eingebauten Sensor für unaufrichtige Komplimente hat (»Er hat mir gesagt, daß meine Ohrringe wundervoll aussehen. Wahrscheinlich will er diese Woche ein zweites Mal abends mit seinen Freunden ausgehen«), fehlt den meisten Männern ein solcher Radar. Sie saugen Lob auf wie ein Schwamm. Es ist praktisch unmöglich, ihnen zu oft oder zu intensiv zu sagen, wie wundervoll sie sind.

Damit will ich in keiner Weise sagen, daß alle Männer immer noch auf ihre Mutter fixiert sind. Was sie aber von uns erwarten, ist jene unkritische, bedingungslose, blind vertrauende Liebe, die sie als Kinder von ihren Müttern erhielten. Schwierige Sache, ich weiß.

Es folgen einige Beispiele für jene »mütterlichen« Verhaltensweisen, die Männer so sehr lieben:

Lob, Lob und abermals Lob. Marla Maples ist möglicherweise die klügste Frau Amerikas. Als bekannt wurde, daß sie ein Verhältnis mit Donald Trump hatte, brachte die *New York Post* eine Schlagzeile, in der Marla die Qualitäten ihres Lovers rühmte: BEST SEX I EVER HAD. Nun, es gab natürlich Gerüchte, daß Trump die Story selbst lancierte, aber ebenso wahrscheinlich ist es, daß Marla diese Aussage einem Reporter »ganz vertraulich« ins Ohr flüsterte. Können Sie sich vorstellen, wie geschmeichelt sich ein Egoist wie Donald Trump gefühlt haben muß, als er seine sexuellen Qualitäten in fetten Schlagzeilen gepriesen sah? Ich weiß nicht, ob diese Schlagzeilen einen Wendepunkt in ihrer Beziehung markierten. Ohne Zweifel kennt Marla mehr als diesen einen Trick, um Donald bei der Stange zu halten (zum Beispiel was seine angebliche Phobie vor Krankheiten anbelangt; bei ihr wußte er immer, daß er zu 100 Prozent *sicher* war.) Aber ganz gewiß schadete dieses öffentliche Lob nicht.

Kluge Partnerinnen – ebenso wie kluge Mütter – loben

ihre Männer gerne dann, wenn sie es am wenigsten erwarten (ist es nicht süß, wie er sich auf die Lippen beißt,
wenn er sich auf den Computerbildschirm konzentriert)
und wenn sie es praktisch verlangen (er hat den Müll
den fünften aufeinanderfolgenden Abend hinunterge-
tragen und auch nicht vergessen, einen Stein auf den
Deckel der Mülltonne zu legen, damit ihn die streunen-
den Hunde nicht öffnen können).

Hundetrainer (und Kinderpsychologen) sagen, daß
man ein Haustier am besten dadurch erzieht, daß man
es überschwenglich lobt, wenn es tut, was man will, und
es sanft, aber bestimmt korrigiert, wenn es etwas Falsches tut. Wenn es dazu neigt, Ihre Aufmerksamkeit
durch absichtlich widerborstiges Verhalten zu gewinnen, ignorieren Sie es einfach.

Ihr Mann ist da nicht so anders. Wenn Sie ihn ständig
auf seine Fehler aufmerksam machen, werden Sie das
gewünschte Ergebnis wahrscheinlich kaum erreichen.
Wenn Sie ihn aber für Dinge, die er gut macht, immer
wieder überschwenglich loben, steigt die Wahrscheinlichkeit, daß er die betreffende Aktivität öfter wieder-
holt. (Denken Sie daran, wenn er Sie das nächste Mal
mit einem Blumenstrauß überrascht. Akzeptieren Sie
ihn nicht einfach als etwas, was Ihnen zusteht, sondern
zeigen Sie Begeisterung. Meine persönliche Garantie:
Blumensträuße auch in Zukunft.)

Ehrliches Interesse an seinem Leben. Aufrichtiges Interesse ist ebenso wie ein Orgasmus etwas, was nicht über
längere Zeit hinweg vorgetäuscht werden kann. Was Ihr
Partner tut, muß Ihnen wirklich wichtig sein. Anders

ausgedrückt: Wenn Sie sich in einen Aktienmakler verliebt haben, sollten Sie sich über dieses Gebiet informieren, denn damit verbringt Ihr Liebster acht bis zehn
Stunden seines Tages. Sie können nicht einfach sagen:
»Oh, ich liebe Jim, aber seine Arbeit finde ich schrecklich öde.« Warum Sie das nicht können? Nun, wenn Sie
ihn fragen, wird er wahrscheinlich sagen, daß er seine
Arbeit *ist*. Oder wenn Jim zum Beispiel ein Amateurbo-
taniker ist, brauchen Sie zwar den Unterschied zwischen geflecktem Lungenkraut und geflecktem Knaben-
kraut nicht zu kennen, aber es wird nicht schaden,
wenn Ihnen der Unterschied zwischen einer Eiche und
einer Ulme geläufig ist.

Die Fähigkeit, Prahlereien mit ehrlicher Aufmerksamkeit
anzuhören. »Der Vorteil des Selbstlobs besteht darin,
daß man es wirklich dick und an den richtigen Stellen
auftragen kann«, sagte Samuel Butler einmal. Tatsächlich gibt es wenige Leute in seinem Leben, denen Ihr
Mann sagen kann, wie stolz er auf sich ist, ohne wie ein
aufgeblasener Prahlhans dazustehen. So wie seine Mutter mit glänzenden Augen lauschte, wenn er erzählte,
wie er einen Elfmeter in ein sicheres Tor verwandelte,
so begierig müssen Sie jedes Detail seiner Geschichte
aufsaugen, wie er den Rasenmäher repariert oder ein so
eindrucksvolles Memo aus dem Ärmel geschüttelt hat,
daß sein Chef in seinem Büro vorbeikam, um mit ihm
darüber zu sprechen.

Die Fähigkeit, sich gelegentlich langweilige Geschichten
anzuhören: Ein Vorteil, den ein Callgirl gegenüber jeder

Ehefrau hat, ist die Fähigkeit und die Motivation, dem Mann jederzeit ungeteilte, »mütterliche« Aufmerksamkeit zu schenken, und zwar auch dann, wenn sie überhaupt nicht fasziniert ist. Erinnern Sie sich einmal, wie oft sich Ihre Mutter anhören mußte, was in der Mathematikstunde passierte oder wie es Ihnen beim Maschinenschreibtest erging. Sie war zu Tode gelangweilt, aber sie ließ Sie reden, nicht wahr? Das tat sie, weil sie wußte, daß es in dieser Situation nicht um den Inhalt des Gesprächs ging, sondern um die Atmosphäre. Es war eine Atmosphäre der Intimität. Callgirls wissen das, und viele setzen dieses Wissen zu ihrem Vorteil ein.

Meine Freundin Joan beklagt sich darüber, daß ihr Mann John sie jeden Tag in der Arbeit anruft, um über das Mittagessen zu sprechen – genaugenommen darüber, was sie an diesem Tag essen wird und was bei ihm auf dem Speiseplan steht. »Manchmal«, sagt Joan, »hänge ich den Hörer auf und denke: *Ich bin dem Tod wieder um eine Viertelstunde näher gerückt, und in diesen fünfzehn Minuten habe ich über Avocados mit Thunfischfüllung gesprochen.*« Manchmal fühlt sich Joan unter Druck gesetzt, ausgefallene, aufwendige Menüs zu erfinden, um die kulinarische Neugier ihres Mannes zu befriedigen. »Letzte Woche erzählte ich ihm, ich hätte soeben Lachs-Teriyaki mit Brunnenkresse und Selleriesalat gegessen, dazu Reis und Pilaf aus grünen Chilis und als Dessert einen gedeckten Bananen-Walnuß-Kuchen. Er war entzückt. In Wirklichkeit war es ein Brötchen ... Aber als er anrief, hatte ich gerade ein *Gourmet*-Heft auf meinem Schreibtisch liegen ...«

Joan weiß, worum es geht. Irgendwie fühlt John sich tagsüber mit ihr verbunden, wenn er weiß, was sie ißt. (Vielleicht spielt hier auch das männliche Verlangen, seine Frau zu besitzen, eine winzige Rolle. Nicht daß er ihre Eßgewohnheiten kontrollieren will, aber die Vorstellung, daß sie in ihrem Leben *irgend* etwas tun könnte, worüber er nicht Bescheid weiß, gefällt ihm einfach nicht.) Also gibt ihm Joan eine minutiöse Beschreibung ihres Mittagsmenüs, auch wenn es ihr auf die Nerven geht, und sie hört sich seine Reaktion an. »Ich fühle mich meinem Mann nicht näher, nur weil ich weiß, daß er soeben ein Salamisandwich verschlungen hat. Aber was soll's, wenn es ihn glücklich macht ...«

Vertrauen und Selbstwertgefühl

Frauen haben in unserer Gesellschaft meist eine pathologische Angst davor, ihr eigenes Selbstwertgefühl zu artikulieren. Wir werden von Kindesbeinen an daran gewöhnt, unser Licht unter den Scheffel zu stellen und unser Selbstvertrauen durch weibliche Bescheidenheit zu kaschieren. Die Gesellschaft lehrt uns, daß eine Frau aufgeblasen und größenwahnsinnig ist, wenn sie nicht bescheiden auftritt. Es gibt für Frauen keinen akzeptierten Mittelweg, keinen Raum für Selbstvertrauen und Durchsetzungsvermögen. Wir mögen es weit gebracht haben, aber nicht weit genug, um zu erkennen, daß wir nicht gleich rücksichtslos, arrogant und »männlich« sind, wenn wir den Mut aufbringen, zu unseren Überzeugungen zu stehen.

Selbstvertrauen ist sexy. Selbstachtung noch mehr. Eine Frau, die direkt agiert und keine Spielchen spielt, eine

Frau, die sagt, was sie denkt, und eine Frau, die tut, was sie sagt, und keine leeren Drohungen ausstößt (»Ich werde dich verlassen!«) und dann einen Rückzieher macht (»Ich gebe dir noch eine letzte Chance«) – das ist die Frau, die sich den Respekt ihres Mannes verschaffen wird. Männer verstehen Geschäfte und Verträge besser als reine Emotionen. Wenn Sie irgendeine Art von Vertrag miteinander eingehen und er seinen Teil nicht erfüllt, erwartet er Sanktionen. Wenn es dann keine Sanktionen gibt, verscherzen Sie sich seinen Respekt, womöglich für immer.

Viele Frauen verwechseln Respekt mit Ansehen – meiner Meinung nach ein großer Fehler. *Respekt* ist etwas, das Sie sich durch Ihren Charakter und Ihr Verhalten erwerben; Sie müssen sich zuerst einmal selbst respektieren, bevor andere Sie respektieren können. Ihr *Ansehen* ist das, was andere von Ihnen halten; Ansehen erlangen Sie, indem Sie ein Leben führen, das den Konventionen entspricht. Die Profession einer Prostituierten könnte beispielsweise verhindern, daß die betreffende Frau Ansehen erlangt, aber sie kann dennoch eine hochmoralische Frau sein, die sich selbst respektiert, wenn sie ehrlich, freundlich, ihren Prinzipien treu ist usw.

Wenn Sie auf das, was Sie sind, stolz sind, wenn Sie finden, daß Ihre Ansichten und Werte wohldurchdacht und sinnvoll sind, wenn Sie jeden Abend mit dem Gefühl zu Bett gehen, daß Sie nichts getan haben, dessen Sie sich schämen müßten, dann spielt es keine Rolle, was »die anderen« sagen. Denken Sie daran, daß diejenigen, die am schnellsten mit harten Urteilen über andere bei der Hand sind, rigide, engstirnige und verbohrte Menschen sind, mit denen Sie ohnehin nichts zu tun haben möchten. Wie Oscar Wilde sagte: »Wer eine feste Meinung über ›richtiges‹ und ›falsches‹ Betragen hat, zeigt, daß seine intellektuelle Entwicklung ins Stocken gekommen ist.«

Optimismus, Lebensfreude, warme Persönlichkeit

Überraschend viele Leute glauben, daß die einzige Möglichkeit, eine Katastrophe zu vermeiden, darin besteht, sie vorwegzunehmen. Meine Freundin Joan erklärt es so: »Jedesmal, wenn ich fliegen muß, weiß ich mit absoluter Sicherheit, daß es meine Aufgabe ist, dieses Flugzeug in der Luft zu halten. Wenn ich mich auch nur eine Sekunde lang entspanne – zum Beispiel an das Geräusch des Motors denke oder mich auf meine Cocktail-Erdnüsse konzentriere –, wird das Flugzeug in Flammen aufgehen, und 250 Menschen werden elend umkommen.«

Joan hat ihre Angst einigermaßen im Griff. Aber normalerweise ist es furchtbar anstrengend, immer das Schlimmste zu erwarten – und zwar nicht nur für sich selbst, sondern auch für Ihren Partner. Ihr Partner bekommt eine Gehaltserhöhung? Ja, sagen Sie, aber ist sie so hoch wie die seines Kollegen Dave? Sie planen einen gemeinsamen Kurzurlaub? Aber können Sie es sich leisten, für nur drei Tage wegzufahren, und dann auch nicht besonders weit – wofür soll das denn gut sein?

Niemand erwartet von Ihnen, daß Sie die ganze Zeit gute Laune haben. Aber wenn Ihnen oder Ihrem Mann das nächste Mal etwas Unangenehmes passiert, sollten

Sie sich fragen, ob Sie die Sache nicht so betrachten könnten, daß sie für alle Beteiligten in einem angenehmeren Licht erscheint.

Echte Wärme, die durch eine optimistische Lebenseinstellung entsteht, ist eine wunderbare Sache. Eisprinzessinnen sind nur in Hitchcock-Filmen sexy und auch nur dann, wenn sie zufällig aussehen wie Grace Kelly. Im realen Leben ziehen die Männer viel eher jene Frauen vor, die offensichtlich gern mit ihnen zusammen sind: freundlich, fröhlich, gesellig, aufrichtig, kokett (das heißt, in *selektiver* Weise kokett), mit einem von innen kommenden Lächeln auf den Lippen.

Natürlich stimmt es, daß Männer Jäger sind. Sie lieben es, wenn sie Hindernisse überwinden müssen, um ihr Ziel zu erreichen. Aber die meisten Männer klettern lieber auf die sanften grünen Hügel Englands als auf die schroffen Felsen des Mount Everest.

Aufrichtigkeit, Offenheit und Vertrauenswürdigkeit

Das sind die Pfadfindereigenschaften, die hoch im Kurs stehen. Natürlich haben wir alle unsere kleinen Geheimnisse, kleine private Nischen, die uns auch nach unserer Eheschließung zustehen. Mit »Aufrichtigkeit« und »Offenheit« meine ich also nicht, daß Sie über jede kleine Eskapade Ihres bisherigen Lebens getreulich Rechenschaft ablegen müssen. (Dinge wie: »Ich werde nie vergessen, welche Angst mich überkam, als ich einmal wilden Sex mit einem Förster hatte, der mir gerade begegnet war, und ganz plötzlich ein Grizzly auftauchte und uns Gesellschaft leisten wollte« lassen Sie besser unter den Tisch fallen.) Aber ein Mann muß das Gefühl haben, über Ihre Gefühle mehr oder weniger im Bilde zu sein. Sie können Ihrer Beziehung großen Schaden zufügen, indem Sie Ihrem Partner das Gefühl geben, daß Sie ein getrenntes Leben neben dem seinen führen. Selbst wenn Sie für Ihre Extratouren vollkommen unschuldige Erklärungen haben, wird Ihr Partner, wenn er ein scharfer Beobachter ist, bald mißtrauisch werden, wenn Sie Zündholzbriefchen von Restaurants herumliegen lassen, in denen Sie nicht gemeinsam waren (dieses Geschäftsessen, das Sie nicht erwähnten), oder wenn er Briefe an alte Freunde findet, die Sie in Ihre Schreibtischschublade gestopft haben (*er* weiß ja nicht, daß die Briefe schon ein paar Jahre alt sind).

Eine meiner Freundinnen entging um ein Haar einer Scheidung, nachdem ihr neuer Ehemann eine alarmierende, auf ihren Namen ausgestellte Rechnung fand – von einer Samenbank. »Bevor ich Jerry kennenlernte, war ich mit einem verheirateten Mann liiert. Die ganze Sache erscheint mir heute lächerlich, aber damals ... damals war ich Hals über Kopf verliebt. Ich wußte, daß wir keine gemeinsame Zukunft haben würden, aber zu irgendeinem Zeitpunkt wünschte ich mir trotzdem ein Kind von ihm. Also überredete ich ihn zu einigen ›Spenden‹ an diese Samenbank, und ich bezahlte die Lagergebühren noch weiter, als wir schon getrennt waren. Irgendwie hatte ich diese verrückte Mädchenangst, daß ich nie wieder jemanden treffen würde, den ich so gern hatte. Dann lernte ich Jerry kennen, und das Sperma wurde zu einer alten Erinnerung. Das klingt nach einer wirklich lahmen Ausrede. Jedenfalls sah Jerry die

Rechnung, und er dachte, ich verberge ein *schreckliches* Geheimnis vor ihm. Du kannst es dir vorstellen. Ich brauchte ein paar Wochen, um die Sache ins reine zu bringen. Offensichtlich handelte es sich hier um eine Erinnerung an eine vergangene Beziehung, die ich nicht behalten durfte.«

So behelfen sich viele Frauen mit kleinen Notlügen, um keinen Ärger zu bekommen. Wenn Ihr Partner Sie aber ständig bei solchen kleinen Lügen ertappt, dann wird er mißtrauisch werden, wie banal Ihre Flunkereien auch sein mögen. Meine Freundin Nancy erkannte das vor kurzem, als sie ihrem Mann erzählte, sie müsse an einem morgendlichen Geschäftsmeeting teilnehmen, und ihn bat, ihre Tochter an diesem Tag zur Schule zu bringen. »In Wirklichkeit wollte ich mit einer Freundin frühstücken, und ich wußte, daß Steve etwas dagegen haben würde«, erzählte mir Nancy. »Also half ich mir mit dieser kleinen Notlüge.«

Diese Notlüge erwies sich allerdings als Eigentor, denn Steve traf auf dem Weg zur Schule Nancys Freundin Laura. »Ich bin ja in einer Viertelstunde mit deiner Frau verabredet«, zirpte Laura.

»Inzwischen sind drei Wochen vergangen, und Steve trägt mir die Sache immer noch nach, obwohl sie wirklich harmlos war«, sagt Nancy vorwurfsvoll. »Ich schwindle so gut wie nie. Aber jetzt fragt er sich, worüber ich ihn sonst noch belüge ...«

Versuchen Sie, Ihre Kommunikation so offen und ehrlich wie möglich zu halten, auch wenn das gelegentlich eine Konfrontation nach sich zieht, die Sie lieber vermeiden würden.

Das Gefühl des Abenteuers

Ich habe bereits erwähnt, wie wichtig ein bißchen Nervenkitzel für eine Beziehung ist, selbst dann, wenn Ihr Partner nicht unbedingt zu den großen Abenteurern zählt. Der Sinn für Abenteuer kann verschiedene Formen annehmen – vom Ausprobieren exotischer Speisen bis zum Erforschen eines Teils Ihrer Stadt oder der Nachbarstadt, den Sie noch nicht kennen. Warum keine Kreuzfahrt oder Reise in ein fremdes Land unternehmen, anstatt schon wieder in dieses Hotel nach Hawaii zu fahren, dem Sie schon seit Jahren treu sind? Erforschen Sie einmal fremdes Land, das Sie schon immer fasziniert hat, Ägypten, Marokko oder Tahiti, und legen Sie zehn Dollar die Woche weg, bis Sie genügend Geld für die Reise zusammen haben. Was tut es schon zur Sache, daß das fünf Jahre dauert? Abenteuersinn zu haben bedeutet, sich zu öffnen und seinen Erfahrungshorizont zu erweitern, neue Dinge auszuprobieren und neue Orte kennenzulernen. Vielleicht erscheint es Ihnen zu Beginn, wenn Sie noch nicht daran gewöhnt sind, ein bißchen unbequem. Sie können sich auf diese Weise aber eine gemeinsame Geschichte schaffen und dafür sorgen, daß Ihr Leben nicht monoton und leer wird.

(Sind Männer eigentlich von Natur aus abenteuerlustiger als Frauen? Ein Forscher des New Yorker Museum of Natural History stellte vor kurzem fest, daß männliche Küchenschaben abends länger ausbleiben als weibliche. Wenn das kein Beweis für die biologische Determiniertheit ist, was dann?)

Kompetenz

Ich gebe es zu: Manchmal fühle ich mich eingeschüchtert von Frauen, die zu viele Dinge gut können. Ich habe eine Bekannte, die ein richtiger Tausendsassa ist. Ich habe immer Angst davor, Erica zu fragen, was sie vorhat, weil ihre Antwort immer so etwas in der Art ist wie: »Oh, ich gehe nur schnell raus und schlachte ein altes Pferd, um mir den Klebstoff herzustellen, mit dem ich dann die handgeschriebenen Etiketten auf die Gläser mit Rumkirschen aufklebe, die ich gerade eingelegt habe. Warum fragst du?«

Trotzdem empfinden die meisten Männer Kompetenz auf jeden Fall als aufregend. Kein Mann möchte sich für jede Einzelheit des Lebens seiner Partnerin zuständig fühlen müssen. Er möchte nicht, daß sie wie ein Kind wegen jeder Kleinigkeit zu ihm gelaufen kommt. Wenn Sie kompetent sind, kann er sich entspannen. Die einzigen Männer, die uns lieber hilflos mögen, sind kontrollfixiert. Natürlich will ein Mann gebraucht werden – wer will das nicht –, aber eine Frau, die in vielen Lebensbereichen, gleich ob Motorreparaturen oder Petit-Point-Stickerei, geschickt und kompetent ist, wird von den Männern bewundert. (Ich habe allerdings nie einen Mann getroffen, dem es nicht gefallen hätte, seine männliche Stärke zu demonstrieren, indem er einen festsitzenden Marmeladenglasdeckel öffnete, den Grill anwarf oder ein ekliges Insekt zerdrückte.)

Sinn für Humor und gute Laune

Jeder, der schon einmal eine mißglückte Verabredung hatte, weiß, wie quälend es sein kann, einen Abend –

geschweige denn ein ganzes Leben! – mit jemandem zu verbringen, der keinen oder nicht denselben Sinn für Humor hat wie man selbst.

Auf meiner Liste der »Top ten« einer geglückten Ehe steht ganz weit vorn der gemeinsame Besuch einer Party mit lauter aufgeblasenen Leuten und das darauffolgende gemeinsame Lachen über einige der Anwesenden. Wie ein kluger Kopf einmal bemerkte: »Wer den Nonsens schätzt, muß ein ernsthaftes Interesse am Leben haben.«

Intelligenz und intellektuelle Anregung

Manche Männer finden die Vorstellung, mit einer wahren Intelligenzbestie zu frühstücken, angenehm, andere nicht. Aber jeder Mann, der über mehr als zwei Gehirnzellen verfügt, ist begeistert, eine Gefährtin zu haben, die interessant ist und ihn (zumindest gelegentlich) geistig ein bißchen herausfordert. Vielleicht ist sie über Dinge informiert, die zu lernen er keine Zeit hatte, und so empfindet er die gemeinsam verbrachte Zeit als bildend. Vielleicht sieht sie eine bestimmte Frage in einem anderen Licht, und er gelangt zu der Erkenntnis, daß seine Meinung schlecht fundiert ist (selbst wenn er das nie zugeben würde).

Schließlich wurden wir alle auf diese Erde geschickt, um zu lernen und unser Wissen mit anderen zu teilen. Deshalb sollten Sie sich, wenn Sie das Gefühl haben, Ihr Gehirn zu lange geschont zu haben, zum nächsten Institut für Erwachsenenbildung aufmachen und sich darüber informieren, was dort so an Fortbildungskursen angeboten wird.

Schließlich welkt auch der schönste, gepflegteste Körper einmal. Ein gut trainiertes Gehirn tut das nie.

Selbstgekochte Mahlzeiten und ein voller Kühlschrank

Es gibt auf der Welt kein faszinierenderes Schauspiel als eine schöne Frau, die eine Mahlzeit für jemanden zubereitet, den sie liebt.

Thomas Wolfe

Meine Damen, ich fürchte, daß es wahr ist: Nach ein paar Jahren Ehe betrachtet Ihr Mann seinen Penis nur noch als sein zweitwichtigstes Organ. Sein Magen steht nun auf jeden Fall an erster Stelle.

Jetzt stöhnen Sie vielleicht insgeheim: *All der Aufwand – und jetzt soll ich auch noch eine Gourmetköchin sein?!* Natürlich nicht. Ich selbst kann eigentlich überhaupt nicht kochen; viel mehr als am Morgen den Tee aufzubrühen bringe ich nicht zustande. Die meisten Frauen haben einfach keine Zeit, aufwendige Mahlzeiten zu kochen. (Manche – die Glücklichen unter uns – haben entdeckt, daß ihre Männer lieber kochen als sie selbst.) Aber jeder Mann der Welt hat einige Lieblingsgerichte, Rezepte, die so einfach sind, daß sogar *Sie* sie ein paarmal im Monat auf den Tisch bringen können. Oder vielleicht ist Ihre Aufgabe noch einfacher: Halten Sie im Kühlschrank einfach alle Zutaten bereit, die er liebt, und mit ein bißchen Glück kann er sie selbst zubereiten.

Wir alle wissen, daß Essen nicht gleich Essen ist. Es

steht für Aufmerksamkeit, Großzügigkeit, ja, und Liebe. Es ist eine Art zu zeigen, daß Ihr Partner Ihnen wichtig ist – eine Art, die er besser verstehen wird als alle Worte.

Aber was ist mit mir? höre ich Sie fragen. *Warum kann er nicht gelegentlich für mich kochen?*

Ein Komiker, den ich vor kurzem hörte, meinte, die beste Methode, einen Mann zum Kochen zu bringen, bestünde darin, einen Zusammenhang zwischen Kochen und Gefahr herzustellen. Männer, die sich nicht gern mit Saucen und Kuchenformen herumschlagen, entwickeln beträchtliches Interesse, wenn es darum geht, Fleisch zu grillen oder irgendwelche Zutaten zu hacken. Wenn beim Kochen ein Feuer, große Messer oder ganze Fische im Spiel sind, ist Ihr Mann mit Sicherheit zur Stelle.

(*Ich* sage Ihnen aber: Vergessen Sie's. Wenn er nicht kocht, soll er Sie lieber ins Restaurant ausführen.)

Die wenigsten von uns haben einen Partner, der erwartet, daß wir kochen wie Spitzenköchinnen. Das ist ein Anspruch, den wir eher selbst an uns stellen. In Wirklichkeit sind die meisten Männer vollkommen glücklich, wenn wir Frikadellen braten und einfache Spaghetti zubereiten können.

Was eine Beziehung einschlafen läßt

Übermäßiges Bemuttern

Weiter vorn sprachen wir darüber, daß sich die Männer nach jener Art von Aufmerksamkeit sehnen, die sie einst von ihren Müttern bekamen. Ich will aber keine Verwirrung stiften: In den meisten Fällen wollen Männer nicht wie Kinder behandelt werden. Auch hier verfügt ein Callgirl gegenüber einer Ehefrau oder Mutter über alle Vorteile. Sie kann Aufmerksamkeit bieten, ohne einen Mann mit Sorge, Ratschlägen, Meinungen und permanenter Einmischung zu überschütten bei Dingen, die er für sich regeln möchte. Anders ausgedrückt: Ein Callgirl wahrt eine gesunde Distanz, während sie gleichzeitig ihr Interesse und ihre Anteilnahme bekundet. Sie identifiziert sich *nicht* mit seinem Leben.

Warum neigen manche Frauen zum übermäßigen Bemuttern? Wir tendieren dazu, uns selbst eine doppelte Illusion zu schaffen. Erstens die Illusion, daß wir unseren Partner und unsere Kinder unter Kontrolle haben. Das gibt uns das Gefühl, mächtig zu sein und gebraucht zu werden – was würden unsere Lieblinge schließlich ohne uns anfangen? Zweitens gibt es die entgegengesetzte Illusion: Wenn wir unseren Mann als Kind betrachten, dann können wir, wenn er uns weh tut, einfach sagen: »Er kann eben nicht anders.« Auf diese Weise entbinden wir ihn nicht nur der Verantwortung für sein Verhalten, sondern wir befreien *uns selbst* von der Verpflichtung, irgend etwas zu unternehmen, was unbequem sein oder Erschütterungen verursachen könnte. Indem wir unseren Mann mit einem Kind gleichsetzen, verschaffen wir uns ein Gefühl der Macht und Kontrolle, wenn wir es brauchen, aber können uns trotzdem mit der Gewißheit trösten, keine Kontrolle zu haben, wenn er etwas tut, was wir lieber ignorieren möchten. Das alles gehört zu dem eigenartigen Kult um die »Opfer« in unserer Kultur: Niemand ist mehr für sein Verhalten verantwortlich. Frauen lassen es zu, daß sie mißbraucht und mißhandelt werden und dabei den Respekt der Männer verlieren. Warum? Weil wir sagen, daß sie nicht anders können (sie sind nicht vertrauenswürdig und inkompetent), und weil *wir* glauben, nicht anders zu können (wir müssen bei ihnen bleiben, ganz gleich, wie sie uns behandeln, weil sie ja eigentlich noch Kinder sind.)

Indem Sie nun in die Rolle der Mutter schlüpfen, sorgen Sie unweigerlich dafür, daß Ihr Mann Ressentiments gegen Sie aufbaut und Sie entsexualisiert, so wie er es bei seiner eigenen Mutter tun mußte, um sich in der Pubertät von ihr lösen zu können. Sie machen es auch wahrscheinlich, daß er Sie als etwas Selbstverständliches betrachtet und deswegen die Achtung vor Ihnen verliert. Sie sind eben *nicht* seine Mutter, und Sie werden es auch nie sein, wie sehr Sie es auch versuchen mögen!

Das sind die Arten des Bemutterns, die Ihr Mann weder will noch braucht:

Sie tun Dinge für ihn, weil Sie davon ausgehen, daß er sie nicht selbst tun kann. Wollen Sie eine todsichere Methode kennenlernen, um zu erreichen, daß Ihr Mann im und um das Haus absolut nichts anrührt? Bitten Sie ihn etwa, den Küchenboden zu putzen, und beobachten Sie ihn dann, ob er es so gründlich macht wie Sie. Wenn nicht, entreißen Sie ihm den Schrubber und murmeln Sie etwas wie: »Man muß doch alles selbst machen, wenn man es ordentlich haben will.« Wiederholen Sie das bei allen anderen Dingen, vom Wäschewaschen bis hin zu Reservierungen im Restaurant, und Sie können sichergehen, daß Sie bald einen Schlaffi im Liegestuhl sitzen haben, der *Ihnen* dabei zusieht, wie Sie den Pool absaugen.

Anders ausgedrückt: Denken Sie nicht darüber nach, ob er die Dinge so macht, wie Sie sie machen würden. Lassen Sie ihm seine eigenen Methoden, loben Sie ihn, und Sie werden beobachten, wie er bei den Dingen, die er übernommen hat, immer mehr Geschick an den Tag legt.

Sie erinnern ihn endlos an Dinge, von denen Sie sicher sind, daß er sie vergessen wird. »Wo sind die Haustorschlüssel? Hast du daran gedacht, das Bügeleisen auszustecken? Hast du den Hund gefüttert? Ich habe dir doch schon tausendmal gesagt …«

Mag sein, daß Sie es ihm schon tausendmal gesagt haben, und deshalb hat er Ihre Mahnungen nach dem fünften oder sechsten Mal auch ausgeblendet. Gedankenlosigkeit wird auf diese Weise zu einer selbsterfüllenden Prophezeiung. Eine Frau, die ihren Mann ständig überprüft (und dadurch seine Hilflosigkeit verstärkt), ist genau die Frau, die das Problem für ihn löst und ihm dadurch die Gewißheit gibt, daß sein Handeln – oder sein Nichthandeln – keinerlei Konsequenzen hat. Je mehr verantwortungsloses Verhalten Sie von ihm erwarten, desto mürrischer und widerspenstiger wird er werden.

Sie sind überfürsorglich. Haben Sie schon je mit einer Frau zu Abend gegessen, die ihren Mann praktisch mit dem Löffel fütterte? Normalerweise beginnt das Ganze mit einem Ratespiel: »Was möchtest du heute abend essen? Klingt Lammkotelett gut? Nein? Wie wäre es mit einer feinen Pasta? Aber ohne Sahnesauce, bitte. Weißt du, du könntest ein bißchen empfindlich gegen Laktose sein …«

Dieses Verhalten ist nicht nur abstoßend, sondern es ist auch ein Zeichen für ein verzweifeltes Kontrollbedürfnis. Ich frage mich bei solchen Gelegenheiten immer: »Was macht dieser Typ eigentlich, wenn er nicht bei dir ist, was du offensichtlich als so bedrohlich empfindest, daß du ihn zu einem Kind machen mußt, wenn er bei dir ist?«

Sie zupfen Flusen von seiner Jacke (oder vollziehen irgendwelche anderen Handlungen zur Revierabgrenzung). Können Sie sich erinnern, wie Ihre Mutter in Ihrer Kindheit versuchte, Ihr Haar auch dann noch »zurechtzumachen«, wenn Sie es genau so hatten, wie Sie es wollten? Wenn Sie in der Öffentlichkeit am Erscheinungsbild Ihres Partners herumkorrigieren, ist das nicht nur ärgerlich für ihn, sondern Sie senden damit auch eine Botschaft aus. Welche? »Privatgrund. Betreten verboten.« Normalerweise vermittelt das den Eindruck einer enormen Unsicherheit. Wenn Sie schon unbedingt seine Krawatte zurechtzupfen und sein Haar kämmen *müssen,* dann tun Sie das doch bitte in Ihren eigenen vier Wänden.

Sie schelten und nörgeln an ihm herum, vor allem in der Öffentlichkeit. Schelten ist das genaue Gegenstück zu einer übermäßigen Fürsorglichkeit. Auch hier suchen Sie verzweifelt nach einer Methode, um Ihren Mann an seinem Platz zu halten (und dieser Platz scheint ein Kinderhochstuhl zu sein). Jeder Mann, der auch nur über eine Spur von Rückgrat verfügt, wird zumindest lernen, Sie zu ignorieren. Oder er wird rasch lernen, schon Ihre reine Gegenwart abzulehnen und sie in weiterer Folge zu vermeiden.

Tatsächlich ist Vermeidung die übliche Taktik der Männer, um dem ständigen Nörgeln zu entgehen. Wie mein Freund Jim mir über seine Exfrau erzählte: »Am meisten gefiel es Sheena, wenn sie ein Publikum hatte, vor dem sie über meine zahllosen Fehler herziehen konnte. Am besten fand sie es, wenn sie mich vor meinen Freunden dafür prügeln konnte, daß ich zum Beispiel nicht bei der Tanzaufführung meiner Tochter gewesen war – was, wie sie strahlend erklärte, unser Kind wahrscheinlich für sein restliches Leben traumatisieren würde. (Was zählen schon die sieben anderen Aufführungen, die ich mir *sehr wohl* ansah?) Sie hatte Spaß daran, sich als die perfekte Mutter hinzustellen und mich als den ewig abwesenden Vater. Und schließlich wurde ich auch genau das.«

Im Gegensatz dazu hat die Frau, die ihren Mann für seine Aktivitäten lobt (»Liebling, vielen, vielen Dank! Du hast mir eine solche Last von den Schultern genommen«), einen Mann, dessen Gedächtnis aller Wahrscheinlichkeit nach immer besser und besser werden wird.

Sie verlieben sich – aber nicht in ihn,
sondern in das, was er sein könnte

Es folgt ein typisches Gespräch mit meiner Freundin Connie, die sich ständig in Möchtegerntypen verliebt – Schauspieler-Models oder Schriftsteller-Kellner.

Ich: Wie lange arbeitet Tyler nun also schon als Korrektor?

Connie: Er ist kein Korrektor. Er ist Musiker! Seine Band, die *Consenting Adults*, ist drauf und dran, einen Vertrag mit einer großen Plattenfirma zu unterschreiben. Ach, er ist so schön, so wunderschön!

Ich: Warte einen Augenblick. Wie lange ist er schon Korrektor?

Connie: Zwölf Jahre. Ich mache mir Sorgen, daß sich die Belastung dieses Lebens von der Hand in den Mund negativ auf unsere Beziehung auswirken wird.

Ich: Du sagst, er bekommt einen Vertrag bei einer großen Plattenfirma?

Connie: Na gut, nicht *gleich heute*. Aber er glaubt, er hätte einen Typen von *Electra* bei einer Hochzeit gesehen, bei der er letzte Woche spielte … er war wahrscheinlich gekommen, um ihn zu hören. Egal, ich helfe den Jungs, ein bißchen Geld für ein Video aufzutreiben, und …

Connie hat sich in einen Rockstar verliebt, tatsächlich hat sie aber einen Korrektor. Vielleicht ist er wirklich der entzückendste, intelligenteste, sensibelste Korrektor, den es je gab, und vielleicht ist er auch der perfekte Mann für Connie. Aber sie hat für ihn ein Leben erfunden, das sie gern mit ihm teilen möchte, das er aber vielleicht nie leben wird.

Manche Frauen projizieren auf ihre Männer Träume, die diese noch nicht einmal teilen. Jean erzählt mir immer, was für einen brillanten Strafverteidiger ihr Mann abgeben würde. Und unzweifelhaft ist er auch ein perfekter Showman: intelligent, redegewandt, überzeugend, charismatisch. Zu Jeans Pech zieht es ihr Mann aber vor, seine Talente an einer Klasse Fünfjähriger zu beweisen. Er liebt seinen Job im Kindergarten. Aus irgendeinem Grund dachte Jean, als sie heirateten, daß der Kindergarten nur eine »vorübergehende Phase« sei. Auf diese Weise zwang sie die Enttäuschung geradewegs herbei und gab dabei auch ihrem Mann (der heute, was nicht überrascht, ihr Exmann ist) das Gefühl, daß etwas mit ihm nicht stimmte, weil er es vorzog, den ganzen Tag zu »spielen«.

Warum verliebt sich eine Frau in die Möglichkeiten eines Mannes anstatt in den Mann selbst? Die meisten von uns wollen unbedingt als »gut« gelten, was in der Frauensprache soviel wie hilfsbereit, aufopfernd, großzügig und edel bedeutet. Wenn wir einen Mann in diesen schwierigen Perioden seines Lebens unterstützen, wird er uns um so mehr lieben, wenn er erfolgreich ist, und er wird uns auf seinen Erfolgstrip mitnehmen. (Nun ja. Erzählen Sie *diese* Geschichte einmal all den ersten Ehefrauen der Hollywoodstars, die fallen gelassen wurden wie heiße Kartoffeln, nachdem ihre Männer den Durchbruch geschafft hatten.)

Das Problem an dieser Art zu denken besteht darin, daß Frauen oft Ressentiments dagegen entwickeln, all diese

Opfer bringen zu müssen, bevor ihre Investitionen Früchte tragen (d. h. ihre Männer erfolgreich werden). Und dem Mann ist nur allzu gut bewußt, daß die Frau Aggressionen gegen ihn aufbaut und daß er in ihrer Schuld steht. Wenn Sie sich also nur in die Möglichkeiten eines Mannes verlieben, dann bedeutet das fast unweigerlich, daß Sie das Scheitern Ihrer Beziehung planen. Und das weiß Ihr Mann.

Der Wunsch, unsere Partner nach unserem Idealbild zu formen, ist beinahe universell, aber man sollte ihn möglichst weitgehend unterdrücken. Warum? Nun, sosehr wir auch davon überzeugt sein mögen, daß wir ihm nur »helfen« und ihn »verbessern« – wir vermitteln ihm jeden Tag die Botschaft: Du entsprichst nicht meinen Erwartungen. Du enttäuschst mich. Du bist nicht gut genug. Bald wird er anfangen, sich schuldig zu fühlen. Dann gerät er in die Defensive, und schließlich wird er Aggressionen gegen Sie entwickeln und nach einer anderen Frau Ausschau halten, die ihn genau *so* liebt, wie er ist.

»Wen die Götter vernichten wollen«, so schrieb Cyril Connolly einmal, »den nennen sie vielversprechend.«

Sie legen zuviel Wert auf Geld

Es ist eine der kleinen Ironien des Lebens, daß Männer eine Prostituierte für Sex bezahlen, um in der Gesellschaft einer Frau zu sein, die sich keine Sorgen um Geld macht. Nun, diese Aussage stimmt nicht ganz. Eigentlich geht es darum, daß ein Callgirl Sex nicht mit Liebe verwechselt. Sie erwartet von ihm etwas Einfaches, etwas, was er verstehen kann: Geld für einen gut erledigten Job. Und die Ehefrau oder die Freundin? Für viele Paare ist das Geld ein großer Gefahrenfaktor.

Natürlich ändern sich die Zeiten. Aber immer noch werden Männern und Frauen in ihrer Erziehung unterschiedliche Normen vermittelt, was das Geld anbelangt. Frauen erwarten noch immer, daß jemand für sie sorgen wird; wie sehr ihr Mann sie liebt, wird sich daran zeigen, wieviel Geld er ihnen bietet. Männer dagegen lernen, daß es ihre Aufgabe ist, das Geld ins Haus zu bringen. Wenn es nicht viel Geld ist, sind sie als Ehepartner weniger gefragt; wenn es viel ist, sind sie für die Frauen womöglich nur wegen ihres Geldes attraktiv.

Männer machen sich Sorgen: Liebt sie mich um meiner selbst oder um meines Geldes willen? Und die Frauen denken: Wenn er mich wirklich lieben würde, würde er härter arbeiten und versuchen, uns eine gute Zukunft zu sichern. Wir alle machen uns Sorgen um Geld: Ob wir genug haben, ob wir etwas zurücklegen können, ob wir finanziell weiterkommen. Aber meiner Meinung nach haben die meisten Männer zu Geld dieselbe Beziehung wie Frauen zu ihrem Gewicht: Es ist eine ewige Quelle der Sorgen und der emotionellen Qualen, und es ist mit Gefühlen des Neids, der Macht, der Machtlosigkeit und der Angst verbunden. Das bedeutet, daß eine Frau, deren Hauptsorge der Verdienst ihres Mannes ist, ihrer Beziehung ebenso großen Schaden zufügt wie ein Mann, der an nichts anderes denken kann als an das Gewicht seiner Frau.

Das Geld ist eng mit dem Selbstwertgefühl eines Mannes verbunden. Es ist also entscheidend, daß Sie in diesem Bereich Ihrer Ehe Teamgeist an den Tag legen. Ein

Mann wünscht sich eine Frau, die das finanzielle Wohlergehen der Familie unterstützt und dazu beiträgt. Dazu brauchen Sie nicht unbedingt auch nur einen Penny selbst zu verdienen. Aber Sie müssen bereit sein, in schwierigen Zeiten Ihre Ansprüche zurückzuschrauben und in guten Zeiten Ihren Partner zu ermutigen; Sie sollten ihm Wertschätzung entgegenbringen, wenn er Geld ausgeben kann, und ihn nicht verachten, wenn er es nicht kann. Geld ist nicht mit Liebe gleichzusetzen. Aber es kann eng mit seinem Gefühl verbunden sein, als Mensch erfolgreich oder aber ein Versager zu sein.

Sie führen kein eigenes Leben

Kay ist eine erfolgreiche Anwältin Mitte Dreißig. Sie ist attraktiv, intelligent – und einer der unglücklichsten Menschen, die ich kenne. Ihr beruflicher Erfolg bedeutet ihr wenig, denn sie kommt aus einer Familie, in der ihr von Kindesbeinen an eingebleut wurde, daß ihr höchstes Ziel darin bestehen müsse, die Frau eines erfolgreichen und mächtigen Mannes zu werden. Diesen Mann hat sie noch nicht gefunden. Und deshalb ist sie so deprimiert.

Noch schlimmer: Ich befürchte, daß sie diesen Mann *nie* finden wird, weil sie, sobald sie eine neue Beziehung beginnt, ihr eigenes Leben aufgibt. Buchstäblich *aufgibt.* Wenn er Jazzkonzerte mag, entwickelt sie plötzlich ein glühendes Interesse für Jazz; wenn er ein Opernfreund ist, studiert sie Libretti von Wagneropern. Als sie ihren letzten Freund kennenlernte, einen Fotografen, befand sie plötzlich, ihre eigene Arbeit sei nichts als

»sinnloses Hin- und Herschieben von Papier«. Also kündigte sie ihren Job und arbeitete mehrere Monate lang als Assistentin eines Videoproduzenten. Seine Freunde wurden ihre Freunde, und ihre bisherigen Freunde wurden zu Erinnerungen. Kay steht ihren Partnern Tag und Nacht zur Verfügung. Wenn einer sie nicht vor zwei Uhr nachts treffen kann und dann nichts weiter will als einen Quickie, ist sie auch damit einverstanden.

Im allgemeinen schiebt sie der Typ nach ein paar Monaten auf das Abstellgleis oder flüchtet. Er ist entsetzt. Und wie könnte er auch anders reagieren? Es gibt kaum etwas Beängstigerendes als eine Frau, die von ihrem Partner erwartet, daß er alle ihre Bedürfnisse befriedigt. Eine solche Frau ist keine Partnerin, sondern eine Blutsaugerin, die jedes Leben aus ihren Opfern saugt. Und so wird sie von den meisten Männern auch empfunden.

Es ist eine Sache, wenn Sie vom Leben Ihres Partners ehrlich fasziniert sind; ihn vereinnahmen zu wollen ist eine andere. Die Botschaft, die Sie ihm klar und deutlich zu verstehen geben, lautet: Mein eigenes Leben ist eigentlich nicht besonders interessant oder lebenswert. Ich glaube nicht, daß ich mich selbst erhalten kann. Ich brauche deine Luft zum Atmen.

Sie brauchen keine hochkarätige Karrierefrau zu sein, um Ihr eigenes Leben zu führen. Es ist nichts dagegen einzuwenden, wenn sich bei Ihnen alles um Familie und Freunde dreht. Aber wie dem auch sei – sorgen Sie dafür, daß Sie Nischen der Zufriedenheit und des Glücks haben, die Sie selbst bestimmen können und die nicht von den Launen anderer – einschließlich Ihres Mannes – abhängig sind.

Eifersucht

Dichter und Propheten haben Bände verfaßt über das »grünäugige Ungeheuer, das unser Fleisch verhöhnt, eh es uns frißt«, wie Shakespeare schrieb. Meine Freundin Erica hat das Gefühl treffend umschrieben: »Eifersucht hat man in dem Augenblick verstanden, in dem man verstanden hat, daß jeder unter bestimmten Umständen zu einem Mord fähig ist.«

Diese Kombination aus Wahn, Sehnsucht, Niedertracht und Verzweiflung ist das menschlichste aller Gefühle und praktisch in allen Kulturen verbreitet. Ich spreche hier allerdings nicht von der Eifersucht, die auf echten Tatsachen beruht. Ich spreche von der grundlosen Eifersucht, die eine Beziehung fast unweigerlich zerstört. Die Wurzel dieser Eifersucht besteht meist in der grundlegenden Befürchtung des oder der Betroffenen, verlassen oder nicht geliebt zu werden, aber das Gefühl manifestiert sich in einer überkritischen oder kontrollsüchtigen Haltung.

Wenn Sie Ihre Eifersucht nicht in den Griff bekommen, wird sich Ihr Partner ständig bedrängt und kontrolliert fühlen. Es ist nur eine Frage der Zeit, bevor er seine Wut in irgendeiner Weise herausläßt. Ungerechte Anschuldigungen der Untreue können zu selbsterfüllenden Prophezeiungen werden: Wenn Sie einer Sache ohnehin beschuldigt werden, dann steigt die Wahrscheinlichkeit, daß Sie sie tatsächlich tun.

Die destruktivste Form der Eifersucht ist vielleicht jene,

die sich nicht gegen andere Frauen richtet, sondern gegen andere Menschen, die Ihr Mann in seinem Leben braucht – vor allem seine Kinder. Wenn Sie versuchen, ihn gegen seine Kinder auszuspielen, kann das zu einem Kampf ausarten, den Sie – selbst wenn er Sie liebt – weder gewinnen werden noch zu gewinnen verdienen.

Übrigens, können Sie sich noch an den kleinen Ratschlag erinnern, den Ihnen Ihre Mutter auf den Weg mitgab – nämlich, Ihren Mann immer ein ganz klein wenig eifersüchtig zu machen? Vergessen Sie ihn. Vielleicht wirkt er zu *Beginn* einer Beziehung, weil die meisten Männer nichts gegen ein bißchen Herausforderung haben. Da macht es noch Spaß, Sie trotz des Interesses anderer zu erobern. Aber sobald Sie sich einmal offen zueinander bekannt haben, ist es destruktiv, einen Mann eifersüchtig zu machen. Er muß Ihnen ebenso vertrauen können wie Sie ihm.

Sie wollen ständig über Ihre Beziehung diskutieren

Für Sie sind Diskussionen Teil des kontinuierlichen Flusses Ihrer Beziehung, eine Möglichkeit, sich selbst zu versichern, daß alles in Ordnung ist. Anders ausgedrückt halten Sie Diskussionen für wichtig und notwendig. Ihr Mann aber glaubt an eine andere Theorie, nämlich die, daß man etwas, was nicht kaputt ist, auch nicht reparieren sollte.

Über eine Beziehung zu sprechen, die für ihn vollkommen in Ordnung ist, erscheint ihm bestenfalls unnötig und schlimmstenfalls destruktiv, da *er* solche Diskussionen völlig anders wahrnimmt. Er assoziiert das Gespräch mit der Lösung eines Problems. Wenn Sie also andauernd über Ihre Beziehung sprechen wollen, nimmt er an, daß Sie ihm dezent mitteilen wollen, daß es jede Menge Probleme gibt. Seine Sorgen und sein Frustrationspegel werden steigen, und er wird versuchen herauszufinden, wo genau diese Probleme liegen. Wenn ihm das nicht gelingt, wird er es aufgeben und Sie aus seinem Leben ausblenden.

Damit will ich nicht sagen, daß Sie nicht mehr über Ihre Beziehung sprechen sollen. Aber zwingen Sie ihm diese Gespräche nicht andauernd auf. Halten Sie Ihre Kommentare über bestimmte Fragen einfach und konkret, etwa so: »Ich möchte, daß wir mindestens einmal in der Woche einen Abend Zeit füreinander haben«, anstatt: »Du willst nie mehr mit mir zusammensein.«

Sie stellen seine Liebe ständig auf die Probe

Viele Frauen stellen ihren Männern ständig kleine Testfragen und sagen sich: *Wenn er mich wirklich kennt, wird er X antworten* oder, noch schlimmer: *Wenn er mich wirklich liebt, wird er Y sagen.*

Männer *hassen* solche Spielchen. Da die meisten von ihnen ziemlich direkte Naturen sind, wissen *wir* in den meisten Fällen, welche Antwort *sie* von *uns* erwarten, wenn sie uns eine Frage stellen. (In Wirklichkeit wollen sie nur zwei Dinge hören: »Er füllt mich wunderbar aus.« Oder: »Liebling, wenn er auch nur eine Spur größer wäre, würde es weh tun.« Aber die Fragen, die wir Frauen stellen, sind meist weit komplizierter als jene der Männer, und die Männer wissen, daß es darauf keine richtigen Antworten gibt.

Sobald Sie ihn also fragen, ob Sie das rote oder das schwarze Kleid anziehen sollen, weiß er, daß er sich auf dünnem Eis bewegt. Wenn er rot sagt, glauben Sie, er will Ihnen damit sagen, daß Sie das letzte Mal, als Sie das schwarze trugen, dick aussahen. (Dasselbe gilt, wenn er Ihnen rät, das schwarze Kleid anzuziehen.) Wenn er aber sagt, daß Ihnen beide Kleider gut stehen, werden Sie ihn der Unaufmerksamkeit bezichtigen oder ihn beschuldigen, sich nicht für Ihr Aussehen zu interessieren.

In dieser Situation fühlen Sie sich ungeliebt. Und er ärgert sich, weil es schon spät ist und Sie immer noch nicht angezogen sind. Er fragt sich, warum er dauernd Kommentare über Ihre Kleidung, Ihre Frisur etc. abgeben muß. Dazu haben Sie doch Ihre Freundinnen!

Auch wenn es schwierig sein mag, sollten Sie Ihre Testfragen auf ein Mindestmaß beschränken. Wie mein Freund Dan sagte: »Das Leben mit meiner Exfrau war, als müßte ich jeden Tag mein Abschlußexamen machen. Und ich war immer sicher, daß ich nicht bestehen würde.« Mit diesem Verhalten suchen Sie unbewußt nach Gelegenheiten, sich ein bißchen verletzt zu fühlen. Dadurch bekommt er Schuldgefühle, und dadurch glauben Sie, ihn leichter beherrschen zu können.

Aber die meisten Männer, die sich ständig vom Scheitern bedroht sehen, strengen sich nicht stärker an, sondern sie hören überhaupt auf, sich anzustrengen.

Das nie enden wollende Drama

Dramatische Szenen – wütende Kämpfe und die darauffolgenden tränenreichen Versöhnungen – mögen eine

Zeitlang ganz nett sein. Nach den ersten Monaten einer Beziehung werden sie aber ermüdend. Bedenken Sie: Die meisten Männer schrecken vor emotionalen Konflikten zurück. Für Sie haben solche Kämpfe mit den erlösenden Versöhnungen vielleicht etwas Reinigendes, aber Ihr Partner empfindet sie als unangenehm und störend. Außerdem laufen die Dramatikerinnen unter uns Gefahr, daß es ihnen eines Tages so ergeht wie dem Hüterjungen, der ständig Alarm schreit: Nach einigen Jahren der hysterischen Ausbrüche wird Ihr Partner einfach abschalten.

Krankheit und »weibliche Unpäßlichkeit«

Ich kann Ihnen nur eines sagen: Wenn Sie die Kranke spielen wollen, dann sollten Sie besser auch krank *sein*. Nichts ist ärgerlicher als jemand, der andauernd krank ist, wenn er mit Situationen konfrontiert wird, mit denen er nichts zu tun haben will, der aber mysteriöserweise sofort gesund wird, wenn sich die Wolken lichten. Den meisten Männern sind Gespräche über den Menstruationszyklus der Frau immer noch unangenehm. Sparen Sie sich diese faszinierenden Gespräche über vermehrten Wassergehalt des Gewebes und Menstruationskrämpfe für Ihre Freundinnen auf.

Der ultimative Vorteil der Callgirls: Sie sind Kommunikationsprofis

Mit seinen fünfundvierzig Jahren ist Christopher der Sohn, von dem jede Mutter träumt: nett, rücksichtsvoll, intelligent *und* ein millionenschwerer Rechtsanwalt, der die Zeit aufbringt, jeden Tag zu Hause anzurufen. Aber es gibt da eine Sache, die er seiner Mutter nicht zu erzählen wagt: Er läßt sich von seiner Frau scheiden. Wegen eines Callgirls.

Natürlich gab es in Christophers Ehe jede Menge Probleme. Je höher er auf der Karriereleiter kletterte, desto mehr ärgerte sich seine Frau Barbara über die viele Zeit, die Chris in seinen Beruf investierte. Sie hatten ein Kind, und Chris wollte unbedingt weiteren Nachwuchs. Aber Barbara, die keine Lust dazu hatte, sagte Chris, sie habe »Empfängnisprobleme«, und nahm insgeheim die Pille weiter. Noch schlimmer war, daß sie ihr gemeinsames Sparkonto im Laufe der Jahre um 50 000 Dollar erleichtert hatte, um ihre Valium-, Alkohol- und Einkaufssucht zu finanzieren.

Mag sein, daß Chris weniger Zeit für seine Frau hatte, aber er wünschte sich immer noch ihre Zuwendung, wenn er einmal Zeit hatte. Barbara mit ihren zunehmenden Ressentiments und Aggressionen war hingegen immer weniger bereit, ihm diese Zeit zu schenken. Chris hatte das Gefühl, daß der Kontakt mit Callgirls es ihm leichter machen würde, seine Ehe aufrechtzuerhalten, denn das wollte er um des gemeinsamen Kindes willen. Auf diese Weise konnte er sich noch immer einen Teil der Zuwendung verschaffen, nach dem er sich sehnte, ohne sich emotional zu engagieren. »Es kostete etwa soviel wie eine Therapie, aber es war befriedigender«, schmunzelte er. »Ich hätte endlos so weitermachen können und ein Mädchen nach dem anderen treffen. Aber dann traf ich Sandra.«

Sandra hatte nie bei Cachet für mich gearbeitet, aber ich kannte sie über eines meiner früheren Mädchen. Mit ihrem braunen Haar, ihren vollen Lippen und strahlend blauen Augen sah sie eher aus wie ein Cheerleader als wie ein Straßenmädchen. Direkt in Wortwahl und Manieren, strahlte sie dennoch Anmut und einen gewissen Ernst aus. Sie wollte keine »Ehezerstörerin« sein. Nach vier Jahren im Geschäft war Chris auch erst ihr zweiter »echter« Freund.

Sandras Geschichte ist schmerzlich und traurig: »Meine Mutter hat uns verlassen, und mein Vater hat mich und meine Brüder aufgezogen. Er war irgendwie gestört. Außerdem war er ein strenger Katholik, der uns nie aufklärte«, erzählte sie. »Ich kann mich noch erinnern, daß ich mit fünfzehn, als ich meine Periode bekam, keine Ahnung hatte, was mit mir los war, und ganz blutig von der Schule nach Hause geschickt wurde. Ich weinte. Mein Vater sah mich an, entschied, daß ich eine Sünderin sei, und warf mich aus dem Haus. Seit damals war ich nie mehr zu Hause.«

Sandra setzte sich in den Bus nach Miami, wo sie einen Job in dem einzigen Etablissement annahm, in dem niemand nach ihrem Alter fragte: in einem Stripteaseclub.

Eine Zeitlang arbeitete sie als Kellnerin, aber dann wurde sie zur Stripperin befördert. Sie verdiente nicht schlecht, aber aus Einsamkeit begleitete sie oft die attraktiveren Kunden des Clubs nach Hause, nur um ein bißchen Gesellschaft zu haben. »Ich mochte Sex damals eigentlich nicht besonders«, sagte sie mir. »Ich hatte nie einen Orgasmus. Aber ich wollte berührt, umarmt und gehalten werden. Sex schien mir dafür ein ziemlich geringer Preis zu sein.«

Eines Abends ging Sandra in einen Musikclub, wo ein berühmter Rockmusiker mit seiner Band spielte. Ihre gesunde, frische Schönheit stach ihm ins Auge, und er schickte nach ihr, als der Gig vorüber war. Sie gingen zusammen in sein Hotel, das luxuriöseste von Miami. Als sie am Morgen ging, steckte er ihr 500 Dollar zu. »Er dachte, ich sei eine Hure. Zuerst war ich schockiert, dann beleidigt. Aber nach einer Weile dachte ich: ›Moment mal. Ich mache diese Dinge sonst gratis.‹« Nun begann Sandra als Stripperin durch das Land zu touren. Sie machte in vielen Städten halt, um die ständige Nachfrage nach neuen Körpern zu befriedigen. Wenn sie mit jemandem nach Hause ging, sagte sie deutlich, daß sie dafür Geld erwartete. Drogen waren auch ein wichtiger Faktor in dieser Szene. »Viele Typen wollten, daß wir ihnen Gesellschaft leisteten, wenn sie koksten. Der Sex war zweitrangig«, erzählte Sandy. »Viele dieser Kerle waren high und hellwach, und sie hatten Angst, allein gelassen zu werden. Sie wollten mehrere Mädchen um sich haben, aber hauptsächlich, um Gesellschaft zu haben.« Obwohl Sandy durchaus auch mit Drogen experimentierte, wurde sie im Gegensatz zu vielen anderen Mädchen nie süchtig und konnte in den Jahren, in denen sie als Callgirl arbeitete, Geld zurücklegen.

Irgendwie schaffte es Sandy, sich von dem Geschäft nie auslaugen zu lassen, und sie war überall beliebt, wohin sie kam. »Ich kannte das alte Klischee, nach dem jüdische Männer die besten Ehemänner sind. Aber aus irgendeinem Grund bestand meine Klientel zu 90 Prozent aus verheirateten jüdischen Männern«, lachte sie. »Vielleicht sahen sie in mir das süße Früchtchen, das sie in der High-School nie bekommen konnten, oder was weiß ich. Die meisten von ihnen wünschten sich Oralsex, denn das war etwas ›Unanständiges‹, das sie von ihren Frauen nicht verlangen konnten.«

»Ich war erst kurz in New York, als ich Chris kennenlernte«, fuhr sie fort. »Ich wußte gleich, daß er anders war als die anderen Kunden. Er war freundlich, liebenswürdig und sprach mit mir wie mit einem menschlichen Wesen, nicht nur wie mit einem Stück Fleisch. Und er war so gutmütig – eigentlich zu gutmütig. Er warf mit 100-Dollar-Trinkgeldern um sich, als wäre das kein Geld. Viele der Mädchen nützten ihn aus.«

Was Sandra an Chris am meisten beeindruckte, war sein unendliches Bedürfnis nach Gesprächen. »Er blieb ein paar Stunden bei mir, und der Sex dauerte vielleicht fünf oder zehn Minuten. Nichts Außergewöhnliches. Dann blieb er aber *noch* ein paar Stunden«, erinnert sich Sandra. »Er redete, als ob ihm in seinem Leben noch nie jemand zugehört hätte.«

Und das war auch die Wahrheit. Chris ging nicht deshalb zu Callgirls, weil seine Frau keinen Sex mit ihm haben wollte, sondern weil er sich so allein fühlte. Sie bekundete nicht einmal mehr das geringste Interesse an seinem Leben. »Selbst wenn sie bei mir war, war sie abwesend«, sagte Chris. »Ich habe nie wirklich verstanden, was sie bewegte, und Gott weiß, daß es ihr egal war, war in mir vorging. Wenn ich am Abend nach Hause kam, setzte ich mich zu ihr, um ihr zu erzählen, was sich im Büro zugetragen hatte, und innerhalb von Sekunden konnte ich beobachten, wie ihre Augen gelangweilt durch den Raum schweiften.«

Trotz der Kluft, die sich durch ihr Alter und ihre Herkunft ergab, funkte es zwischen Chris und Sandra. »Sie hat wenig Bildung, aber sie besitzt eine Weltklugheit, die ich bei den Ivy-League-Frauen, mit denen ich ausging, vergeblich suchte«, erzählte Chris. »Sie ist süß und sinnlich, sicher, aber sie gibt mir auch das Gefühl, etwas Besonderes zu sein, und sie schätzt mich wie keine andere Frau, die ich kannte. Ich kann mit ihr über alles sprechen. Wenn sie nicht versteht, was ich sage, dann tut sie nicht so, als verstünde sie es. Sie wechselt auch nicht das Thema oder verliert das Interesse, sondern sie *fragt*. Wann immer wir eine Meinungsverschiedenheit haben, hat sie die wunderbare Fähigkeit, unsere Probleme zu lösen, ohne daß einer von uns das Gefühl haben muß, der Verlierer zu sein.«

Natürlich freute sich Sandy ihrerseits, daß der Mann, den sie liebte, Geld hatte, sie hatte es aber auch schon früher einmal erlebt, daß ein reicher Mann sie mit Geschenken überschüttete. Noch nie hatte sie jedoch die Zuneigung eines ihrer Kunden erwidert. »Als ich begann, bei Chris Orgasmen zu haben«, sagte sie, »wußte ich, daß ich die Beziehung nicht auf der professionellen Ebene halten konnte.«

Sandy und Chris haben in ihrer Beziehung Probleme, große sogar. Chris ist immer noch nicht sicher, ob er seiner Familie und seinen Freunden erzählen soll, wie er seine Verlobte kennenlernte und womit sie ihren Lebensunterhalt verdiente. »Früher hat sie einfach erzählt, sie sei Barmädchen oder Kellnerin gewesen«, sagte Chris. »Es ist schrecklich, mit einer solchen Lüge zu leben, und ich will nicht, daß Sandy das für den Rest ihres Lebens tun muß. Andererseits komme ich aus einer sehr traditionellen katholischen Familie, und sosehr ich Sandy liebe – es fällt mir trotzdem schwer, vor meine Mutter zu treten und zu sagen: ›Übrigens, deine Schwiegertochter war früher einmal eine Hure.‹«

Da Sandy in bezug auf Chris' Gesundheit auch nicht das geringste Risiko eingehen möchte, hat sie keinen Sex mehr mit Kunden. Aber für ein paar Stammkunden macht sie gelegentlich immer noch die Domina, allerdings ohne direkten sexuellen Kontakt. »Chris ist so großzügig. Aber wir sind immer noch nicht verheiratet, und ich möchte finanziell nicht vollkommen von ihm abhängig sein«, erklärt sie. »Übrigens – so liberal er in sexuellen Fragen auch denken mag – ich glaube nicht, daß er je verstehen wird, daß ich meine Arbeit *mochte*. Ich liebte es, für so viele mächtige und attraktive Männer ein ganz besonderes ›Bonbon‹ zu sein.«

Heute, mit dreißig, hat Sandy ihren High-School-Abschluß nachgeholt und möchte nun ans College, um Psychologie zu studieren. »Wenn ich überhaupt Talent habe, dann nicht direkt im Bereich Sex«, erzählte sie mir. »Es ist eher das Wissen, wie man den Menschen ein besseres Selbstwertgefühl gibt.«

Die Chance, daß sich zwischen einem Kunden und einem Callgirl eine Liebesbeziehung entwickelt, ist bestenfalls als gering einzustufen. Aber die ungewöhnliche Geschichte von Sandy und Chris zeigt, was eine gute

Kommunikation auch zwischen extrem verschiedenen Partnern bewirken kann.

Kommunikation ist ein Begriff, der heute so häufig verwendet wird, daß er seine Bedeutung schon fast verloren hat. Trotzdem fehlt heute vielen Paaren die Fähigkeit, »auf den anderen zuzugehen und ihn auch zu erreichen«, wie es in einem Werbespot der amerikanischen Telefongesellschaft AT & T heißt.

Daß wir so oft abschalten, liegt möglicherweise daran, daß wir alle heute von Zeitungen, Magazinen und Fernsehen mit Informationen überflutet werden; ein Großteil davon ist Mist. Abschalten ist für uns lebensnotwendig geworden. Können Sie sich vorstellen, wie überfordert Sie wären, wenn Sie tatsächlich jede einzelne kleine Information beachten würden, die Sie im Laufe einer Woche erreicht?

Daß das Abschalten für uns notwendig geworden ist, wenn wir überleben wollen, hat den großen Nachteil, daß wir unwillkürlich auch Personen ausblenden, die unsere Aufmerksamkeit sehr wohl verdienen würden: Freunde, Familie und vor allem unsere Partner. Ich bin absolut davon überzeugt, daß wir in unserer Kultur mit einer »Krise des Zuhörens« konfrontiert sind. Wir sind in unserem Leben so vielen Banalitäten ausgesetzt, daß wir die Fähigkeit verloren haben zuzuhören und auf das zu reagieren, was wichtig ist.

Dies ist etwas, was jedes Callgirl weiß – etwas, was auch Sie wissen sollten: Sie können sexy Wäsche anziehen, Ihre gesamte Kollektion von Sade-Platten durchspielen und gemeinsame Champagnerbäder nehmen, bis Ihre Haut runzlig wird. Aber wenn Sie die grundlegenden

Unterschiede in Ihrer Denkweise und der Ihres Mannes nicht verstehen, wenn Sie keinen Weg finden, trotz dieser Unterschiede miteinander zu kommunizieren, und wenn Sie ihm nicht zuhören (und er Ihnen in der Folge immer weniger Aufmerksamkeit schenkt), wird Ihre Beziehung unweigerlich scheitern.

Die Kunst des Zuhörens

Gut zuhören zu können ist einem erfahrenen Callgirl zur zweiten Natur geworden. Natürlich hat sie einen Vorteil, wenn es darum geht, ihren Kunden Aufmerksamkeit zu schenken: Einerseits kann sie großes Einfühlungsvermögen zeigen, andererseits aber neutral sein, weil die geschilderten Probleme nicht sie betreffen. Sie weiß meist auch genau, was er hören möchte, und kann sich darauf einstellen. Eine Ehefrau oder Freundin muß ehrlicher sein. Aber es schadet auf keinen Fall zu erkunden, woher der Wind weht.

Das sind die Qualitäten einer guten Zuhörerin:

Seien Sie aufmerksam

Viele Männer können nicht verstehen, daß wir imstande sind, Wäsche zusammenzulegen *und* zuzuhören oder das Wohnzimmer aufzuräumen *und* zuzuhören. Sie können das nicht. Wenn zwei Männer miteinander sprechen, dann tun sie danebén nichts anderes. Wenn sie also bemerken, daß wir nicht nur still dasitzen und ihnen beim Reden zusehen, haben sie das Gefühl, daß wir überhaupt nicht interessiert sind.

Auch wenn es nur zweimal pro Woche zehn Minuten sind – setzen Sie sich und hören Sie ihm zu, ohne daneben irgend etwas anderes zu tun. Lassen Sie Ihre Gedanken nicht zu dem verstopften Duschabfluß abschweifen, der gereinigt werden muß. Am besten, Sie halten – bildlich betrachtet – eine Schüssel unter sein Kinn, um jede einzelne Perle seiner Weisheit darin aufzufangen.

Urteilen Sie nicht

Wenn Sie der Meinung sind, daß er an seinen Problemen eigentlich selbst schuld ist, sollten Sie ihm das nicht gerade dann sagen, wenn er Ihnen sein Herz ausschüttet. Wenn er ein Problem hat, dann sollte er sich deswegen im Augenblick nicht schlechter fühlen, als er es ohnehin schon tut.

Geben Sie keine Ratschläge

Schließlich wird er Sie sicher um Ihre Meinung fragen, wenn es ihm schlecht genug geht. Und dann können Sie immer noch sagen: »Nun, nächstes Mal solltest du vielleicht daran denken …« Aber ansonsten verkneifen Sie sich Ihre Kommentare, es sei denn, er bittet Sie darum. Ein Mann hält es für eine Beleidigung, wenn jemand ihm einen Rat erteilt, der das Problem selbst nicht hat. Wir Frauen verstehen das nicht, weil wir Ratschlägen normalerweise offen gegenüberstehen, selbst wenn wir sie nicht immer annehmen.

Seien Sie diskret

Er muß sichergehen können, daß Sie alles, was er Ihnen erzählt, vertraulich behandeln. Die meisten Männer hassen den Gedanken, daß Sie ihre innersten Geheimnisse im Kreis Ihrer Freundinnen (die sie womöglich an ihre eigenen Freunde und Ehemänner weitergeben) diskutieren und sezieren.

Ihr Mann möchte auch wissen, daß Sie ein Mensch sind, der ihn nicht in einem Augenblick des Zorns an seine Bekenntnisse erinnern wird. Nichts könnte stärker dazu beitragen, daß Ihr Mann seinen Glauben an Sie verliert, als wenn Sie ein geflüstertes intimes Bekenntnis später in einem Streit als schweres Artilleriegeschütz verwenden.

Bekunden Sie nicht zu viel Mitleid

Blasen Sie die Mücke, die ihn bewegt, nicht zu einem Elefanten auf. »Oh, mein Gott! Hat Charlie das wirklich zu dir gesagt? Und du hast einfach dagestanden und dir das angehört? Du Ärmster, du Allerärmster!« Verständnis zu zeigen ist eine Sache; eine andere ist es, vor Mitleid zu zerfließen, so daß der Typ das Gefühl bekommen muß, etwas stimme nicht mit ihm.

Wie Sie ihn dazu bringen, auch etwas zu geben: Das Zauberwort heißt Kommunikation

Das Zuhören ist natürlich nur die eine Hälfte einer guten Kommunikation. Die andere Hälfte besteht in der Fähigkeit, Ihre eigenen Wünsche und Bedürfnisse auszudrücken.

Der ehemalige amerikanische Präsident Ronald Reagan hatte den Ehrentitel »The Great Communicator«, und zwar aus gutem Grund: Er galt als ein Mann, der imstande war, den Bürgern seine Vision von Amerika zu vermitteln, ohne persönliche Animositäten und Ressentiments auszustrahlen. Vielleicht meinen Sie, daß Reagan ein politischer Versager gewesen sei, und vielleicht widersprechen Sie seinen Ansichten in allen Punkten. Unbestritten aber ist die Tatsache, daß er ein ungeheuer effektiver Verkäufer war. Er wußte, wie man eine Botschaft unter die Leute bringt.

Wie werden nun *Sie* ein »großer Kommunikator«? Am besten, indem Sie die Fähigkeit entwickeln, Ihrem Mann Ihre Wünsche und Bedürfnisse mitzuteilen, ohne ihn in die Defensive zu drängen oder Aggressionen in ihm zu wecken. Anders ausgedrückt geht es darum zu bekommen, was Sie wollen, ohne zu jammern, zu drohen, zu flehen oder Schuldgefühle zu erzeugen.

Wenn Sie zu subtil sind, erreichen Sie nichts

Wenn Sie ein Problem mit einer Freundin haben, brauchen Sie ihr wahrscheinlich nur vorsichtig anzudeuten, worum es geht, und sie wird die Veränderung in Ihrem Tonfall sofort bemerken und versuchen, die Dinge ins reine zu bringen.

Eine solche Vorsicht bewirkt im Umgang mit den meisten Männern so gut wie gar nichts. Wenn Sie mit einer Freundin zu einer Party gehen und sagen: »Liebe Zeit, diese Knoblauchsauce ist wirklich stark!«, dann weiß sie, daß Sie meinen: »Liebe Freundin! Lauf sofort ins Badezimmer und putz dir die Zähne, wenn du Prinz Eisenherz da drüben wirklich einkochen willst.« Wenn Sie dasselbe zu Ihrem Mann sagen, denkt er wahrscheinlich: *Wirklich? Ich mag Knoblauch. Ich werde gleich gehen und mir noch etwas von der Sauce nehmen.*

Wenn Sie eine Klage haben, ist es immer besser, sie direkt, humorvoll und ohne *kritischen Tonfall* vorzubringen. Denken Sie noch einen Augenblick an das Knoblauchszenario: Sagen Sie zu Ihrem Ehemann nicht: »Willst du vielleicht deinen Atem als Waffe verwenden?«, sondern eher: »Liebling, wir werden heute zehn Minuten lang Zähne putzen müssen, bevor wir zu Bett gehen. Diese Knoblauchsauce ist absolut tödlich.«

Ein Mann muß wissen, was von ihm erwartet wird

Einer der größten Trugschlüsse, dem eine Frau aufsitzen kann, ist die Überzeugung, daß der Mann, der sie liebt, genau wissen muß, was sie will. Er weiß es nicht. Er hat keine Ahnung.

Sie müssen ihm sagen, was Sie wollen – ohne Aggression, geradeheraus, ohne ihn zu beschuldigen oder zu verurteilen. Ganz einfach. Sachlich. Mit der freundlichen Bitte »Liebling, ich hatte heute morgen keine Zeit, das Bettzeug aufzuziehen. Kannst du das bitte tun, während ich das Geschirr fertig spüle?« erreichen Sie um so viel mehr als mit der Klage: »Ich kann mich wohl nie hinsetzen und mich entspannen. Wenn ich hier mit dem Geschirr fertig bin, muß ich auch noch das Bettzeug aufziehen.«

Und überschütten Sie ihn mit nicht enden wollenden Lobeshymnen, wenn er tut, was Sie von ihm wollen.

Und was, wenn er Ihrer Bitte nicht Folge leistet? Was, wenn er es irgendwie versucht, es aber nicht schafft? Loben Sie ihn trotzdem. Das heißt, daß Sie ihn, wenn er Ihrem Wunsch zumindest nahe gekommen ist, so loben sollten, als hätte er ihn bereits erfüllt.

Nehmen wir an, Sie geben ein Abendessen und brauchen ein Blumenbouquet für den festlich gedeckten Tisch. Sie haben aber keine Zeit, es selbst zu besorgen. Also geben Sie ihm eine allgemeine Beschreibung der Blumen, die Sie wollen. Schließlich hat er sich den gedeckten Tisch angesehen, also sollte er in etwa wissen, was dazu passen könnte. Ihre Gedecke sind in den Farben Weiß und Blau gehalten. Und was macht er? Er kommt mit einem herbstlichen Arrangement in Orange, Scharlachrot und Gelb zurück.

Sollen Sie ihn jetzt kritisieren, weil er kein Gefühl für Farben hat? Natürlich nicht. Loben Sie ihn überschwenglich für die Schönheit des Straußes, für seinen guten Geschmack, und sagen Sie, daß die Gäste begeistert sein werden. Dann stellen Sie das Arrangement auf die Anrichte und sagen: »Liebling, ich glaube, der Strauß würde hier drüben noch viel besser aussehen. Aber für den Tisch brauchen wir trotzdem noch etwas. Ich finde, Kerzen würden auch sehr gut aussehen.« Dann holen Sie die Kerzen. Vielleicht merkt er nun, daß er etwas falsch gemacht hat, aber Sie haben ihm seinen Fehler nicht direkt unter die Nase gerieben. (Später sollten Sie die Gäste auf jeden Fall auf *seine* Blumen hinweisen – er hat sie ausgesucht, sind sie nicht schön etc.) Beim nächsten Mal wissen Sie, daß er genauere Angaben über die Blumen braucht. Aber Sie haben ihm die Freude gemacht, ihn für eine Aufgabe zu loben, die er ansonsten nicht so gern übernimmt. Wir alle tun am liebsten jene Dinge, die wir am besten können, und wir scheuen uns vor allem, was wir unserer Meinung nach nicht so gut können. Je kompetenter sich Ihr Mann fühlt, desto wahrscheinlicher ist es, daß er Aufgaben und Pflichten übernimmt, die normalerweise Ihnen bleiben würden.

Formulieren Sie Ihre Bitten nicht zu vorsichtig
Die meisten Frauen sind schüchtern, wenn es darum geht, um etwas zu bitten. Formulierungen wie »Oh, bitte, bitte, könntest du mir einen riesigen Gefallen tun?« verfehlen zwar bei Frauen ihre Wirkung nicht, weil Frauen Unterwürfigkeit und Dankbarkeit als eine Form der Höflichkeit betrachten; Männer hingegen empfinden dieselben Dinge als Schwäche. Und da diese Wesen stärker in Hierarchien verhaftet sind als wir, reagieren sie auf Schwäche nicht unbedingt positiv.
Statt dessen müssen wir unsere Bitten aus einer Position der Stärke heraus vorbringen. Nicht: »Ich wäre dir so unendlich dankbar, wenn du …«, sondern: »Das erwarte ich von dir, von dem großartigen Menschen, der du nun einmal bist.« Haben Sie nie Angst davor, auf ruhige Weise Befehle zu geben.

Männer sind auf Aktion und Wettbewerb eingestellt

Vor kurzem kursierte in den Zeitungen eine Story über einen Eisbären im Zoo des Central Park, die mir ins Auge fiel. Dieser Bär machte seinen Wärtern Sorgen, weil er den ganzen langen Tag nichts anderes tat als in seinem Wasserbecken hin- und herzuschwimmen. Er paddelte an das eine Ende des Beckens, wendete, paddelte zum anderen Ende, wendete wieder, und dann das Ganze wieder von vorne. *Den ganzen Tag.* Litt er unter einer Zwangsstörung? War er nur neurotisch wie wir anderen New Yorker? Er fraß nicht besonders viel, er spielte nicht, und er paarte sich nicht mit seiner weiblichen Gefährtin, die wegen der mangelnden Aufmerksamkeit ihres Kavaliers schon ein bißchen unwillig wurde.

Nun zog man einen Tierpsychologen als Berater bei. Nach einigen Tagen hatte er das Problem erkannt: Dem Bären fehlte die Herausforderung. Er langweilte sich zu Tode. Ein Bär muß jagen. Wenn ihm die Wärter also kein lebendes Futter bieten konnten, mußten sie ihn für sein Abendessen zumindest arbeiten lassen. Die Wärter mußten das Futter *verstecken* und auch das Spielzeug. Sie mußten sich etwas einfallen lassen, um ihn aus dem Becken herauszulocken und ihn wieder für sein Leben zu interessieren.

Das taten sie. Und innerhalb weniger Wochen verbrachte der Bär immer mehr Zeit außerhalb des Wasserbeckens. Er suchte nach seinem Futter, spielte mit seinen Spielsachen, unterhielt die Zuschauer und, was am wichtigsten war, paarte sich mit seiner Gefährtin.

Nun denke ich jedesmal, wenn ich eine Frau darüber klagen höre, wie leicht sie ihrem Mann das Leben macht, an den Eisbären: Sie tut alles für ihn, und er tut nichts anderes, als sich zu beklagen.

Diese Frauen lassen ein grundlegendes Bedürfnis aller Männer außer acht: das Bedürfnis nach Herausforderung. Sie müssen Dinge für andere und für sich selbst tun, oder sie beginnen sich zu langweilen. Wenn Sie in gewissem Sinn der »Lieblingsbesitz« Ihres Mannes sind, liegt es sowohl in seinem als auch in Ihrem Interesse, daß er nach besten Kräften für Sie sorgt.

Das ist meiner Meinung nach der Grund, warum Männer durch die gesamte Geschichte hindurch für weibliche Gesellschaft bezahlt haben, aber umgekehrt nicht. Der Feminismus hat uns gezeigt, wie wichtig es ist, für uns selbst sorgen und unsere eigenen Rechnungen bezahlen zu können, und er hat uns Frauen überempfindlich für den Vorwurf gemacht, finanziell von unseren Männern abhängig zu sein. Aber der Feminismus ignoriert einen grundlegenden Wesenszug der menschlichen Natur: Ein Mann *muß* einfach zahlen.

Nicht immer und nicht unbedingt mit Geld. Wenn Sie viel mehr verdienen als er, laden Sie ihn vielleicht öfter zum Abendessen ein als er Sie. Aber er muß Sie auch manchmal einladen, oder er muß andere Möglichkeiten finden, für Sie zu sorgen: Besorgungen machen, auf die Kinder aufpassen und Ihnen auf diese Weise Freizeit verschaffen, oder Sie zu lieben, wobei die *gesamte* Aufmerksamkeit Ihrem Körper gilt. Und Sie müssen ihn lassen. Sie sollten ihm auch klar zu verstehen geben, daß Sie diese Dinge von Zeit zu Zeit erwarten. Wenn er kein Geld hat, kann er in anderer Weise für Sie »arbeiten«, so wie Sie ihm gegenüber freigebig und großzügig sind.

Ein Callgirl versteht diese Regel »Geld für Spaß« intuitiv. Die Bezahlung macht das Zusammensein zu etwas Besonderem, zu etwas, was der Mann sich verdienen mußte. Wenn wir in einer utopischen Gesellschaft leben würden, in der die staatliche Krankenversicherung jedem Mann zwei monatliche Bordellbesuche finanziert, dann glaube ich, daß nicht viele Männer von diesem Angebot Gebrauch machen würden!

Wenn sich ein Mann verliebt, dann verliebt er sich nicht nur in eine Frau, sondern auch in sich selbst

Prägen Sie die ungeheuer schönen Verse Othellos, in denen er erklärt, wie Desdemona und er sich ineinander verliebten, für immer Ihrem Gedächtnis ein (die Hervorhebungen stammen von mir):

... Lohnte sie's mir mit einer Welt von Seufzern:
Beim Himmel, das sei seltsam, mehr als seltsam
Und herzergreifend, ja, ganz herzergreifend;
Sie wünschte, sie hätt's nicht gehört, doch wünsche,
Der Himmel hätte einen solchen Mann
Aus ihr gemacht. Sie dankte mir und bat mich,
Falls je ein Freund von mir sie lieben solle,
Ich müßt' ihn nur lehren meine Geschichte
So zu erzählen, dann wär' sie ihm sicher –
Nach diesem Wink erklärt' ich mich ihr.
Sie liebte mich um all meiner Gefahren
Ich liebte sie um ihres Mitleids willen.

Othello verliebte sich in Desdemona, weil er sah, daß sich seine eigene Größe in ihren Augen widerspiegelte. Ich sage nicht, daß das der edelste aller Gründe ist, sich zu verlieben, und in Othellos Fall war es wahrscheinlich auch nicht der klügste. Aber spielt nicht auch bei den Bescheidensten unter uns die Selbstliebe eine Rolle, wenn wir uns verlieben? Wenn Sie sich in einen Mann verlieben, denken Sie vielleicht, daß er gutaussehend, intelligent, witzig, tapfer oder gütig ist. Aber denken Sie nicht auch: *Er gibt mir das Gefühl, eine rundum tolle Person zu sein?*

Jede(r) von uns hat Charakterzüge oder Fähigkeiten, auf die wir stolz sind, und nichts gibt uns so sehr das Gefühl, geliebt, akzeptiert und verstanden zu werden wie ein Partner, der diese Dinge, die wir an uns selbst mögen, erkennt und ebenfalls mag.

Weder Männer noch Frauen werden es jemals müde, andere – gleich ob Familienmitglieder, Freunde und insbesondere ihre Partner – darüber sprechen zu hören, wie toll wir sind und wie sehr sie das, was wir sagen oder tun, mögen und schätzen. Wenn sich das Lob auf etwas bezieht, worauf wir selbst besonders stolz sind, bedeutet uns diese Art der Aufmerksamkeit sogar noch mehr.

Epilog

Vor einigen Wochen erhielt ich den folgenden Brief einer Frau namens Mona, die an einem meiner Seminare teilgenommen hatte:

Liebe Sydney!

Als ich vor sechs Monaten von einer Freundin in Ihr Seminar geschleppt wurde, brüllend und um mich schlagend, da hätte ich mir niemals träumen lassen, daß ich Ihnen einmal schreiben würde, um Ihnen zu danken. In der Woche vor dem Seminar fand ich heraus, daß mein Mann schon seit etwa einem Jahr eine Beziehung zu einer anderen Frau hatte.
Natürlich ahnte ich irgendwie etwas von der Affäre, ohne jedoch konkret davon zu wissen. Mein Mann war zum Beispiel öfter unterwegs als früher. Aber schließlich waren wir immerhin zwölf Jahre verheiratet, und ich achtete nicht besonders darauf, ob er nun da war oder nicht. Es war, als stünden wir an den gegenüberliegenden Enden eines Tunnels und brüllten einander an. Manchmal erreichten wir den anderen mit unseren Botschaften, aber meistens gingen sie in den lauten Geräuschen des Alltags unter: die Kinder, der Einkauf, die Rechnungen und Arbeit, Arbeit, Arbeit. Im Lauf der letzten Jahre hatte sich das Gewebe, das eine Ehe zusammenhält, aufzulösen begonnen – und anstatt mit dem Flicken zu be-

ginnen, entschloß ich mich einfach, mich mit den Löchern abzufinden.

Nachdem ich die Kreditkartenrechnungen gefunden hatte, die er vor mir versteckte (was am schlimmsten war? Daß er ihr dasselbe Parfum kaufte, das er mir *in unseren Flitterwochen gekauft hatte!), begann ich zu heulen. Ich brüllte vor Schmerz. Ich geriet völlig außer mich – und ich ließ mir sofort einen Termin bei unserem Anwalt geben. Ich sorgte dafür, daß mein Mann aus dem gemeinsamen Haushalt ausziehen mußte (wie ich annehme, trieb ich ihn damit direkt in die Arme seiner Freundin). Ich malte mir aus, wie schön sie sein mußte (etwa der Typ Uma Thurman, nahm ich an), und ich verbrachte drei Tage im Bett, Schokolade essend und Seifenopern konsumierend – vor allem solche zum Thema »Ehemann betrügt seine Frau«. Ich ertappte mich, wie ich spätabends an ihrem Haus vorbeifuhr, nur um einen schnellen Blick auf sie zu erhaschen. Und da erlebte ich eine Überraschung: Sie war attraktiv, ja, und vielleicht ein paar Jährchen jünger als ich, aber sie war kaum die Sexbombe, die ich mir vorgestellt hatte. Das eigentlich Schockierende war aber: Sie sah mir ähnlich.*

Etwa zu dieser Zeit sah eine meiner Freundinnen in einer Zeitung eine Anzeige für Ihr Seminar und schlug vor, daß wir hingehen sollten. Ich weigerte mich. Wozu? Meine Ehe und mein Leben waren vorüber. Selbst als ich mich schließlich bereit erklärte zu gehen, stornierte ich den Termin bei meinem Anwalt nicht.

Was Sie über Fremdgehen bei Ehemännern sagten – und darüber, was Frauen dagegen tun können –, öffnete mir wirklich die Augen. Ich begann mir darüber klarzuwerden, daß er schon seit langem Signale seiner Unzufriedenheit ausgesendet hatte. Nicht so, wie es eine Frau tun würde – er kam nie zu mir und sagte, daß er unglücklich war. Statt dessen bat er mich, Dinge mit ihm gemeinsam zu machen, langweiliges Zeug, für das ich nie Zeit fand. Einmal fragte er mich, ob ich ihn eigentlich liebte, und da lachte ich. Natürlich liebte ich ihn. Wer kochte für ihn? Wer brachte seine Kinder zur Welt? Würde ich diese Dinge tun, wenn ich ihn nicht liebte? Was für eine kindische Frage!

Er kaufte mir sexy Unterwäsche, und ich lachte nur darüber und sagte, daß nur ein Perverser eine Frau gerne in diesem Zeug sähe. Durch das Leben mit drei kleinen Kindern fühlte ich mich meist erschöpft ... aber wenn er mir anbot, mir zu helfen, fand ich immer, daß ich alles (was immer es war) besser konnte als er. Schließlich hörte er auf, mir seine Hilfe anzubieten, und langsam, aber sicher, wurde er wie ein Schatten, der durch sein eigenes Haus schlich.

Als Ihr Seminar zu Ende war, fuhr ich sofort nach Hause und sagte den Termin beim Anwalt ab. Ich nahm das Telefon und rief einen Ehetherapeuten an, noch bevor ich wußte, ob mich mein Mann begleiten würde. Wie sich herausstellte, erklärte er sich – widerwillig zwar – dazu bereit, und es gab eine Menge Dinge, von denen er Angst gehabt hatte, sie mir zu sagen.

Ich will nicht sagen, daß unsere Probleme jetzt gelöst sind, oder auch nur, daß wir unsere Ehe retten werden. Ich bin immer noch am Boden zerstört, und obwohl er sagt, daß er mit seiner Freundin Schluß gemacht hat, bin ich noch nicht bereit, wieder mit ihm in unserem Haus zusammenzuleben. Aber es scheint, daß wir zum ersten Mal seit Jahren wieder miteinander sprechen. Ich habe das Gefühl, daß ich ihn wieder sehe – er war zwar immer da, mein Ehemann, aber ich habe ihn lange Zeit nicht wahrgenommen. *Und als wir uns letzte Nacht liebten (zum ersten Mal seit über einem Jahr, denn wir liebten uns auch selten, als wir noch zusammen waren), fühlte es sich zwar körperlich vertraut an, aber die Gefühle, die ich spürte, waren mir vollkommen neu.*

Wenn ich nicht an Ihrem Seminar teilgenommen hätte, dann wäre ich heute wie so viele andere mit Sicherheit geschieden. Es gibt Augenblicke, in denen ich meinen Mann immer noch hasse für das, was er mir angetan hat, und ich habe immer noch nicht das Gefühl, ihm vollkommen vertrauen zu können. Aber diese Affäre hat mir zumindest vor Augen geführt, daß ich etwas Wertvolles verloren habe. Und vielleicht habe ich das Glück und finde es wieder.

Mona liebte ihren Mann und war ihm treu, und ihr Mann belohnte sie, indem er eine Affäre mit einer anderen Frau begann. Da ist doch klar, wer hier gut und wer böse ist, nicht wahr?

Nun, vielleicht nicht ganz.

Nachdem ich diesen Brief gelesen hatte, begann ich darüber nachzudenken, welch große Diskrepanz zwischen der Art und Weise besteht, wie viele Frauen ihre Männer zu behandeln glauben, und der Art, wie sie sie tatsächlich behandeln.

Wir Frauen sagen, daß wir unsere Männer lieben, aber wir nehmen uns nicht die Zeit, ihnen zu zeigen, daß wir sie *mögen*.

Für die meisten Männer ist das Gefühl, gemocht zu werden, in gewisser Beziehung genauso wichtig wie das Gefühl, geliebt zu werden. Das Mögen manifestiert sich in kleinen Gesten der Zuwendung und der Großzügigkeit. Eine Nachricht in seine Manteltasche zu stecken, die ihm sagt, daß Sie sich darauf freuen, ihn am Abend zu sehen; Blumen in seinen Lieblingsfarben auf den Eßtisch zu stellen; um drei Uhr morgens aufzustehen, um das Baby zu füttern (obwohl eigentlich er an der Reihe wäre), weil er am nächsten Tag ein wichtiges Meeting hat.

Natürlich geht es in diesem Buch hauptsächlich darum, wie man Leidenschaft entzündet. Aber ein Gericht, das langsam vor sich hin köchelt, schmeckt oft köstlicher als eine Speise, die nur kurz und heftig erhitzt wird. Überlegen Sie sich, wie Sie durch Dinge, die Sie beide mögen, durch Zuneigung und Verständnis feste Bande zwischen Ihnen schmieden können. Je deutlicher Sie

Ihrem Mann zeigen, wie sehr Sie ihn *mögen* und *schätzen,* desto eher wird auch er Ihnen zeigen können, wie sehr er Sie *liebt* und *respektiert.*

So kompliziert ist das. Aber auch so einfach.

Literatur

Boston Women's Health Collective: Unser Körper, unser Leben (rororo, 1989)

Comfort, Alex: New Joy of Sex (Ullstein, 1996)

Gray, John: Männer sind anders. Frauen auch (Goldmann, 1996)

Gray, John: Mars, Venus und Partnerschaft (Goldmann, 1996)

Schlessinger, Laura: Zehn Dummheiten, mit denen Frauen ihr Leben ruinieren (Kabel, 1995)

Sterling, Justin A: Männer! Eine Gebrauchsanweisung für souveräne Frauen (Knaur, 1995)

Stoppard, Miriam: Love and Sex (Mosaik, 1991)

Zilbergeld, Bernie: Die neue Sexualität der Männer (DGVT, 1994)

Eine Mitteilung der Autorin

An dem *Just Between Us Girls*-Seminar nahmen seit 1989 Tausende Frauen teil. Es diente als Programm für Begleitpersonen bei Geschäftskonferenzen und Kongressen, als das besondere Extra bei Fund-raising-Veranstaltungen oder einfach zum Vergnügen bei Frauentreffen, Polterabenden oder Geburtstagspartys. Weitere Informationen über *Just Between Us Girls*-Seminare oder meine anderen Programme erhalten Sie unter der folgenden Adresse bzw. unter folgenden Telefon- und Faxnummern:

Sydney Biddle Barrows
2 Penn Plaza
Suite 1500
New York, NY 10121

Fax: (212) 4 96-86 76

Wenn Sie die Nummer meiner telefonischen Beratung wählen, können Sie entweder mit mir persönlich oder mit einer meiner Kolleginnen über spezifische Probleme oder Fragen sprechen, die Männer im allgemeinen oder Ihre Beziehung betreffen:

1-9 00-7 45-12 34

Mein erstes Buch, *Mayflower Madam* (erschienen bei Ivy Books), ist immer noch in der Taschenbuchausgabe erhältlich.

Wenn Ihr Buchhändler kein Exemplar mehr auf Lager hat, kann er es leicht für Sie bestellen.
Was die übrigen Medien anbelangt, so entwickle ich derzeit eine Livesendung im Radio, bei der man anrufen und um Rat fragen kann, und ich nehme meine Beratungskolumne in der Zeitung wieder auf.
Natürlich möchte ich nicht so beschäftigt sein, daß ich gezwungen bin, meine eigenen Ratschläge zu ignorieren. Ich möchte unbedingt auch weiterhin genügend Zeit für meinen wundervollen Ehemann Darnay Hoffman haben, einen vielbeschäftigten New Yorker Anwalt.